我们心目中的哈勒姆

[美]瓦莱丽·金洛克◎著

高岫◎译

地域、种族和
城市青少年的文化素养

Place, Race, and the Literacies of Urban Youth

华东师范大学出版社
·上海·

图书在版编目(CIP)数据

我们心目中的哈勒姆：地域、种族和城市青少年的文化素养/(美)瓦莱丽·金洛克著；高屾译．—上海：华东师范大学出版社，2020
 ISBN 978-7-5760-0613-1

Ⅰ.①我… Ⅱ.①瓦…②高… Ⅲ.①贫困区－青少年教育－文化素质教育－研究－美国 Ⅳ.①G571.27

中国版本图书馆 CIP 数据核字(2021)第 037175 号

Harlem on Our Minds: Place, Race and the Literacies of Urban Youth
by Valerie Kinloch
Copyright © 2010 by Teachers College, Columbia University
Simplified Chinese translation copyright © 2020
East China Normal University Press Ltd.
First published by Teachers College Press, Teachers College, Columbia University, New York, New York USA
All Rights Reserved.

上海市版权局著作权合同登记 图字：09-2019-605

我们心目中的哈勒姆：
地域、种族和城市青少年的文化素养

著　　者　瓦莱丽·金洛克
译　　者　高　屾
责任编辑　王海玲
责任校对　时东明
装帧设计　卢晓红

出版发行　华东师范大学出版社
社　　址　上海市中山北路 3663 号　邮编 200062
网　　址　www.ecnupress.com.cn
电　　话　021-60821666　行政传真 021-62572105
客服电话　021-62865537　门市(邮购)电话 021-62869887
地　　址　上海市中山北路 3663 号华东师范大学校内先锋路口
网　　店　http://hdsdcbs.tmall.com/

印 刷 者　常熟市文化印刷有限公司
开　　本　787×1092　16 开
印　　张　13.25
字　　数　220 千字
版　　次　2021 年 8 月第 1 版
印　　次　2021 年 8 月第 1 次
书　　号　ISBN 978-7-5760-0613-1
定　　价　68.00 元

出版人　王　焰

(如发现本版图书有印订质量问题，请寄回本社客服中心调换或电话 021-62865537 联系)

谨以此书献给菲利普和哈里克,这两位年轻人的文化素养在书中得以展现,尽管展现的只是其中一部分。他们的故事、生活体验以及对答案的探求,极大地加深了我对文化素养、社区和斗争过程的理解。他们的生活体验丰富了我的人生。希望本书能够让他们感到骄傲。

序　言

瓦莱丽·金洛克(Valerie Kinloch)有力地提出并描述了"可能性教学法",通过引人入胜的社区叙事和校园内外其他的文化素养实践,激励并支持青少年提出和分析他们生活中的重要情况。金洛克的工作以两个非洲裔美国青少年菲利普和哈里克为中心,他们与金洛克合作了三年,共同参与一项研究项目,以探索并记录文化素养、社区与斗争之间的联系。哈里克和菲利普都是哈勒姆高中的学生,他们生活的哈勒姆区所面临的一个普遍的关键问题仍然是由哥伦比亚大学校园扩建引起的士绅化。

在菲利普看来,这个"新"哈勒姆区并"没有容纳我们青少年对社区和所有正在发生的变化的看法"。根据哈里克的说法,"甚至没有人试图想出一个计划什么的,把它从士绅化中拯救出来"。金洛克的系统行动研究项目邀请哈里克和菲利普作为"批评的实干家",运用文化叙事、对话式日志写作、对同伴和社区居民进行访谈和调查、在社区论坛上演讲、绘制社区地图、数码摄影和录制徒步游览活动等方式,增进人们对改造哈勒姆的了解和抵抗。

这两位年轻人让我想起了另一对批评的实干家——勒艾伦·琼斯(LeAlan Jones)和劳埃德·纽曼(Lloyd Newman),他们在广受好评的《我们的美国》(*Our America*, 1997)一书中记录了他们在芝加哥南区生死攸关的经历。他们的采访活动是具有价值的示范,展示了学生如何在学习学校课程的同时了解当地社区和更广大的世界。在该书序言中,康奈尔·韦斯特(Cornel West)对这对搭档的赞颂也适用于菲利普和哈里克:"跳出对年轻黑人的普遍刻板印象,着迷于探讨他们复杂人性的人太少了。听到这些同胞尖锐而有力的声音的机会太难得了。"(p. xi)。

金洛克的工作有一个突出价值,即切实可行地探讨教师在课堂内外可以做些什么,以激发其他尖锐而有力的声音,并通过各种文本媒体和交流行为来展示他们复杂的人性。例如,大多数章节都包含一些具体的建议,探讨重新思考和重组教学活动的方式,帮助学生在文化素养实践和当地社区之间建立直接联系。这些建议的作用是改变重归基础、考试导向的"贫困教育学"(Haberman, 2001),转向批判性教育学,使学生能够利用他们的学习和文化素养活动直接影响他们的生活和社区。

虽然哈里克和菲利普的故事是本书的核心，但是本书的诸多贡献中之一是广泛涵盖各种声音、观点和文化素养实践，将其融会贯通，以阐明兼顾种族和地域因素的生活和学习条件。我们听到了他们的同伴、老师、社区成员和其他参与项目的研究人员的声音，这使性别、代际和种族在文化和机构场所以复杂和个性化的方式体现并展示出来。例如，在"教师访谈"（第六章）中，我们听到了来自白人和黑人、男性和女性、哈勒姆区居民和非哈勒姆区居民关于士绅化的矛盾和冲突的观点。项目参与者丽贝卡·霍根（Rebekkah Hogan）明确指出这些冲突背后的关键问题："存在一种不论阶级、种族或历史，将所有人包括在内的并且能平衡过去和未来的'发展''进步'以及'士绅化'的方式吗？"

基于士绅化的历史，这个问题的答案是"不存在"！本书聚焦哈勒姆，但它只是一个缩影，美国各地，从东到西，从北到南，类似的活动随处可见。然而，正如一位名叫金的学生在接受菲利普和哈里克的访谈时问道的："这一切跟写作有什么关系？"金洛克的工作完美地回答了这个问题。写作和其他文化素养实践最终都是"情境化"的活动：它们发生在保有独特性和连通性之间的张力的"地方"。这些品质植根于共同和共通的文化理解。对哈里克和菲利普这样的哈勒姆区居民以及许多其他人来说，士绅化正在抹杀其文化独特性和文化连通性。《我们心目中的哈勒姆：地域、种族和城市青少年的文化素养》描绘了这个社区为记录这些品质而付出的努力。

贾巴里·马西里

（Jabari Mahiri）

中文版序言

在写作本书之初，我有志于更充分地理解社区，尤其是历史上少数族裔社区变革的过程和原因。我对了解当地居民很感兴趣，尽管公共部门、企业，甚至政府都试图重新对社区进行空间规划或士绅化，但是这些居民，无论老少，都积极主动地保护着自己的社区。随着我的兴趣日增，我想更多地了解社区行动主义、社区变革、青少年参与以及社区归属感的意义。从本质上说，我并不是从经济学视角关注士绅化"是什么"以及"为什么"，而是出于一种对文化素养的社会文化理解，力图探究人们在不同的情境下的做法，包括学校以外的社区。这种对文化素养的社会文化理解促使我探索以下课题：像哈勒姆这样的社区内部到底发生了什么？[①] 为什么在关于社区变革和士绅化的辩论中，常常感受不到当地青少年和成年人的声音、观点和文化叙事？对哈勒姆这种地方的士绅化的关注能以何种方式引发更广泛的对话，探讨美国乃至全球其他青少年的文化生活和社区参与？关于城市青少年的地域、种族和文化素养的讨论如何能拓宽我们在社区和学校内谈论学习、参与和社会变革的方式？

带着这些问题，这本书探讨了诸多因素中的几种因素或一些机构，正如我所说的，各种机构使哈勒姆成为一个重要的文化实践社区。这些机构包括社区博物馆、本地剧院、社区企业、街角酒吧、教堂、学校、研究图书馆和研究中心，以及沙龙、理发店、放学后的托管中心和社区日托中心。这些地方一直是，希望将来也能一直是哈勒姆重要的学习和参与机构。事实上，非洲裔的文化和精神生活把这个本来不受欢迎的地方变成了文化机构，这些机构基本由他们拥有、经营和光顾，也是塑造他们文化素养的重要因素。鉴于这些因素，本书各章节试图通过以下方式研究这些机构：

[①] 哈勒姆区位于曼哈顿北部，是纽约市的一个行政区。它北临哈勒姆河和第155大街交汇处，南临中央公园北侧，西临晨边公园（Morningside Park）、圣尼古拉斯大道（St. Nicholas Avenue）和弗雷德里克·道格拉斯大道（Frederick Douglass Boulevard），东临第五大道。1658年，哈勒姆曾是一个荷兰人的村庄。在19世纪，意大利人和犹太裔美国人占领了此地。在20世纪和大迁移期间，越来越多的非洲裔美国人开始搬到哈勒姆。到了20世纪20年代，哈勒姆中心区和西哈勒姆经历了文学创作和艺术的大发展，被誉为哈勒姆文艺复兴。但是，大萧条以及随后的第二次世界大战和去工业化影响了它的持续复兴和人口增长。如今的哈勒姆正在经历一个士绅化的时期。

1. 研究一个长期存在的社会、政治以及地理问题——有色种族社区的空间变化和士绅化及其对青少年文化素养的影响。这项研究对拥有不同文化素养背景的人群都具有意义,包括地方和全球背景下的城市、农村和郊区社区。

2. 探讨将社区行动主义与学校的学习活动两者结合起来并聚焦于地域问题的方法。这两者的结合支撑了库什曼(Cushman,1996)关于学校和社区之间明显的(且不幸的)距离的研究。

3. 调查文化实践如何受到与当地历史、著述和生活经历相关的地方政治的影响。这项调查会为职前教师和在职教师提供创新性方法,使其探索学校课程内不同背景的青少年文化素养教育。一些具体的方法,如教师、研究人员和青少年如何处理社区和学校内的地域、种族、身份和学习等主题将是我们关注的重点。

于我而言,简要分析中美两国的学习和文化参与问题,对构思本书中文版的框架具有重要意义。虽然这是两种不同的文化背景,两国各有其政治、社会、经济和教育体系,但必须指出,在一般来说的文化普及和特定的高质量教育方面,两国有相通之处。特别是为了一些少数群体、生活贫困以及没有基本生活保障的人,中美两国都在探讨改善教育体验的问题。在美国,围绕如何改善教育体系展开的讨论不绝于耳,主要议题有:最需要教育经费的地区教育经费不足,多样化师资力量的准备(或缺乏),教师留任率和流失率,以及并不令人意外的标准化考试成绩。在中国,讨论往往围绕着学生的国际标准化考试成绩,社会流动的可行性和财富对学生学业成绩的影响,生活在农村的学生(交通不便及"优质"教育的匮乏)和生活在北京、上海等大城市的学生的差距。

在与美国和中国部分地区中小学和大学的教育工作者交谈时,我注意到一个相似的主题,即青少年,尤其是生活在主流社会"边缘"的青少年接受教育的途径,接受教育的机会,以及负担得起的、高质量的教育体验。与此相关的是,无论是中国陕西省西安市附近的农村,还是美国纽约哈勒姆区的城市,我看到文化素养在这两种文化中发挥作用。因此,于我而言,问题变成:我们如何基于社区空间的文化素养建设,让包括儿童、青少年和成年人在内的每个人都能接受至关重要的高质量文化素养教育? 在美国、中国和世界其他地方,这将会是什么样的,意味着什么?

虽然本书并没有直接提出这些问题,但它确实讨论了一个士绅化的城市社区中的文化素养问题。它简要说明文化素养能够和应该是什么样的,文化素养能够和应该意味着什么，文化素养能够和应该怎样通过社会文化、人性化和以行动为导向的视角，让青少年、成年人、家庭和社区居民参与到追求知识的过程中来。本书写于十多年前，它帮助我记录下社区的价值，以及与他人在社区中共同生活的价值。举个例子，今天我回到哈勒姆的时候，它看起来很不一样了。尽管这里还有同样的街道和几张熟悉的面孔，但是也有新的商店，不同的居民，还有焕然一新的感觉。当我从社会文化素养的角度将今天的哈勒姆区与十年前的哈勒姆区进行对比时，我对其所发生的各种转变感到非常惊讶。

然而，我想要去捕捉、质疑、关注并理解这些转变，因为它们描述了关于社区变革的文化叙事，我们都能够从中有所收获。因此，我希望你们能阅读这本书，思考一下它如何对美国乃至全球关于社区和学校中的文化素养、教育途径、教育机会和社会变革的讨论有所贡献。在阅读本书时，希望读者思考一下你们在社区中的融入展示了哪些关于文化素养、参与、社区变革和归属的意义。

致　谢

　　此书的诞生是许多人共同努力的结晶，得益于大家的开诚布公、奉献精神与积极参与。在此致谢中，我可能会在不经意间忽略一些人，为此，我致以真诚的歉意，并愿意承担全部责任。

　　首先，我要感谢项目中的两位主角菲利普·里斯（Phillip Reece）和哈里克·米德尔顿（Khaleeq Middleton）。在三年多的时间里，菲利普和哈里克配合我的访问，让我记录他们在校园内外的文化实践，观察并参与他们的各种文化素养、语言和社区交流。他们对社区的持续参与、对传统教育形式和复杂的语言体系的抵制以及对历史上非裔美国社区保护的关注，都展现了他们的才华。然而，也正是他们的才华鼓舞我写成此书，让我质疑自己的文化叙事，重新思考与社区变革相关的文化素养的意义、学校教育和斗争。希望读者能从菲利普和哈里克及他们的同伴身上发现关于文化素养和社区精神的重要经验。满怀钦佩和真诚，我感谢你们：菲利普和哈里克。这句"感谢"也要献给书中出现的其他受访者：瓦莱丽·奥里奇（Valerie Orridge）、丽贝卡·霍根、弥米·理查森（Mimi Richardson）和拉托亚·哈德曼（Latoya Hardman）。你们的观点很重要，非常荣幸能以这种形式传达你们的想法。

　　还要感谢纽约市哈勒姆高中的校长、教师、其他员工和学生们，感谢他们允许我们进入学校，并为我的研究提供了宝贵的时间。特别再次感谢拉托亚·哈德曼——菲利普和哈里克的英语老师，也是我亲爱的朋友和同事，她从不回避关于教学和城市青少年的批判性谈话，在她的帮助下，我看到了投身于此项目的扩展价值。我在2006年出版的《琼·乔丹：她的生活与书信》（*June Jordan: Her Life and Letters*）一书的致谢中写道："致拉托亚·哈德曼：我们的旅程始于休斯顿大学城中分校（University of Houston, Downtown），现已扩展至纽约市和高中生。我期待着下一个篇章。"好吧，这就是新的篇章，我期待着再写一个篇章。衷心感谢你们！

　　坎宁安女士（Ms. Cunningham）、沃克先生（Mr. Walker）、布朗女士（Ms. Brown），还有无数其他教师以及社区成员——你们知道自己是谁，即使我使用的是化名——衷心感谢你们在我们的采访、后续谈话、电子邮件和电话交流中表现出的坦率。

希望你们会发现这份工作鼓舞人心，就像我发现你们鼓舞人心一样。谢谢你们！

同样感谢其他曾为此项目提供帮助的人。感谢尚伯格中心（the Schomburg Center）青年学者项目的副主任霍尔曼女士（Ms. Hollman）；感谢与我进行了非正式交谈的光彩之人书店咖啡厅（Hue-Man Book & Café）和哈勒姆工作室博物馆（the Studio Museum）的员工们；感谢埃德蒙·戈登（Edmund Gordon）教授，是他允许我在哈勒姆的戈登师范学院（College Gordon Campus）使用办公区域；感谢我的前同事帕特·祖姆哈根（Pat Zumhagen）教授邀请项目参与者与她的研究生、教师教育候选人就士绅化展开讨论，还有我的同事和朋友贝弗里·莫斯（Beverly Moss）教授以及马克·拉蒙特·希尔（Marc Lamont Hill）教授，他们鼓励我继续这项工作。感谢《英文期刊》（*English Journal*）的编辑肯·林德布洛姆（Ken Lindblom）邀请我担任《英文期刊》新一期《创新写作指导》（Innovative Writing Instruction）专栏的编辑。2008年9月，该专栏发表了一篇关于菲利普和哈里克以及"变革中的写作"（"writing in the midst of change"）意义的文章。感谢我的专业同事梅莎·费希尔（Maisha Fisher）教授、拉利萨·瓦苏德万（Lalitha Vasudevan）教授、戴维·柯克兰（David Kirkland）教授和安德烈亚·伦斯福德（Andrea Lunsford）教授，他们是2009年7月我特邀编辑的一期《英语教育》（*English Education*）的撰稿人，其中包括本书的部分内容。还要感谢《英语教育》的编辑迈克尔·穆尔（Michael Moore）教授对本期特刊的支持。

借此契机，我结识了纽约公共图书馆唐奈分馆尚伯格黑人文化研究中心、哥伦比亚大学图书馆和俄亥俄州哥伦布市公共图书馆的许多档案管理员、咨询馆员、实习生和志愿者，在此向他们表示感谢。

这项工作的方方面面已在各种会议上得以展示。感谢以下会议的组织者和参与者：美国教育研究协会、大学写作与传播会议、全美英语教师委员会、宾夕法尼亚大学民族志会议、加州大学圣巴巴拉分校的跨国界写作会议。感谢辛迪·塞尔夫（Cindy Selfe）教授邀请我在俄亥俄州立大学2008年夏季数字媒体与合成研究所（Digital Media and Composition Institute）介绍这项工作的各项内容。此外，还要感谢德博拉·朱内特（Deborah Journet）教授邀请我在2008年路易斯维尔大学托马斯·沃森（Thomas R. Watson）修辞学与写作大会上担任演讲嘉宾。

非常感谢俄亥俄州立大学教学学院的丽贝卡·坎福-马丁（Rebcca Kanfor-Martin）和其他优秀的同事们，感谢你们在我的作品发行时给予的支持，并在我进行此项目时提供了一个良好的环境。你们真是好同事！必须感谢我的同事伊莱恩·理查森(Elaine Richardson)教授、阿德里安娜·迪克森(Adrienne Dixson)教授以及我们的博士生贾米拉·史密斯(Jamila Smith)，感谢他们参加了2009年我们在加州旧金山举行的大学写作和传播会议的小组会议，并在会上对这项工作进行了全面介绍。

有幸与俄亥俄州立大学的研究生和以前在师范学院的研究生进行了重要对话，对此我心怀感激。特别感谢我的前研究和技术专家坎达丝·托马斯(Candace Thomas)和前研究助理和项目参与者丽贝卡·霍根，他们不知疲倦地帮助我完成了这个项目各个方面的工作，比如收集参考资料、参加项目会议和社区会议等。如果没有你们的帮助，这个项目就会推迟好几年才能完成。还要感谢我在俄亥俄州立大学出色的研究助理克里斯廷·林德奎斯特(Kristin Lindquist)，她帮助我编辑和修改了手稿。感谢你一丝不苟，对工作耐心细致！我要对我遇到的无数其他学生、老师和活动家们说，你们致力于在全世界推广教育和文化工作的意义一直激励着我。

感谢我出色而专注的编辑梅格·莱姆克(Meg Lemke)，她对这个项目和这本书的价值深信不疑。谢谢你，梅格，谢谢你专业的编辑建议，谢谢你对我许多问题的回答，也谢谢你在整个过程中给予的鼓励。还要感谢该系列的编辑多萝西·斯特里克兰德(Dorothy S. Strickland)、西莉亚·吉尼诗(Celia Genishi)和唐娜·阿尔弗曼(Donna Alvermann)，以及顾问委员会和外部审稿人，他们对这部作品提供了重要的意见。

感谢我亲爱的朋友梅莎·费希尔，感谢你不断地鼓励我，一直在倾听我的想法和遇到的挫折，同时提供富有见地的意见。感谢你将我介绍给你在埃默里大学的同事克里丝滕·布勒斯(Kristen Buras)，她工作中的洞察力和启发性令我受益无穷。

感谢我的双亲弗吉尼娅(Virginia)和路易斯(Louis)，我的兄弟温德尔(Wendell)和路易斯(Louis)，我的姑姑、叔叔、堂兄弟，以及其他家庭成员和朋友，感谢你们一直以来的支持和鼓励。

还有那个特别的人，我最大的支持者，我要说声谢谢你，谢谢你，谢谢你的耐心、建议和持续不断的支持。

读者们，提前感谢你们的评论和建议。希望书中各种关于青少年和成年人的文化叙事能对你们有所鼓舞，就像我所受到的鼓舞一样。

目 录

序　言／贾巴里·马西里　　　　　　　　　　　　　　　　　　　1

中文版序言　　　　　　　　　　　　　　　　　　　　　　　　　1

致　谢　　　　　　　　　　　　　　　　　　　　　　　　　　　1

概　述　阿波罗、卡特俱乐部和布鲁斯音乐：哈勒姆新文化素养的培育　　1

   第二次开始　　　　　　　　　　　　　　　　　　　　　　6

   第三次开始　　　　　　　　　　　　　　　　　　　　　　9

第一章　我心目中的哈勒姆：黑人生活、青少年文化素养和城市士绅化　15

   哈勒姆是我的家：菲利普和哈里克的介绍　　　　　　　　　19

   在哈勒姆教学：以教师的身份介绍L女士　　　　　　　　　24

   旧与新：与L女士、菲利普和哈里克一起介绍哈勒姆　　　　26

   我心目中的哈勒姆：研究方法的简要讨论　　　　　　　　　29

   本地社区和文化素养工作：教师和研究人员的新课程　　　　33

   反馈：关于士绅化和社区（哈勒姆区居民菲利普·里斯撰稿）　34

第二章　"我的文字就是我的武器"：文化素养学习者、灵魂歌手和街头幸存者　37

   文化素养学习者　　　　　　　　　　　　　　　　　　　　40

   灵魂歌手　　　　　　　　　　　　　　　　　　　　　　　44

   街头幸存者　　　　　　　　　　　　　　　　　　　　　　47

   我的文字就是我的武器　　　　　　　　　　　　　　　　　51

   反馈：关于士绅化和变化（哈里克·米德尔顿撰稿）　　　　54

第三章 跟随不同的节拍起舞：在十字路口开展社区调查 57
    舞蹈 60
    鼓声 63
    节拍 68
    在十字路口 74
    反馈：在士绅化社区中教学（高中英语教师拉托亚·哈德曼撰稿） 77

第四章 复调歌唱：文化素养、种族和地域白人化 81
    "你得弄清楚，当我说白人化的时候是什么意思"：菲利普和他的哈勒姆 86
    带着教育走上街头：埃杰皮特、哈勒姆和地域形成的行动 92
    改变哈勒姆的（城市）叙事 96
    倾听其他人的看法：交互式学习与批判式文化素养 98
    复调歌唱 104
    反馈：哈勒姆的士绅化（项目参与人丽贝卡·霍根撰稿） 107

第五章 跨越第125大街：21世纪背景下的青少年文化素养 111
    哈勒姆、艺术与文化素养 116
    记录"哈勒姆就是艺术"或"把哈勒姆当作艺术" 120
    探索文化素养的学徒制模式 129
    跨越第125大街 132
    21世纪背景下的青少年文化素养 136
    反馈：掠夺者和受害者（哈勒姆区德拉诺村租户协会主席瓦莱丽·奥里奇撰稿） 138

第六章　教师访谈：关于士绅化、城市青少年与生存教育　　141
　　教师的描述和观点　　143
　　坎宁安女士和社区意识　　143
　　沃克先生和在哈勒姆居住　　148
　　布朗女士：哈勒姆，使其有意义　　152
　　教师谈话与谈话所得　　156
　　创造合作、民主的学习环境　　158
　　反馈：教育、改变和青少年(7年级语言艺术教师弥米·理查森撰稿)　　160

第七章　一种新的文化传统：课堂即社区参与　　163
　　"表明立场"：构建一种文化传统　　165
　　在教学中实施可能性教学法　　170
　　回归哈勒姆：对研究和教师教育的影响　　175

后　记／埃德蒙·戈登　　180
参考文献　　182
受访者简介　　189
译后记／高屾　　190

概 述

阿波罗、卡特俱乐部和布鲁斯音乐：
哈勒姆新文化素养的培育

我和我的高中学生发现纽约市的哈勒姆区并非意外，或者说是哈勒姆区发现了我们。1996年夏天，我第一次真正参观这个历史悠久的社区。那时我刚从北卡罗来纳州夏洛特市的约翰逊·C.史密斯大学毕业，获得了英文学位，正在为秋季的研究生院入学做准备，同时作为升级和桥梁计划（Upward Bound and Bridge Programs）①的青少年项目顾问而努力工作。那年夏天，夏洛特市的升级和桥梁计划管理员决定带我们的高中毕业生到纽约市去。高年级的同学们在得知这个消息后都很兴奋，心脏怦怦直跳，笑容满面，空气中充满了愉快的气氛。要一起去纽约市，而我将成为这次初体验的见证者、观察者和参与者。对我们来说，都是第一次，我们都非常高兴，以前在黑人文学课中学习到的社区即将张开温暖的双臂迎接我们的到来。更重要的是，虽然是暂时的，但我们都很好奇，把在南方的生活抛在脑后，被哈勒姆区最著名的娱乐场所狂轰滥炸会是怎样一种感觉。那里有位于西第125大街的举世闻名的阿波罗剧院（Apollo Theater）和业余爱好者之夜演出（Amateur night performances），深受欢迎的科顿俱乐部（Cotton Club），俱乐部原址为第142大街和勒诺克斯大道，当时名为"豪华俱乐部"（the Club Deluxe），后来在西第125大街重建。在每一个娱乐场所，无数的非洲裔美国艺术家用他们饱含爱、痛苦和生存感的音乐感染着观众。

我们也渴望出现在哈勒姆，这里名人荟萃，如诗人兰斯顿·休斯（Langston Hughes）、民权运动家马尔科姆·爱克斯（Malcolm X）、作家拉尔夫·埃利森（Ralph Ellison）、政治领袖小亚当·克莱顿·鲍威尔（Adam Claytonpowell），还有许多艺术家、教育家、领导人和本地居民，这里是他们的故乡或第二个家。对我们所有人来说，我们终于来到哈勒姆文艺复兴的发祥地，这里也是美国民权和黑人艺术运动的温床。我仍

---

① 升级和桥梁计划：针对大学入学新生的教育推广计划。私立大学也有自己的桥梁计划，这些活动会教你在校内外慢慢转变为一名合格的大学生，学会更好地融入校园生活中，养成良好的学习习惯，扩展自己的交友圈。

然可以听到我的高中学生拉马尔(Lamar)在我耳边低语着著名的台词"这是阿波罗的表演时间",美丽的黑人女士、男士和孩子们排队等候进入这个具有历史性意义的殿堂,因为其代表着黑人的骄傲、天赋和梦想。说完这句话后,拉马尔用饱含热泪的双眼看着我说:"我们在哈勒姆区。"的确,我们曾在哈勒姆区,排队进入我们在17~24英寸的电视机里了解并喜爱的阿波罗剧院。我和我的学生都曾住在哈勒姆区,哈勒姆精神就在我们心中。漫步在第125大街,我们想知道当马尔科姆·爱克斯作为社区的政治力量时生活是怎样的,想知道兰斯顿·休斯是否像我们一样迅速地爱上了哈勒姆,想知道埃林顿公爵(Duke Ellington)在周日下午或周一早上散步的地方是什么样的。黑人爵士音乐家表演的地方在哪里?路易斯·阿姆斯特朗(Louis Armstrong)在哈勒姆的首次亮相情况如何?保罗·罗伯逊(Paul Robeson)与哥伦比亚大学法学院的白人同学相处得好不好?我们想知道这些为我们铺平道路的经历——年轻的南方黑人们向星星祈愿,希望能了解哈勒姆区。我们需要知道。

初次访问哈勒姆区多年后,我更加深入地研究了许多将哈勒姆区塑造成黑人生活和文化圣地的人:W. E. B. 杜波依斯(W. E. B. Dubois)、詹姆斯·韦尔登·约翰逊(James Weldon Johnson)、马库斯·加维(Marcus Garvey)、查尔斯·明格斯(Charles Mingus)、莉娜·霍恩(Lena Horne)、阿图罗·尚伯格(Arturo Schomburg)、佐拉·尼尔·赫斯顿(Zora Neale Hurston)、还有内拉·拉森(Nella Larson)、克劳德·麦凯(Claude McKa)、约瑟芬·贝克(Josephine Baker)、法茨·沃勒(Fats Waller)、理查德·赖特(Richard Wright)、詹姆斯·鲍德温(James Baldwin)、A. 菲利普·伦道夫(A. Philip Randolph)、琼·乔丹(June Jordan)和其他许多人。我仍然记得,无论是在南卡罗来纳州查尔斯顿市的高中生活,还是后来在纽约市哈勒姆区的研究生涯,我参加了各种英语语言艺术班,这些班的布告栏和墙壁上面都装饰着图片、名人名言和哈勒姆鼓舞人心的语句,"实现我梦想的权利"[乔治娅·道格拉斯·约翰逊(Georgia Douglas Johnson)],"紧紧抓住梦想"(兰斯顿·休斯),"教育是通往未来的护照"(马尔科姆·爱克斯)。我也开始对我们中的一些人可能不熟悉的那些当地社区成员和民权运动家的生活产生兴趣,他们是:詹姆斯·安德森(James H. Anderson),《纽约阿姆斯特丹新闻》的创始人;本杰明·戴维斯(Benjamin J. Davis),《黑人解放者》杂志的主编,继小亚当·克莱顿·鲍威尔之后代表哈勒姆的市议员,成功地竞选了国会席位;杰弗里·卡纳达(Geoffrey Canada),哈勒姆儿童区总裁兼首席执行官;瓦莱丽·奥里奇,哈勒姆租户协会主席；还有内莉·赫丝特·贝利（Nellie Hester Bailey），哈勒姆租户委员会的共同创办人。这些人是谁？他们的哈勒姆故事是怎样的？像拉马尔和我的学生们这样的下一代美国黑人能从他们身上学习到什么？

我未曾想到，在第一次访问哈勒姆的7年之后，我会成为哥伦比亚大学师范学院的教授，与哈勒姆两所不同高中的学生们在一起工作，我居住在哈勒姆，还开展了一项持续多年的关于士绅化和哈勒姆青年的研究项目。小时候坐在父母南卡罗来纳州的房子前廊上，或者在上初中和高中英语课时，我一直认为哈勒姆是个非同寻常的地方。我梦想自己能成为一名教育工作者，希望成为一个更大的社区中的一员，我非常想在第125大街、勒诺克斯大道、马尔科姆·爱克斯大道和河畔路的街道上漫步。我一直想多了解一些事情，希望我的学生可以有更多体验。

在南卡罗来纳时，年少的我沉醉于哈勒姆的照片和哈勒姆文学大师的作品中，这些作品占满了当地的图书馆。我待在室内，阅读着从图书馆借来的著名非洲裔美国艺术家、作家、教育家和政治家生活的书，这些书帮助我逃离了查尔斯顿炎热的夏季。和许多人一样，我非常喜欢兰斯顿·休斯的诗歌，所以想写我自己的《我也歌唱美国》。多年以后，经历了无数次失败之后，我在19岁时完成了第一稿。高中英语课上的哈勒姆文艺复兴运动似乎与我称之为家的南卡罗来纳相去甚远。事实上，哈勒姆与南卡罗来纳州联系密切，包括非洲人和非洲裔美国人在内的一些有色种族在这两个地方生活、逐梦和斗争。

在纽约市的哈勒姆社区，和南卡罗来纳州的各种社区一样，种族隔离、种族歧视以及为有色种族争取公民权利是当地历史的显著特点。在这两个地方，父母和社区成员认为教育是意义非凡的。非洲人和非洲裔美国人教育家、校长、领导人和积极活跃的社区成员的存在，表明了丰富的遗产和对教育的关注。菲利普，你们将在本书中认识的一位哈勒姆青年，他的笔记本封面上写有一句话，谈到在斗争中记住这一遗产的重要性："永远不要忘记我们的过去和斗争！力量，权力，黑人，哈勒姆。"我与许多学生、居民、领导人、教育家，还有家里人谈论过非洲人、非洲裔美国人和其他有色种族的历史斗争和教育追求，在很多方面，他们感同身受。菲利普笔记本上的这段话，以及与我交谈过的人们对希望的看法——"我们已经走了很长的路"（L女士），对坚持不懈的看法——"我们的斗争还没有结束，所以我们会继续战斗"（奥里奇），对本书而言至关重要。1996年，第一次访问哈勒姆时，我不知道我们（升级和桥梁计划中的高中毕业生，还有管理员)永远不会远离我们在南部的居住地。纽约市,特别是哈勒姆,无论是出生在南部各洲或者家人居住在这里的哈勒姆市民,还是社区内充满南方风情的街边教堂,绝大多数地方都体现了南方特色。然而,在政府努力重建哈勒姆的过程中,这些痕迹连同许多其他痕迹一起被遗忘了,有人称之为"第二次复兴",有人称之为"士绅化"。斗争,其实远远没有结束。

　　本书从文化素养和社会文化视角探讨哈勒姆及其历史与未来。我借鉴了哈勒姆青少年和成年人的智慧、文化素养和经验,他们经常质疑社区、公民权利、平等机会和行动主义的含义,因为这些对新哈勒姆的建设是有意义的。本书中提到的菲利普一直是社区的青少年代表,他说:"关于社区规划问题,没有人问过我们的意见就动工了。我们的意见并没有被采纳,我们不是在学校中谈论士绅化和斗争问题。看,我们的意见总是被忽略。这是怎么回事?"另一名青少年代表哈里克同意这种说法。他认为,社区和士绅化问题上若缺少青少年的声音的话,就会引起更大的、持久的问题。"这是一场由于过去、现在和包括青少年在内所惧怕的事情引起的严重冲突。我们中的一些人知道,我们有可能被驱赶出唯一的家。"

　　菲利普的观点和哈里克的信念为我这样一个深切关注哈勒姆社区的教师研究人员打开了更加宽广的思路,也促使我继续努力思考:青少年的生活经历,特别是城市青少年的生活经历,如何呈现关于地域、斗争和身份认同的故事或叙事。很多时候,这些故事并不是学生学习生活的一部分。我们这些成年人与社区内的青少年交谈时,事实上,往往不会讨论青少年的生活经历。菲利普和哈里克的叙述也对我关于哈勒姆的记忆和境遇构成挑战。1996年时我并没有意识到士绅化和社区变革,也没有意识到创造"平行宇宙"的重要性,比如学校和周围社区的青少年文化素养经历。更重要的是,我并没有质疑哈勒姆作为黑人生活和文化圣地的意义和代表性,甚至对其存在误解。

　　毫无疑问,我被眼中的"星星"蒙蔽了。从那时起,通过倾听和记录那些与哈勒姆区有直接或错综联系的采访对象叙述社区轶事,我开始认识得更加清楚。这些采访对象包括长居此地的青少年、成年人、企业家和教育工作者。哈勒姆到底发生了什么?为什么在社区士绅化的争论中没有像菲利普和哈里克一样的当地青少年的声音、观点和文化叙事?关注哈勒姆的士绅化,能从哪些方面(如果有的话)激发人们更加关注美国其他城市社区的青少年的生活?这些青少年在上学、上班、娱乐或回家的路上,会经历和看到周围哪些变化？

他们的文化生活又是怎样的呢？对许多人来说，他们对街道、建筑和代表着其丰富独特的文学、艺术和政治历史等的当地事件太熟悉了。这个故事真正的起源在哪里？

第二次开始

本书中的一些章节描写了促使哈勒姆成为一个黑人文化场所的影响因素。这些因素，我称之为机构，包括社区博物馆、本地剧院、社区企业、街角酒吧、教堂、学校、研究图书馆和研究中心，以及沙龙、理发店、放学后的托管班和社区日托中心。这些地方一直是，希望将来也能一直是哈勒姆重要的学习和参与机构。非洲裔的文化和精神生活把这个本来不受欢迎的地方变成了文化机构，这些机构基本由他们拥有、经营和光顾，也是塑造他们文化素养的重要因素。说到文化生活，我在这里特别指黑人的生活与文化实践、行动主义、权利运动以及重视书面和口头语言的社区教育形式密切相关。

考虑到这些情况，书中各章节研究了一些相互关联的课题，包括以下内容：

1. 研究一个长期存在的社会、政治以及地理问题——有色种族社区的空间变化和士绅化及其对青少年文化素养的影响。这项研究对拥有不同文化素养背景的人群都具有意义，包括地方和全球背景下的城市、农村和郊区社区。

2. 探讨将社区行动主义与学校的学习活动两者结合起来并聚焦于地域问题的方法。这两者的结合支撑了库什曼（Cushman，1996）关于学校和社区之间明显的（且不幸的）距离的研究。

3. 调查文化实践如何受到与当地历史、著述和生活经历相关的地方政治的影响。这项调查会为职前教师和在职教师提供创新性方法，使其探索学校课程内不同背景的青少年文化素养教育。一些具体的方法，如教师、研究人员和青少年如何处理社区和学校内的地域、种族、身份和学习等主题将是我们关注的重点。

这些章节，共同探讨了哈勒姆社区的非洲裔美国青少年的生活和文化如何受到公众社区士绅化的影响。通过讨论哈勒姆青少年、教师、黑人常住居民以及新的白人居民如何看待他们在士绅化过程中扮演的角色，来审视种族与地方之间的联系。这些目标让我回想起自己在南卡罗来纳州的家庭生活，以及在纽约市担任研究员和师范学院教授时经常感受到的压力，那时我见证了哥伦比亚大学在哈勒姆的扩建工作。这种政治局势使我对与哈勒姆青少年和教师进行合作顾虑重重，我们的合作包括探究关于空间所有权或归属感的争论，权力与特权之下的种族影响和经济影响，以及哈勒姆贫困居民和工薪阶层居民流离失所的意义。

作为一名年轻的未经认证的教师，早在1996年夏天去哈勒姆冒险之前，我就试图对文化素养进行界定，为其命名，安排特定的实践内容，将其置于有色种族的各种文化实践之中。正如我现在所看到的那样，这场斗争的问题与我有限的对文化素养的认知方法有关，即使我知道自己面临多重认知经验：我的父母是居住在南卡罗来纳州的工薪阶层——父亲是退休的卡车司机，母亲是退休的护士，我被这种多元文化所包围。我和父亲坐在前廊上，阅读《新闻与信使》(The News and Courier)和本地新闻小册子，并重新布置了一台12英寸高、10英寸宽的便携AM-FM无线收音机。在有需要时，我将他带有南部古拉口音的谈话翻译给朋友和过客。我研究过他与母亲的表达性互动。母亲在那个5~7英寸的日记本中有条不紊地写下她的"待办事项清单"，记录家庭账单和杂货清单：

准备会议并阅读每日信息和经文
支付账单：西尔斯和杰西潘尼的账户
购买面包、鸡蛋、蔬菜、牛奶、果汁和洗涤剂
打电话给露丝、凯瑟琳、安妮，并与多萝西确认一下（她的姐妹）

除了阅读她的清单，母亲还阅读杂志、小说和商品目录，关注思想的表达方式以及图片如何表述故事。很明显，至少在我看来，她想成为一名教师，这是一个她现在很少谈论的未实现的梦想。当时，我没有意识到我在现实生活中观察到了文学、行为、实践和事件。在我们的社区，我听到母亲与亲戚间充满代码转换模式的谈话，她能够在美式英语和非洲裔美语之间灵活地转换。我注意到我的父亲和母亲惯有的、在公共区域里秘而不宣的互动方式。我听到他们因为肤色和低下的社会经济地位而被剥夺进入特定"公共"空间的故事。"这个建筑是你堂兄结婚的地方，"我母亲说，"黑人永远无法进去。如果我们非要进去，只能在晚上从用来运送清洁工具的后门进。"南卡罗来纳州的黑人与美国其他地方的有色种族一样，同时在为获得安全、公平和机会而斗争。因

此,总体来说,我的家庭社区,特别是我父母的生活,极大地激发了我对地域、社区变革和文化素养的兴趣。

从很多方面来说,父母的生活与我在北卡罗来纳州任年轻教师和在纽约做研究员时共事的青少年的生活息息相关。以下章节中的青少年直言不讳,诙谐幽默,致力于守护他们的纽约市的社区。如果士绅化意味着社区居民的资源和生活仪式逐渐瓦解,大家是反对这种变革的。他们质疑士绅化意味着社区更加安全并且为本地区居民提供更多的就业机会。正如菲利普所说:"为什么我们必须通过士绅化来获得我们身为人类本应拥有的东西?哈勒姆士绅化的结果是什么?谁在付出代价?"他们的这些争议引出了我对历史上的黑人空间的士绅化的争议,在这个空间里,人们像支持保卫黑人社区一样支持着多样化公共区域的建设。

这种冲突在我的学术和职业生活中经常是显而易见的。在担任师范学院教授期间,虽囿于本地社区反对士绅化和哥伦比亚大学扩建到哈勒姆的斗争,但我也参与了其变革进程。我经常乘坐百老汇大街的1号列车在第207大街或第145大街的住宅区停靠。每当列车在第135大街离开地下隧道,朝第125大街的外站台开去时,我都会盯着窗外。坐落在百老汇大街西侧第131大街和第132大街的塔克仓储公司(Tuck-It-Away)自助仓储商店外挂着一条大横幅,用英语和西班牙语写着:"阻止哥伦比亚大学扩建!我们不会被赶出去的!"

塔克仓储公司的总裁尼古拉斯·斯普雷莱根(Nicholas Sprayregen)曾表示,该仓储商店是哈勒姆西部地区最大的企业,哈勒姆西部地区又被称为曼哈顿维尔(Manhattanville),居民以黑人和西班牙裔居民为主。在与哥伦比亚大学进行了长达四年的争夺战之后,本地企业和居民拒绝迁出,以致大学无法进一步扩展到哈勒姆社区,特别是扩至曼哈顿维尔大约7万平方米的区域。鉴于大学曾经对土地征用的威胁,居民的拒绝引起了当地媒体,例如《纽约每日新闻》《邮报》《纽约时报》和《纽约阿姆斯特丹新闻》的关注。从在商店外侧悬挂的横幅到有组织的集会、游行和示威活动,本地居民和企业家对士绅化和邻居之间紧张关系表示担忧:一方面是哈勒姆和曼哈顿维尔,另一方面是晨边高地和哥伦比亚大学。

总之,"阻止哥伦比亚大学扩建"标语的传播以及其他活动,青少年质疑"哈勒姆区士绅化的答案"的声音,我父母的文化活动,以及我自己在保护黑人社区方面的所引起冲突,这些因素构成这本书的方向。这些因素综合考虑了地理位置、种族、文化和社区活动,有助于我对文化素养的定义,从一个非常狭隘的概念转变为一个更为宽泛的概念:作为阅读、写作和演讲的行为、实践和活动。1996年之后的经历使我相信,除上述行为和做法外,文化素养还包括各种媒体。这些媒体从口头语言、多媒体,到计算机、视觉艺术以及表演等,都是帮助我们获得发言权的关键渠道。全美英语教师理事会(National Council of Teachers of English)的詹姆士·斯奎尔政策研究办公室(the James R. Squire of Policy Research)2007年发表了题为《21世纪文化素养:政策研究简报》的报告,详细阐述了这种看待文化素养的方式。该报告研究了文化素养是如何形成的以及如何受到不同文化背景的影响,内容如下:

> 全球经济、新技术和指数式增长的信息在重塑着我们的社会……英语或语言艺术类教师需要向学生传授解决问题的能力、合作能力和分析能力,以适应这个世界的变化。同时,学生们也需要掌握与文字处理、超文本、液晶显示器(LCD)、网络摄像头、数字流媒体播客、智能平板和社交网络软件相关的技能,这些技能是个人成长和社区繁荣的核心。新的文化素养已变成教育领域的一部分。

尽管英语语言艺术教师面临的日益增长的需求似乎势不可挡,但全美英语教师理事会的报告意义重大。它坚信,文化素养,尤其是在21世纪的语境中的文化素养,可以鼓励人们体验科技和多媒体文本,与当地或全球社区建立联系,与他人合作解决问题。21世纪的文化素养能激励人们批判地分析、综合和质疑信息,阅读、写作和评论作品和世界的能力(Freire, 1970/1997;Freire & Macedo, 1987)。

这种对文化素养的理解是包罗万象的。它与"旧"和"新"哈勒姆的文化素养息息相关,这将在本书所介绍的社区青少年故事中进行讨论。通过这个定义,我能够更清楚地理解在南卡罗来纳州时我就一直面对的那种文化素养,我在哈勒姆社区和学校与青少年一起工作时观察到的文化素养,以及对哈勒姆及其文化机构的历史意义做出贡献的文化素养。

第三次开始

任何项目,尤其是那些充满故事和叙述的项目,总是有很多种介绍的方式,以不同的方式展开。在第三次尝试对本书进行介绍时,我单列一章《概述》,邀请我的读者来探索青少年文化素养和城市士绅化。要讲述的故事、提出的问题、分享的观点以及试图揭示的理论和实践应用,对我来说都具有挑战性。这些挑战与我所持的立场有关,甚至与持续召开的数据成员检查会议有关(Lincoln & Guba, 2000),在会议上,我同与会者共享数据和我对数据的分析,期待得到他们的反馈——对与我共事了三年多的青少年的生活经历给予反馈。在展示参与者们给我提供的叙事时,有一点非常重要,我有意识地决定尊重他们的话语,通常也是我自己的话语,通过在整本书中使用非洲裔美国人的语言,我用诚实、有力和重要的方式表达了他们的观点。

第一章《我心目中的哈勒姆:黑人生活、青少年文化素养和城市士绅化》介绍了本书的主角菲利普和哈里克这两位居住在纽约市的非洲裔美国青少年。哈勒姆区正在进行士绅化变革,菲利普和哈里克都对文字怀有热情,对行动主义充满好奇,当他们质疑社区内正在发生的事情时,他们也想知道士绅化对他们的学校和社区生活的影响。他们的经历很有说服力,他们的质疑很重要,他们自身的文化素养远远超乎其年龄。通过菲利普、哈里克以及他们的英语老师拉托亚·哈德曼女士(又称 L 女士)的陈述,本章探讨了旧的哈勒姆和新的哈勒姆:旧的哈勒姆历史包括权利运动、文化素养传统和文化实践活动,新的商业活动、士绅化和该地区以白人专业人士为主的新居民是新的哈勒姆的标志。本章将描述青少年如何理解新与旧,他们创造意义,创作和反抗这个世界的故事,并且以数码相机、视频采访等多种模式来记录社区故事。对项目方法进行简要描述之后,本章以问题作为总结:教师和研究人员如何能够与居住在士绅化地区的青少年一起,在有关文化素养的工作中关注社区历史?

第一章的最后一部分是菲利普撰写的关于士绅化和社区的简短反馈,他谈到了对社区变革的感受以及导致士绅化的两个重要因素。

第二章《"我的文字就是我的武器":文化素养学习者、灵魂歌手和街头幸存者》通过菲利普、哈里克和他们的同伴金(Kim)和萨曼莎(Samantha)的例子,探讨士绅化、城市青少年和文化素养。本章讨论了菲利普和哈里克这两位文字主力战士,或者说他们是创造性且有力地使用文字来理解变化的社区的意义的年轻人,通过思考哈勒姆与种族和地域的关系来理解士绅化或他俩所说的"社区的白人化"是什么。这一讨论承认了讨论士绅化时令人不安的种族和种族观念的价值。用菲利普的话来说,这种讨论认识到,"在企图将黑人的一切加以士绅化的过程中"本地历史是如何"被遗忘的",这些黑人，包括热爱哈勒姆的灵魂歌手和街头幸存者以及想尽可能多地了解社区以做出积极改变的文化素养学习者。菲利普、哈里克和他们的同伴对社区的奉献讲述了他们利用作品的力量并创作出具有变革性的文化素养故事。虽然哈里克和菲利普在哈勒姆遗产的代表性上有不同的理解，但是金和萨曼莎讨论了受到白人特权挑战的社区的意义。他们的故事展示了青少年参与文化素养重要机会的价值，这些机会让他们相信，正如哈里克所相信的，"文化素养就是表明我是谁……通过文化素养，我的文字就是我的武器"。那么教师如何将青少年视为文化素养学习者、灵魂歌手和街头幸存者，这项工作的新含义是什么？

第二章最后一部分是哈里克撰写的关于士绅化的简要反馈。哈里克谈及士绅化、社区发生的变化，以及包括他的母亲在内的纽约市居民被迫支付日益上涨的房租。

第三章《跟随不同的节拍起舞：在十字路口开展社区调查》关注的是街头幸存者。一项青少年发起的关于士绅化的本地调查发现，除菲利普和哈里克之外，哈勒姆及其周边地区还有无数年轻人关注士绅化对他们的社区结构和家族网络系统的影响。他们在跟随不同的节拍（生活经历、观点、社区意义）起舞，以此作为一种理解置身于城市士绅化和社区维护的十字路口的方式，作为一种纪念他们与社区变革做斗争的方式。为记录他们对失去社区的反应，本章对155份随机选择的调研资料进行分析，参加调研的青少年既有哈勒姆高中的学生，也有参与当地教育改进项目的年轻人。这项调查代表了一种真诚的尝试，即通过跨越不同背景提升文化素养的方式，尊重青少年，倾听青少年，向青少年学习。青少年的反馈表明，他们强烈希望被纳入更加广泛社区内的士绅化决策过程当中。它同样揭示了许多不同层面的哈勒姆：哈勒姆是家，是生存空间，是社区实践和教育的场所，是黑人生活的城市庇护所或文化绿洲。处于十字路口的哈勒姆充斥着各种青少年的声音、故事和斗争史，围绕这些都以他们关于士绅化的看法展开辩论的方式呈现出来，其中也包括菲利普和哈里克对青少年调研反馈出来的对文化素养和社区前景的看法。那么，教师和研究人员如何才能找到尊重青少年的方式，倾听他们的观点，并将其观点纳入文化普及和社区工作中去呢？

第三章最后一部分是拉托亚·哈德曼（L女士）对士绅化和教学的简短反馈。作为菲利普和哈里克高中阶段的英语教师，她通过充分考虑将本地社区作为核心价值来谈论教学。

在一个历史悠久的非洲裔美国人社区谈论士绅化是指白人居民越来越多地出现

在该地区。第四章《复调歌唱：文化素养、种族和地域白人化》探讨了居住在哈勒姆区第125大街附近的菲利普如何通过谈论"新"（例如士绅化、新的商业活动、白人居民）和"旧"（例如历史、街角酒吧、文化机构、黑人居民）之间的紧张关系来思考哈勒姆的白人化。菲利普对"地域白人化"的讨论表明，他和其他人将哈勒姆区看作文化事件的场域，而不是代表城市士绅化公开辩论的场所。为了做到这一点，本章在两个不太可能的来源之间建立起平行关系，即来自哈勒姆区的菲利普和来自德克萨斯州的贾丝明（Jasmine）。贾丝明是2004年暑期写作项目中的6年级非洲裔美国女性，和菲利普一样，贾丝明转向自己的社区来创作当地的文化故事。菲利普和贾丝明的故事以及哈勒姆白人居民访谈和观点，有助于读者质疑"白人化"并思考"黑人化"的意义。在与青少年共同研究关于地域、种族和归属感这种矛盾时，教师和研究人员能从菲利普、贾丝明及当地白人居民身上学到什么呢？我们如何将个人化的社区境遇转化为可以让学生集体参与的文化性课堂教学？

第四章最后一部分由我的前研究助理和项目成员丽贝卡·霍根对哈勒姆和士绅化做了一个简短反馈。她描述了自己所经历的紧张局面，并质疑士绅化与社区保护之间存在平衡。

第五章是《跨越第125大街：21世纪背景下的青少年文化素养》。哈里克和菲利普一直在重新设想他们的社区从"被忽略的地方"转变为"艺术在不断发展的地方"（菲利普）。在一次采访中，哈里克评论说："哈勒姆是……艺术。它已经存在了几十年，尽管社区现在正在被士绅化，来创造艺术感——（菲利普打断说：'虚假的艺术感。'）如果这种新的艺术……将改善我们的社区，那为什么它会取代这么多长居于此的黑人居民？"根据哈里克的观点，本章描述了菲利普和哈里克是如何成为批评的实干家和社区记录者的。他们使用视频采访和照片来捕捉面对士绅化时哈勒姆的文化素养和艺术状况。他们在做这些时，不情愿地跨越了第125大街的实景和情感边界，进入一个没有归属感的大学环境。在与当地大学的白人女教师教育候选人相遇时，这种跨越引领他们重新思考"白人化"的想法。这项工作对教师和研究人员思考青少年如何跨越界限来探索种族和社区文化素养的含义有何助益？

第五章最后一部分是由哈勒姆租户协会主席瓦莱丽·奥里奇撰写的关于成年人行动主义的简短反馈。她谈到了社区和成年人行动主义的重要性。

在第六章《教师访谈：关于士绅化、城市青少年与生存教育》中，我们在哈勒姆会见了三位专职教师：坎宁安女士、沃克先生和布朗女士。由于受到哈勒姆高中青少年和成年人的一系列访谈问题的推动，教师们的观点挑战了菲利普和哈里克以前对种族和地域的信仰。坎宁安女士自称属于白人中产阶级，认为阶级是士绅化的主要因素。她大胆分享了她与士绅化相关的、身为白人的内疚感。沃克先生是一名男性白人，基于自己对士绅化的研究，在哈勒姆区他作为一名局外人而奋力抗争。非洲裔美国人布朗女士讨论了生活在"新"哈勒姆的紧张感。从这些开放式的教师访谈和讨论可以看出，突破权力、种族、阶级和语言障碍的过程促进了对世界和自身地位的批判性评论，也培养了对种族和地域的延伸理解，促进了创建合作、民主的学习环境的对话。教师和学生如何参与跨年龄和跨种族的讨论？社区、身份认同和权力组成的多重文化素养故事可以通过哪些方式转移到课堂中去？

弥米·理查森以前是纽约市一所城市高中的教师教育候选人，现在是新泽西州郊区中学的全职教师，他撰写了最后的简要反馈，分享了对教学、变迁和青少年的看法。

我们在第七章中以讨论"一种新的文化传统：课堂即社区参与"作为结论。前面几章研究关注城市士绅化的青少年和成年人的文化素养生活中的具体事件，本章提出关于实践应用的新问题："新文化素养传统"是什么意思？为什么对致力于高质量教学的教师和研究人员来说这很重要？在课堂上这项工作的具体含义是什么？教师和研究人员如何与青少年一起在研究文化素养的工作中讨论社区（例如问题、现实、历史）？这个结尾章节讨论了哈勒姆及其他地区的课堂如何通过利用可能性教学法成为激励青少年和教师参与的场所。最后，从菲利普、哈里克和许多其他项目参与者关于教学、教师、青少年和社区变革的文化叙事中提炼出很多建议。我相信他们的建议可以完善教育实践、教学方法和相关政策。

现在我将进入另一个开始，希望你能与我一起阅读《我心目中的哈勒姆》。

第一章

我心目中的哈勒姆：黑人生活、
青少年文化素养和城市士绅化

我从城外的车站乘坐地铁B号线或C号线或M4号公共汽车去哈勒姆高中。路线是如此熟悉,如果不是因为赶时间,我甚至可以从我的公寓步行到学校。在地铁里,就像在我临时居住的哈勒姆社区一样,我遇到了无数的青少年,他们戴着iPod,背着背包,说着复杂的语言,这种语言混杂着"校园"英语、非洲裔美国语言,以及西班牙语、西班牙英语,有时还掺杂着法语。进入高中后,我注意到年轻人使用的语言丰富多样,他们跟随着我进入校门,一直到我签到的保安亭,走上楼梯到达办公室,进入走廊和教室。在这个地方,我遇到了许多学生和他们的老师在课间仓促地转换教室。从学校管理人员到教师,再到我,他们丰富的语言使我们这些听众沉浸其中。

在有所了解之前,我不仅是一名积极倾听的听众,还是"校园"英语和非洲裔美国语言的积极使用者,这个角色我一直自豪地扮演着。我注意到学校里青少年谈话的语言丰富性如何与当地社区中的历史产生共鸣,在许多情况下,这些历史经常被留在校门外。然而,哈勒姆高中并不是这种情况,这所学校毗邻城市学院(纽约城市大学),和圣尼古拉斯公园在一个方向,另一个方向是一些重要的文化机构。这些机构包括:马尔科姆•爱克斯大道的尚伯格黑人文化研究中心,靠近小亚当•克莱顿•鲍威尔大道和西第125大街交汇处的特蕾莎酒店,西第125大街的哈勒姆工作室博物馆,位于西第125大街和小亚当•克莱顿•鲍威尔大道的小亚当•克莱顿•鲍威尔大厦。学校周围的街区两旁矗立着历史悠久的教堂和各种公立学校,这些学校都以著名的非洲裔美国人和拉丁裔领导人的名字命名。学校周围遍布社会和政治活动、民权运动以及文学素养和文艺复兴的遗产。

纽约哈勒姆高中(Harlem High School)位于这些历史遗存的中心,是一所开放式招生的学校,拥有37名教师和大约8名行政人员。学校有大约550名学生,覆盖9~12年级。在所招收的学生中,54%是黑人或非洲裔美国人,45%是拉丁裔,2%是白人,1%是亚洲人。必须承认,虽然越来越多的非洲学生前来上学,但是黑人或非洲裔美国学生的种族和民族划分并没有形成明显的不同类别,即黑人或非洲人以及黑人或非洲裔美国人,这是有问题的。鉴于这种种族和民族结构,大约46.1%的学生是男性,53.9%的学生是女性,其中许多人有资格享受免费午餐计划(Hardman,2006)。我工作的那个班级的英语语言艺术老师L女士说,这所学校原本是一所小学。在开展此项研究的时候,学校由两所高中和一所初中组成。虽然哈勒姆高中的管理人员(即校长、助理校长、教师、员工)与其他学校不同,但学校内的公共空间是一样的,包括食堂、体育馆和楼梯间(Kinloch,2008)。过去,学校因教学成效不佳而面临被关闭的威胁,被列入纽约州"需要改进的学校"名单。现任校长大约5年前上任,决心改变学校,提高其学术标准。他与教师和家长一起努力完成了一系列重大举措:通过提高学生的出勤率,促进员工发展和师资培训等措施,将学校从"需要改进的学校"名单中删除。可能更重要的是,学校"已经开始用英语整合全校范围的课程,用一项允许学生将作业修改至满意的政策取代了'D'的等级,并将技术引入课堂"(见学校内部简介)。这些重大举措加强了学校对提升学生学业成绩的不懈努力。

  然而,取得这些成绩的同时也会产生一定的后果。从"需要改进的学校"名单中脱身意味着学校不再符合为"挣扎"和"表现不佳"的学校提供的免费辅导计划。我不会轻易使用"挣扎"和"表现不佳"这类的词。实际上,考虑到学校的学生和教师的丰富文化素养以及当地社区的历史,我更不希望这些词被用来描述公立学校,特别是城市地区的学校。然而,哈勒姆高中最近的学习成绩表明,许多新生没有达到年级水平。纽约市公立学校长期面临的拥挤问题,加剧了这一挑战。例如,哈勒姆高中2006年的新生比预期多100名。虽然学区对课外辅导的支持有所减少,但仍然要求学生提高他们的纽约州高中会考(Regent Exam)分数。高中会考是纽约州的一项要求,用于测试学生的英语、科学、数学和社会研究能力。尽管现实情况比较严峻,但校长和他的员工仍然专注于提升学生的成绩和学术严谨性。学校重视进步式的教育,重视那些有特殊需要的学生、"资优"学生以及多语言背景和双语方言的学生。

  近年来,哈勒姆高中在与学生的合作中更加关注社会公正和艺术。许多教师明确地在他们的课堂上解决社会公正问题,艺术在"课后计划中蓬勃发展,学生可以从事戏剧表演、视觉艺术、乐队表演、朗诵诗歌和武术"。在2006年"黑人历史月"(Black History Month)的集会期间,我明显感受到在校学生对基于艺术的教育充满热情。各年级的学生都有所展示,他们积极参与口语诗歌表演,组织舞蹈活动。演讲由诗人阿比敦·奥伊渥(Abiodun Oyewole)领导,他是东哈勒姆20世纪60年代在社会和政治方面都很活跃的音乐团体"最后的诗人"(The Last Poets)的创始成员,并被高度评价为今天嘻哈音乐和说唱运动的鼻祖。而教师们继续讨论将艺术带入课堂的实际方法。L女士说:"我们谈论的任何形式的艺术,都可以在学术上真正激励学生。"艺术有助于学生提高学术标准,还与文学和写作教学相互关联。

正是L女士的这句感悟,艺术可以"真正激励学生",让我与本书的两位主要青少年参与者菲利普和哈里克在校内外的一些艺术和文化项目上进行合作。菲利普对上学的重要性直言不讳,"尽管有时候这很无聊";他讲述自己的斗争史,"相信我,生活不容易";他对公众的"黑人男性是危险的"(参见Mahiri,1998;Kirkland,2008)看法感到失望。深沉的声音和灿烂的笑容表明他是一位富有爱心的、热情的青少年,他牵挂着"学校与社区是如此分离的现实,例如士绅化"。关于士绅化,菲利普指出:"你知道,我们并不是在谈论哈勒姆学校里的真实情况,而是在谈论黑人居民由于士绅化而被迫流离失所的可能性。"哈里克和菲利普怀有同样的担忧,他是一个言语温和、热忱的青少年,公众对黑人男性的观念同样令他感到沮丧,因为黑人居民很可能由于士绅化而从哈勒姆流离失所。哈里克指出:"我们需要关注士绅化带来的问题……我们需要了解我们在学校学到的东西,但是你说过我们只有通过了解现实才能学习知识,对不?就在这里……关于这些士绅化的事情,我们表现得好像没事一样。"

我们最初在学校讨论社区斗争和士绅化的过程中,菲利普和哈里克表达了诸多不满。哈里克说:"我们的社区就像……就像在改变,似乎没有人试图想出一个计划或找到什么办法来把它从士绅化中拯救出来。"菲利普回应了这些观点,并断言:"这就是事实!对我们来说,重要的是要知道士绅化是真实的,它就发生在我们面前。因此,当你(瓦莱丽)问我是否对正在发生的事情感兴趣时,如果我说我不感兴趣,那么我是在撒谎。因为这是我的家。"后来我就其写作实践采访菲利普时,他说学校的做法忽视了他的想法:"我对外部社区感兴趣,我想在学校里写作与我的社区有关的内容。但是,从来没有真正的机会可以这样做。"

我邀请菲利普和哈里克和我一起到社区采访应对变革的青少年代表。我们一起合作交流三年多了。我们的交流以文字,包括书面和电子形式在内的口头和文学形式,记录下来,有助于我与学校和非学术领域的青少年合作。正如菲利普所反映的那样,我们的工作"源于高中,因此它很重要,正在我们的社区发生着,在办公室(我的大学办公室)和我们接受的任何其他地方发生着"。

我们合作的核心是我们经常思考的问题:我们如何单独和共同定义社区?我们的定义如何受到士绅化的影响?青少年如何在士绅化的城市社区中定义他们的角色、参与感和身份?青少年在哪些方面可以记录他们在哈勒姆的文化素养经验并将其与学校的文化素养经验联系起来?我们(例如青少年、教师、社区成员、研究人员)能够从文化素养工作(例如实践、教学法、事件、活动)中了解哈勒姆的士绅化吗?本书的根基就是检验菲利普和哈里克的文化素养生活是如何受到士绅化影响的。哈里克说"没有人试图想出一个计划或找到什么办法把它(哈勒姆)从士绅化拯救出来",是说他的学校很明显没有提供这样的经验或机会……或者,正如菲利普所热烈宣称的:"我想在学校里写作与我的社区有关的内容。但是,从来没有真正的机会可以这样做。"在本书中,我解释了菲利普和哈里克如何通过多种模式和共同写作,通过课堂和社区演示来定义文化素养,从而质疑社区、士绅化和行动主义的含义。带着这些问题,我会更加全面地介绍菲利普和哈里克。

哈勒姆是我的家:菲利普和哈里克的介绍

菲利普和哈里克都是富有创造力的青少年,正如他们潇洒的行走方式,他们看待我的方式和他们之间相互交流的方式,以及他们描述与社区斗争相关的审美价值时所表现出来的那样。菲利普是一个优秀的运动员和体育迷,在他的高中和哈勒姆社区都很出名。他抓住一切机会讨论自己对美国哈勒姆所抱持的奋斗、梦想和爱。菲利普知道他的家人为他所做的牺牲以及他如何经常处于这种牺牲的中心。在我们一起工作的第二年,他承认:"看,我知道奋斗和迷失的感觉。我甚至不会说谎。我给我的父母,特别是我的妈妈,添了很多麻烦,让他们的生活像地狱一样!13岁的时候,由于很多事情,我被关起来了,那时我和一群我误以为是自己人的男孩子混在一起,我从这些经历中学到了很多。我努力改善生活中的一切。我想成功,我可以在哈勒姆这里做到这一点。所以,这就是我认真对待士绅化的原因之一。"菲利普继续说道:"看,这可能没有意义,但是我在这个我称之为家的地方努力奋斗,在这个地方从挣扎中学习。这是我唯一真正了解的地方,把它从我身边夺走就是在刺伤我,这里有我的奋斗,我的教训,甚至是我心中如母亲般的归属感。那样做是不对的!"

另一个青少年哈里克在他的高中并不像菲利普那样受欢迎,但他和菲利普一样,对士绅化感到好奇。他想了解士绅化并帮助哈勒姆维持黑人社区的地位。他也知晓这种牺牲和斗争。有一次他对我说起他的母亲对家庭的付出:"她是一个善良的人,想要照顾好家里的一切。你知道,我们曾经住在布鲁克林区(Brooklyn)。但是我们搬进了离这里不远的住房开发区,因为我们都非常依赖妈妈,而我的妹妹(实际上是他的堂妹)需要特别看护。她发现哈勒姆有便利的看护设施,也不必为了工作而奔波。当我想起我的家人和妈妈时,就会想到社区。社区为我们提供了一个共同努力的地方。对黑人和西班牙人来说,这就是现实。因此我不明白为什么那些企业要让哈勒姆社区士绅化。这是让我们离开的一种方式,因为在士绅化之后,这里谁还住得起?"

菲利普和哈里克的叙述帮助我更好地理解许多生活在不断变化的社区当中或附近的青少年经常思考的挣扎、问题和担忧:与错误的群体混在一起,了解他们的家庭牺牲和社区生活,并试图理解"士绅化"后的生活。他们的叙述也说明青少年的生活受到公民参与和社区关系的巨大影响。

菲利普和哈里克是高中同学。他们自称是居住在哈勒姆区周围说着非洲裔美国语言的非洲裔美国男性,他们关注"社区中发生的变化"(哈里克)。我认识哈里克是在他上初中的时候(2004—2005年),认识菲利普是在他上高中的时候(2005—2006年),都是在哈勒姆中学的英语课上与他们相识的。我陪伴他们度过了他们高中的剩余时光和大学的第一年。刚刚认识哈里克的时候,我注意到他举止迟钝,但这种迟钝常常被他灿烂的笑容、优秀的品质和对细节——尤其是那些与L老师布置的读写作业有关的细节——的斟酌所掩盖。随着时间的推移,哈里克和我讨论了他在写作时遇到的困难。哈里克承认:"我不知道自己是否达到了年级水平,也许什么都没有学好,因为我在上学时似乎表现得不够优秀。"哈里克陷入了写作的难题,意识到"什么是老师想要的和什么是我想要的",他承认:"我在学校时构思的写作与我不在学校时感受到的写作是截然不同的两回事。"当我和哈里克努力修改他的作文时,也谈到了更广泛的话题:在学校取得成功,成为非洲裔美国人,家庭,不要由于学习成绩差而变成社区的叛徒(参见 Kinloch,2010),以及哈勒姆区的士绅化。

一直以来,我都认为哈里克"正式"住在哈勒姆社区中,而不是住在哈勒姆社区周边。他以一种具有归属感、轻松感和熟悉感的状态讨论社区,当我探究他对社区的看法时,哈里克经常以开放的方式回应:"就在哈勒姆这里。"直到后来很久我才知道哈里克的住址所在的街道其实超出了哈勒姆社区的范围。以下是我们进行过的两次交流:

对话 1

瓦莱丽:你如何定义社区?

哈里克:一群人共享空间。它不一定是私人空间,而是像你在西第125大街(哈勒姆社区的交通要道)看到的公共空间。或者一群有共同点,生活在同一地区,也许怀有类似信仰但也可能会有不同意见的人。社区就像在第138大街(哈勒姆)去阿比西尼亚浸礼会教堂的人们一样,就像哈勒姆高中的人一样,就像在第125大街相互交流的人们一样。

瓦莱丽:我注意到你有许多关于哈勒姆社区的故事。

哈里克:确实是这样。因为这是一个拥有很少团体的社区。故事就在这里发生,我一直在注意哈勒姆区的变化。

对话 2

哈里克:这是押韵书(我们的共享期刊)。我回答了你问的关于士绅化的问题。

瓦莱丽:你写的是什么?

哈里克:好的,嗯,我知道你想让我考虑一下大规模的士绅化,但我一直在考虑的是哈勒姆区,因为这是我们的家。你知道,这些事情正在这里发生。这就是我写的:"我将士绅化定义为社区的房地产增值带来的居住在社区的群体或居民流离失所。正在建造的新建筑物是为那些支付得起并处于更高社会阶层的人而修建的……士绅化导致我们许多人被驱赶,滞留,无家可归,或者住进避难所……也给那些仍在附近的商店和居民增加了压力,他们正在努力支付不断上涨的租金。只要看看哈勒姆区周围,每个人都会知道士绅化在怎样改变着社区。"

瓦莱丽：我注意到每当我问你有关社区或士绅化时,甚至是年轻人所经历的斗争和压力时,你总会想到哈勒姆。你真的很热爱哈勒姆区,这很好。

哈里克：是的,我知道,但是这些事情就在我们面前发生着,所以很难谈论它们而不说"哈勒姆、哈勒姆和哈勒姆",那是我居住的社区。

后来,当我在学校的第二年采访他与菲利普时,我对哈里克发表的评论感到惊讶。我问他们对哈勒姆的实际边界的看法,即哈勒姆区东西南北的边界线。菲利普说"南边的起点是第110大街"时,我瞥了一眼哈里克并说道:"但是你住在第110大街以南,大约第100大街的位置,对吗?"哈里克以一副"那有什么大不了"的样子看着我,说:"嗯,严格来说,我猜,这是哈勒姆的起点。如果是这样的话,我住在上西区。不管怎样,我都不觉得我住在上西区,因为纽约市的那个部分住着很多富有的白人。(在他的回应中,他承认上西区有'来自不同种族和背景的人'。)而我住在住房开发区中,你知道。不仅仅是这个原因,还有更多别的原因,我觉得哈勒姆区比他们所说的上西区离我住的地方更接近。"自从我"有所认识"以来,哈里克带我参加了对他的社区的一系列徒步游览视频录制,描述了他参与其中的文化素养活动,我开始理解他与哈勒姆的联系,哈勒姆的士绅化,以及他生活在上西区的矛盾情绪。

与哈里克不太一样,菲利普在各种社交圈中更加坦率,更受欢迎。他是当地篮球界和棒球界的体育明星,他是文学和智慧大师,无论是书面形式还是口头形式。从我们在学校进行的初次写作访谈开始,菲利普便与我分享:"我以前认为写作时没有太多的问题。现在我不这么想了。我试着给他们想要的东西,但当所有事情都与标准有关时,就没有创造力的空间了。"我们首次见面时,菲利普就告诉我,他对写作方式的看法与他对体育的看法大致相同:"你必须通过反复练习才能变得更好。为了成为一个更好的球员,我必须带着球、我的球队以及我对比赛日益增长的理解进行比赛。"我让他解释一下他成为一个更出色的作家的过程时,菲利普犹豫了,承认不知道该如何谈论自己的写作实践和表现:"我不知道。我只是做一些事情,有时不知道怎么做。这就是我描述如何写作的方式。"作为一名研究员和教育家,我认为菲利普的犹豫是一种与他一同使用语言将写作概念化的邀请。当我和菲利普讨论他的写作时,我们也谈到了他与朋友、家人和学校之间的个人斗争:"我做了我所能做的一切,但我从他们那里学到一些东西。我知道我想在生活中取得成功。你知道事情如何发展,但没有努力,就没有进步。"就教学而言，菲利普和哈里克的叙述都说明了倾听学生的价值，倾听有助于了解他们的生活经历和对学校布置的阅读和写作作业的态度。作为教师，我们不应该把他们的对待阅读的态度看作"懒惰"或"逃避"，因为有些学生担心学术要求会忽视他们的社区实践和家庭身份。

显然，菲利普对奋斗非常了解。在13岁时触犯法律后，他决定和那些"坏朋友"划清界限，并继续他的学业。他转学进入哈勒姆高中读书，哈勒姆高中曾经历过行政动乱。菲利普说："这里发生了很多变化。在我来到这里一年之后，很多老师还有校长都离开了。"然后L女士（他的英语老师）被这所学校聘用了。在他早期的一次视频采访中，他详细阐述了这一点：

> 我在这里的学习……我不能说这是我的错，但是那时我正在读9年级和10年级，我们有很多不同的老师。在这四年中，这里不太稳定。自从我升到12年级以来，教过我的9年级和10年级老师都离开了，而且学校有过三四位不同的校长。但我现在不能总是谈论过去，必须谈论未来，到目前为止，未来一直很美好。

与哈里克不同，菲利普"正式"居住在哈勒姆区；他和他的母亲以及兄弟姐妹住在一所公寓里，距离西第125大街只有几个街区。菲利普经常宣称哈勒姆是"我的家，我的家。就是这里！你知道，我们这些孩子在小时候并不知道如何珍视它。"围绕这个话题，他继续说道："长大以后，你意识到这里是家。我爱哈勒姆。但是我想知道这里能保持原样多久。"在社区的一次录像会议中，菲利普很快指出了各种机构：警察运动联盟（the Police Athletic League，缩写为PAL），在那里"孩子们可以放心地出去玩耍，参与他们想玩的活动。有时体育明星和娱乐明星也会去那里。"他看到了哈勒姆修建新建筑的工地，然后指了指右边最近开的高档药店，左边的昂贵的高层公寓。菲利普看着高层公寓，意识到"我住的公寓有一条很糟糕的火灾逃生通道！这些公寓（指向新的公寓）有很棒的大阳台"。几秒之后，他继续说道："周围都是新公寓，我被困在中间。"每天当他离开公寓时，他都惊讶于"这里的变化，毕竟以前没有人想住在这里。可是，现在你可以看到白人骑着自行车，走在街道上，思考着他们想要买哪个新公寓。生活对某些人来说一定是美好的"。

哈里克和菲利普将哈勒姆定义为家的含义是截然不同的。一方面，哈里克声称哈勒姆是他的社区，他生活和穿梭于哈勒姆。事实上，他并没有以"黑人"的身份住在哈勒姆，而是以"白人居民"的方式居住在上西区。另一方面，他在哈勒姆上学，和菲利普有交集是因为哈勒姆士绅化所给他们带来的影响。他们的生活起初因为在哈勒姆高中的上学而有了交集，他们受哈勒姆社区的影响很大，他们在那里上学，从事校外娱乐活动，质疑他们的归属感："我以前以为我知道谁属于这里，但现在我明白了，我并不知道。"（哈里克）"如果黑人属于哈勒姆，没有人会咒骂这件事，因为士绅化会迫使我们离开。"（菲利普）他们的顾虑是我们考察哈勒姆的士绅化以及青少年讲述社区变革的文化素养故事的基础。菲利普、哈里克和他们的同学讲述他们的故事，有助于教师深入了解他们对社区、文化和身份的关注，其中包括青少年对社区的看法，如何在变化中努力克服归属感的问题，以及如何利用写作来叙述故事和理解世界。

在哈勒姆教学：以教师的身份介绍 L 女士

L 女士是一位非常优秀的老师。她努力地教育她的学生，我惊讶于她充沛的精力，而且她引导教育学生时，始终面带微笑。我很荣幸有机会见证她的教学过程。当我在德克萨斯州休斯顿教授本科英语课时，她一直是我的学生。我一直希望她能够从事教育工作。搬到纽约市后不久，我接到她的电话："金洛克博士，我是 L 女士。这可能听起来很奇怪，你的公寓里是否有地方让我暂住，因为我正在寻找自己的住所。"她和我住了一段时间才搬进新泽西州的公寓。凭着她的英语本科学位，L 女士在纽约市一家大型银行开始从事转账工作，同时在纽约大学读夜校。我认为她决定想要从事的是教育工作，而不是银行业务，这只是一个时间问题。她在恰当的时间领悟了。事情变得如此令人惊讶：我是她的教授。我看着她权衡了自己的职业选择。我看到了她在教学时脸上洋溢的兴奋表情，我还看到了她教导高中新生时兴奋的样子。

L 女士在纽约大学完成跨学科项目部分课程后，于 2004 年 9 月开始在哈勒姆高中任教。同年夏天，她参加了纽约市教学研究员（New York City Teaching Fellows）项目，并开始在城市学院（纽约城市大学）攻读英语教育研究生课程。纽约市本地的研究员项目类似于全国认可的美国教育(Teach for America)项目,二者都试图"招募和培养高素质、敬业的人才",让项目参与者掌握快速提升教学的方法。由于进入教育领域速度过快,纽约市教学研究员和美国教育这样的项目经常受到批评。它们也因招收大学毕业生而受到批评,主要是因为这些大学毕业生大部分没有教育方面的学术背景,被分配到"低绩效"和"弱势"学校任教。

L女士也谈到了自己在研究员项目中遇到的困难,例如在课堂教学的实践中快速接触到有前途的教师,鼓励推动教员们进入课堂,全身心投入,直到第一个夏天结束,他们会继续攻读研究生课程。然而,L女士成功完成了该课程项目,获得了教育硕士学位,并在哈勒姆高中任教近三年。2007年1月,她决定搬回德克萨斯州休斯顿的家,在她多年前毕业的高中担任教职。

在哈勒姆高中,L女士带的班级学生情况比较复杂:"在我的班上,有通过纽约州高中会考的学生,也有尚未通过该考试的学生。"她继续说:"这给我的课堂带来一些问题,因为我不能专注于纽约州高中会考的备考,但也不能完全忽视需要这种帮助的学生,尤其是那些已经考试过一次的学生。"她为满足学生的需求创造出灵活而严谨的课程。她将"基于纽约州高中会考的考试技巧融入许多课程中,而不将重点放在通过高中会考技巧上。我不会为了应付考试而教学;我与我的学生一起教学,我为了他们而教学。"从我们的对话和采访会议中,我发现L女士"完全是为了她的学生","一直在思考如何提升学生们的阅读和写作","一直在思考很多有关表达的事情"。在城市学院的研究生课程完成的作业中,L女士写道,她希望"帮助学生成为更好的读者、作家、演说家、听众和思想家……(我必须)鼓励我的学生在学习中找到自己的声音,有信心通过自己的声音表达他们的想法"。

L女士表示,实现这一目标的方法之一是鼓励学生在当地社区内探索自己的身份。通过这种方式,她的教学选择回应了菲利普和哈里克提出的有关哈勒姆的问题。她使用阿萨塔·沙卡尔(Assata Shakur)、琼·乔丹、伊利·威塞尔(Elie Wiesel)以及弗雷德里克·道格拉斯(Frederick Douglass)和其他人编写的作品来教学,要求学生结合课本中的人物来思考:"你将如何应对这本书提出的两难境地?"接下来将这种结合与学生如何看待自己的社区进行配对联想:"现在,想象一下,这样的事情或类似的事情发生在哈勒姆。这意味着什么?它会如何改变你对社区的哪些认识?"这些问题激发学生们重新阅读课本,并结合纽约市哈勒姆区当地的情境思考课本内容。同时,这些问题鼓励他们通过别人的故事、生活经历和历史事件来重新思考社区的定义。

L女士的策略促使菲利普和哈里克对哈勒姆的过去、现在和未来进行了深入的思考。当她要求他们与社区建立联系时,菲利普犹豫了一下,问道:"有什么联系吗?如果我说我不明白为什么哈勒姆变化得这么快,我可以跟你说,告诉你有哪些变化,把它与我们在课堂上读到的内容联系起来?还是什么?"随着时间的推移,L女士鼓励他去探索。L女士对我说,她意识到菲利普对探索社区如此谨慎是因为在学校学习到的关于学术的杂乱知识。她知道他的许多老师并不关心他对课堂内关于社区问题的讨论,这使得菲利普对"学术"和"社区"文化素养的理解与他们声称其发生的地方之间的距离更加遥远。L女士说:"他的老师(L女士)还有你告诉他去那样做,这可能是他第一次记得老师说的话。为了在他的社区做到这一点,他不求回报。"我让菲利普也解释一下他为什么犹豫,他说:"我不知道有些老师来自哪里。他们希望你这样做,而不是那样做。你永远不知道该怎么做。"

旧与新:与L女士、菲利普和哈里克一起介绍哈勒姆

弗里曼(Freeman)的《走向"社区":从本质上看士绅化的观点》(*There Goes the "Hood": Views of Gentrification From the Ground up*),描述了纽约市的哈勒姆和纽约布鲁克林的克林顿山这两个黑人城市社区中的士绅化对当地居民的影响。在书中,弗里曼展开历史研究,对居民进行采访,并研究了居民对士绅化的看法。弗里曼问道:"当士绅化进入'社区'时,人们有什么想法?"(Freeman, 2006, p. 1)他的问题为讨论提供了一个框架,菲利普和哈里克对士绅化的理解是"摆脱旧的方式并带来新的方式"(菲利普)。

在某些方面,我同意菲利普的观点,即哈勒姆的新举措取代了许多旧举措。这是社区重建和振兴时会出现的情况。例如,科普兰(Copeland's)是社区中一家著名的灵魂食物(soul food)公司,有50年的历史,2007年夏天,其标志性餐厅关闭了。其间,科普兰经历了客户不断变化,烹饪成本增加,以及租金和其他商业账单不断攀升。科普兰餐厅并不是唯一必须适应"新"社区变化的"旧"餐厅,还有无数其他颇受欢迎的餐厅面临同样的问题:

1938年在小亚当·克莱顿·鲍威尔大道开张的威尔斯晚餐俱乐部（Wells Supper Club Site），1999年关张。这是最早有炸鸡配华夫饼的餐厅之一。

辛格尔顿餐厅（Singleton's Restaurant），位于西第136大街和勒诺克斯大道，以炖菜闻名。

22酒吧西餐厅（22 West Restaurant and Lounge），位于第135大街，靠近马尔科姆·爱克斯大道，提供多种灵魂食物菜品，包括焖烧鸡肉和烧烤排骨。当年民权领袖马尔科姆·爱克斯经常光顾这家餐厅。

威尔逊餐厅和烘焙坊（Wilson's Restaurant and Bakery）也关闭了，它位于西第158大街和阿姆斯特丹大道，以早餐闻名，菜品包括炸鲑鱼丸、粗玉米片粥和饼干。

勒诺克斯大道上的盼盼餐厅（Pan Pan Restaurant）在哈勒姆区有30年的历史，许多菜肴闻名遐迩，包括炸鸡配华夫饼和炖牛尾。该餐厅位于尚伯格黑人文化研究中心对面，2004年被烧毁。

位于西第125大街的维姆南方风味烘焙坊（Wimp's Southern Style Bakery）曾提供众多美味甜点，其自制甜点，如红天鹅绒蛋糕，尤为受欢迎。2007年12月，该烘焙坊关闭。

报纸的头条新闻是："哈勒姆的支柱在混乱中幸存，却在修复中倒塌"（《纽约时报》，2007年6月23日），"斯库鲁·山阁（Sikhulu Shange）谈哈勒姆士绅化"（《阿姆斯特丹新闻》，2006年8月10日），"变化中的哈勒姆，灵魂食物的挣扎"（《纽约时报》，2008年8月5日），"纽约的穷人"（《阿姆斯特丹新闻》，2008年7月17日）。其他的标题还有："士绅化的紧张局势引起美国城市对话"（《先驱论坛报》）和"住房项目，恐惧与重建"（《纽约时报》，2007年3月18日）。无数的博客向科普兰餐厅和该地区的其他企业告别。改变不是在路上，它已经发生了。这些变化以及这些新旧实践对青少年文化素养和故事意味着什么？关于这个问题的思考让我想起了菲利普2005年4月24日发表的日记，其中他回忆起社区仪式是一种反对公共叙事的方式，将哈勒姆区描绘成危险或"丛林"（参见Haymes，1995）。菲利普写道：

> 我的社区有很多仪式，人们互相表达爱意。我们有父亲节篮球锦标赛，中央公园的母亲节比赛，夏季的第116大街、117大街和118大街的街区聚会……好事或坏事发生时，每个人都会真情流露。所有这些仪式都由于士绅化的发生而消失

了,我们买不起这些房屋了,黑人和西班牙人退出,白人取代了我们。这伤害了哈勒姆区。这就是为什么我们需要在士绅化发展得太快之前阻止它。我这个年龄的青少年也要谈论这个话题。

在与哈里克的访谈中,他的观点与菲利普的观点相同,如社区仪式,城市衰败的公共叙事,但在讨论中,他将文化素养定位于:

> 是的,就像菲利普所说的,我们这里有很多仪式。有趣的是,人们总是有事可做。这就是为什么这是一个社区。我从仪式中学习,成为一个更好的人。我倾听人们讲述故事并且理解他们说的话。我想写一些关于这里是什么样的和这些事物不会在这里重现的故事。我应该多写一些文字以此保留他们的回忆,因为这是改变人们对哈勒姆刻板印象的一种方式。

在评论中,菲利普侧重于"锦标赛""比赛""街区聚会""真情"以及"这些仪式由于士绅化的发生而逐渐消失了"。哈里克试图通过坦白来捕捉菲利普对哈勒姆变化的关注:"这些事物不会在这里重现。"哈里克并没有简单接受"变化"和"哈勒姆是危险的"这种官方叙述,这一点是深刻的。哈里克想写一些关于本地故事的文章,他和菲利普对社区的兴趣日益浓厚。为了便于理解,起初他俩将社区的新与旧融合在一起,正如节奏布鲁斯(R & B)作曲家卢瑟·范德鲁斯(Luther Vandross)所宣称的那样,"这里和现在"是什么?然而,在他们对哈勒姆的新与旧的理解中,在对黑人生活与当前士绅化进行研究的工作中,他们慢慢意识到,他们能够发出的最有力的回应是各种形式的写作和故事讲述:社区日志,社区录像会议,设计地图,并在租户协会会议上撰写哈勒姆的故事。我是在一次数据成员检查会议(Lincoln & Guba,2000)上意识到这一点的,当时我向哈里克询问他撰写故事的灵感以及这种灵感的来源,他回答说:"从这个项目开始,我们总是在谈论、分享故事,写下与哈勒姆相关的内容,包括我们看到的,我们所知道的,我们对变化的看法。"他的回应鼓励我重新审视指导我们对哈勒姆士绅化进行调查的研究方法。我接下来要做的是,重温这个项目背后的研究方法和过程,将其与我们——菲利普,哈里克和我——公开质疑对社区变革的理解和写作的方式联系起来。

我心目中的哈勒姆：研究方法的简要讨论

坐在菲利普和哈里克旁边的是我的前研究助理兼人类学与教育学研究生丽贝卡，她在师范学院教师教育研究生的英语教育班上介绍了我们的项目。她说："我们一直在研究和采访……很多不同的主题：士绅化和士绅化的意义，士绅化和社区参与之间的关系，以及士绅化是否意味着白人化和改善等。"然后，丽贝卡谈到了我们一直在阅读的关于士绅化的各种文章和图书，包括兰斯·弗里曼（Lance Freeman）的《邻里之间》（*There Goes the Hood*），他"提出了一些有关士绅化对社区影响的有趣问题"。丽贝卡介绍了我的工作中心如何围绕学生以及他们对社区变化的感受展开，提到菲利普，表示他是参与该项目的"第一批学生之一"。她非常热切地描述了她对"学生感受"的观察，即"学生感到有权讨论士绅化，以便自己和社区对这些变化有所了解"。

这项参与式行动研究是如何开始的？在介绍这项研究时，我要讲明时间线和指导性探究问题，但我认为为读者提供更为清晰的信息非常重要。在2003—2004学年，我开始参观课程并与哈勒姆高中的学生和老师进行交谈。在接下来的2004—2005学年，我开始定期参加L女士的英语语言艺术课程。在这段时间里，我每周花3天时间协助L女士召开写作研讨会，制订头脑风暴课程计划，并与学生讨论各种主题：写作，考试，社区文化素养，哈勒姆，白人教师培养有色种族学生，以及青少年语言实践。在2005—2006学年，我与菲利普和哈里克经常一起讨论，在课堂上更加频繁地观察他们，在课余时间与他们进行后续讨论。我们的许多谈话是在课后会议中展开的。

作为参与式的观察者，我在民族志期刊中记录下我的观察结果，并参与了社区青少年的音频和视频录制会议。与会者和我交换了押韵书或期刊撰稿，我们围绕一系列与学校教育、社区和文化素养相关的问题提出自己的设想，并做出公开回应。我正式采访了27名学生和教师参与者，为每个小组制定了访谈提纲。我也转换采访形式，以便参与者开诚布公地分享他们对各种主题的看法，这些主题包括写作、身份、学校、士绅化和地域。访谈时间从30分钟到1个半小时不等，通常在高中、大学办公室或社区进行。我经常在教学规划期间、午休时间、放学后或暑假期间采访他们。我尽力根据受访者的时间安排访谈。哈勒姆和士绅化的调研采访了7个英语教师班的168名9～

12年级的学生。参与和未参与调研的学生均被鼓励参观社区机构并撰写他们的观察记录。这些机构包括尚伯格中心、哈勒姆工作室博物馆、现代艺术博物馆、阿波罗剧院、哈勒姆剧院、娱乐设施和课外教育课程班。学生还受到鼓励去采访家庭和社区成员,记录他们经常光顾的社区机构的参与情况。随着时间的推移,学校的学生向我介绍了不少对谈论社区和士绅化感兴趣的朋友。

我和菲利普、哈里克参加了哈勒姆租户协会抗议哥伦比亚大学-曼哈顿维尔扩建计划的会议和集会,该计划不顾当地企业的反对,将大学的实体业务扩展到哈勒姆区。该项目旨在为哥伦比亚大学的各个学院(如艺术学院、商学院、科学中心和公立重点学校或磁校①)修建新的学术建筑,这些建筑还包括跨学科研究大楼和研究生宿舍。我们还谈到了我们与其他人的合作,包括社区成员、该地区的新白人居民以及当地大学的教师教育候选人。2006年菲利普和哈里克从哈勒姆高中毕业,同年秋季,他俩开始在当地大学念本科。即使在那个时候,我们也继续谈论哈勒姆区的士绅化。借助押韵书和数码相机,菲利普和哈里克走上街头,记录着著名的地点(详见表1-1)。

表1-1 在哈勒姆区选定的地点(项目参与者拍摄于2006年)

照片地点	位　　置	相关信息
阿波罗剧院 (The Apollo Theater)	西第125大街253号	在成为剧院之前,它是众所周知的主要服务于白人观众的阿波罗大厅(Apollo Hall)。之后,阿波罗剧院以"明星诞生地""传奇创造地"而闻名于世。詹姆斯·布朗(James Brown)、埃拉·菲茨杰拉德(Ella Fitzgerald)、比利·霍利迪(Billie Holiday)、黛安娜·罗斯和至高无上乐队(Diana Ross & the Supremes)、杰克逊五人组(The Jackson 5)、帕蒂·拉贝尔(Patti Labelle)、格拉迪丝·奈特和皮普乐队(Gladys Knight & the Pips)都在阿波罗剧院演出过
小亚当·克莱顿·鲍威尔大厦 (Adam Clayton Powell Jr. State Building)	西第125大街163号 (小亚当·克莱顿·鲍威尔大道东侧)	建于1973年,以纽约第一位非裔美国国会议员小亚当·克莱顿·鲍威尔的名字命名。它里面有许多机构办公室、文化团体、代表哈勒姆区的选举官员

---

① 磁校可以理解成有吸引力的学校,以课程种类丰富而闻名,家长参与摇号,学生通过考试后才能入学。——译者注

(续表)

照片地点	位 置	相关信息
哈勒姆工作室博物馆（The Studio Museum of Harlem）	西第125大街144号（小亚当·克莱顿·鲍威尔大道附近）	一家本地博物馆,赞助展览、阅读活动、电影、讲座、系列研讨会、旅游和其他文化活动。博物馆商店出售海报、图书、明信片、礼物和其他纪念物品
尚伯格黑人文化研究中心（The Schomburg Center for Research in Black Culture）	马尔科姆·爱克斯大道515号	国家级研究型图书馆,收藏有散居海外的非洲人的历史、生活和遗迹等研究资料
奥杜邦舞厅（Audubon Ballroom）	百老汇3940号（在第165至166大街之间）	建于1912年,是马尔科姆·爱克斯于1965年2月21日遇刺的地方,当时马尔科姆·爱克斯在此主持美国黑人团结组织（the Organization of Afro-American Unity）的每周例会。舞厅也被用作会议厅、杂耍剧场和电影院
汉密尔顿农庄国家纪念地（Hamilton Grange National Memorial）	修道院大街287号（迁至圣尼古拉斯公园）	美国第一任财政部长、政治哲学家亚历山大·汉密尔顿（Alexander Hamilton）于1802年至1804年居住于此,现为国家纪念地
阿比西尼亚浸信会教堂（Abyssinian Baptist Church）	克拉克广场132号（亦称西第138大街）	著名的教堂,1808年由非洲裔美国人和埃塞俄比亚商人建造
哈勒姆基督教青年会（Harlem YMCA）	西第135大街181号	社区服务组织,1905年创立,1913年从其西第63大街的旧址搬迁到哈勒姆区。这个组织提供教育和个人提升项目
特蕾莎酒店（Hotel Theresa）	小亚当·克莱顿·鲍威尔大道2090号（第125大街）	始建于1913年,在小亚当·克莱顿·鲍威尔大厦建成之前,是哈勒姆区的最高建筑,黑人生活中心。入住于此的非洲裔美国人包括吉米·亨德里克斯（Jimi Hendrix）、穆罕默德·阿里（Muhammad Ali）、埃林顿公爵（Duke Ellington）、约瑟芬·贝克（Josephire Baker）和雷·查尔斯（Ray Charles）。菲德尔·卡斯特罗（Fidel Castro）在20世纪60年代曾住在这里。特蕾莎酒店也是马尔科姆·爱克斯的美国黑人团结组织所在地。1971年,酒店大部分空间变成办公区域

(续表)

照片地点	位　置	相关信息
马库斯·加维公园 (Marcus Garvey Park)	东第 124 大街 [莫里斯山公园西街 (Mount Morris Park West)和马尔科姆·爱克斯大道之间]	为了纪念这位推动"重返非洲运动"的牙买加裔活动家,莫里斯山公园更名为马库斯·加维公园
埃林顿公爵雕像 (Duke Ellington Statue)	东第 110 大街和第 5 大道交汇处	由艺术家罗伯特·格雷厄姆(Robert Graham)设计,埃林顿站在一架大钢琴前,钢琴从女士们的头顶举起
河岸州立公园 (Riverbank State Park)	从第 145 大街和河岸路交汇处进入	占地约 11 公顷,从这里可以俯瞰哈德逊河,园内有室外游泳池、室内奥林匹克标准游泳池、篮球场和网球场,还有溜冰场和轮滑场
河畔教堂 (Riverside Church)	河畔大道 490 号(第 120 大街)	建于1927年,著名的跨教派、多民族和多种族的教堂。小马丁·路德·金博士(Dr. Martin Luther King Jr.)、玛丽安·赖特·埃德尔曼(Marian Wright Edelman)、纳尔逊·曼德拉(Nelson Mandela)等人在此发表过演讲
科顿俱乐部 (The Cotton Club)	西第 125 大街 656 号	起初名为科顿豪华俱乐部,位于第 142 大街和勒诺克斯大道,它吸引了"仅限白人"观众和非洲裔美国人表演者。现在,有色种族演员在这里表演,也光顾这里的生意
奋斗者之家 (Striver's Row)	西第 138 大街和第 139 大街(小亚当·克莱顿·鲍威尔大道和道格拉斯大道之间)	在这两条大道上,矗立着 19 世纪 90 年代小戴维·金(David King Jr.)建造的最美的连排屋和公寓楼。哈勒姆的居民们称之为"奋斗者之家"
文艺复兴舞厅 (Renaissance Ballroom)	西第 137 大街和小亚当·克莱顿·鲍威尔大道交汇处	20 世纪 30 年代哈勒姆区夜生活的圣地,常被称为"伦尼"("The Renny"),有歌舞表演、现场乐队表演和舞蹈表演

总体上,我的资料来源广泛,有研究员的专业记录、录音访谈、共享日志、测绘活动、调研和问卷调查,以及曼哈顿维尔扩建工程在哥伦比亚大学开放日时分发的印刷品的反馈,课堂观察,社区网站的数码照片和社区徒步游览活动的视频录像。后一阶段的社区徒步游览活动是指青少年邀请项目成员到其社区进行参观。一般来说,在游览期间,由一个学生负责录像,而我这位研究人员,"退居二线",作为学习者,而不是引

导者。例如，菲利普的社区徒步游览活动从他和家人居住的公寓楼前开始，包括他所在社区的社交场所、购物地点、学习场所，或者只是每天路过的地方，以及他想让我们（哈里克、我以及其他一同参加社区徒步游览活动的人）去了解的地方。我们思考着菲利普为应对士绅化而发生的变化和进行的斗争，这些故事塑造了他的文化素养。

在分析阶段，我为反复出现的社区、斗争和抵抗主题进行编码和数据化处理。参与者在合作设计调查问题和参与广泛的数据成员检查会议中发挥了重要作用（Lincoln & Guba, 2000），他们分析数据的相关意义，参与后续的讨论。事实证明，这有助于克服他们对"研究"的抗拒。在日志中，我写道菲利普和哈里克被归入"始终保护他们的社区不受外界监视的忠诚成员"之列（参见研究人员的现场记录；Kinloch, 2009）。这成为我所进行的社区青少年研究的重要主题。

本地社区和文化素养工作：教师和研究人员的新课程

写作学者雷诺兹（Reynolds 2007）研究写作理论与人们互动的实际位置、空间位置与视觉位置之间的关系。我们这些教师、教师教育者、研究人员、家长、政策制定者和社区领导，来自纽约市哈勒姆区的教室和社区，或来自新奥尔良、旧金山和芝加哥，或来自底特律、南卡罗来纳州，或来自佐治亚洲海洋群岛以及其他地方，必须认真对待正在经历士绅化和空间重置的社区内部的生活、文化素养和斗争。哈勒姆高中的学生让我了解到，青少年参与社区有助于教师创建课程，邀请学生积极参与他们的持续性学习。菲利普和哈里克在哈勒姆租户协会会议上展示的哈勒姆海报地图，激励L女士开展课程作业的创新，学生可以绘制地图，访问诗歌、散文以及兰斯顿·休斯、琼·乔丹、阿萨塔·沙卡尔等文学家创作的小说中提到的本地网站。

一些老师可能会拒绝与学生"私交过密"。然而，我们认为教室是培养文化素养和民主化活动的场所（Kinloch, 2005a；2005c），这个场所可以让学生和老师们一起冒险、交换经验、批判立场和问题角度。因此，让学生在课堂上讨论他们对文化素养的批判性看法可以鼓励他们对自己的学习负责，批判性地参与写作、阅读、思考和口语练习，从中获益。同时，可以减少一些老师在了解学生时产生的犹豫。让学生参与课堂讨论可以通过多种方式实现，包括：

1. 让学生记录他们如何定义他们在课堂、学校、当地社区和更大的世界中的身份。

2. 要求学生在文本和生活经验之间建立重要联系。通过这种方式，他们可以建立各种"由文字到自我"的联系，可以在整个学年和各种有关文化素养的作者的研究中查询这种联系。

3. 与学生合作讨论社区问题，如士绅化、暴力、青少年投票权或城市制裁性质的宵禁。学生和教师可以一起阅读相关文章，展开讨论和叙事，并展示论述各自不同观点的文章。然后，他们可以邀请当地社区领导人到课堂上交流观点。

教师还可以通过许多其他方式了解学生的文化素养，鼓励他们为自己的文化素养生活负责。在下一章，我将讨论菲利普和哈里克以及他们的两个同伴金和萨曼莎的故事，展示在这个迅速变化的士绅化社会中，年轻人如何从文化素养学习者、灵魂歌手和街头幸存者的角度看待自己的身份。如同我描述的青少年一样，我拥有"我心目中的哈勒姆"。

反 馈

关于士绅化和社区

哈勒姆区居民菲利普·里斯撰稿

亲爱的读者：

你们可曾想过：什么是士绅化？为何如此多的少数族裔或有色种族及他们的家人和朋友会受此影响？好吧，作为第一章的反馈，我想与你们讨论一下士绅化对纽约市哈勒姆社区的影响，因为士绅化对整个美国也有重大的影响。关于士绅化，我觉得应该注意两个重点：第一点是士绅化的定义，它所代表的含义以及我认为其所包含的范畴。第二点与将旧建筑改造成租金和所有权成本过高的全新住宅有关，并且，在士绅化和住房发生变化的地方，可能会有更多的人无家可归。我想告诉你们，在我们眼前究竟发生了什么。

看到这篇文章的部分读者可能并不了解士绅化的现实和影响。但是,你们可能认识一些朋友、家庭成员、邻居或同事,他们生活在一个正在士绅化的社区中,或最终可能会因此而忍受煎熬。你可能会对自己说:"这对我有什么影响?"嗯,我认为,即使你住的地方没有被士绅化,或者即使你负担得起士绅化所带来的成本,甚至欢迎它的到来,你也应该认真考虑一下它所涉及的人群。试着去理解士绅化是如何影响穷人和工薪阶层的,他们可能无力支付上涨的房租,害怕被从他们称之为家的地方赶出来。虽然很难想象这些事情会发生,但是我们知道它们的确正在发生。

所以,让我从"士绅化"的定义开始。《梅里亚姆-韦伯斯特在线词典》(The Merriam-Webster Online Dictionary)将士绅化定义为名词,指"中产阶级或富人涌入而不断恶化的地区,他们往往取代贫困居民对社区进行更新和重建的过程"。《韦氏在线词典》(The Webster's Online Dictionary)将士绅化定义为"中产阶级对破败的城市地区的重建(导致低收入人群流离失所)"。之后,《哥伦比亚在线百科全书》(Columbia Online Encyclopedia)第六版将士绅化定义为"从上世纪七八十年代开始的中高收入人群对衰败的城市地区进行改造和定居"。根据这个百科全书,"高收入专业人士受到廉租房和更容易进入市中心商业区的吸引,在许多城市翻修日益破败的建筑,扭转了高收入家庭和个人从城市向外迁移的趋势"。

导致士绅化的两个关键因素是:将旧建筑改造成全新的住宅,以及由此导致的房屋租金过度上涨。正在建造的新公寓看起来像高大上,但其中一些新建筑正在取代已经存在的建筑,这些被取代的建筑在很长一段时间内对很多人来说是非常重要的。曾经的棒球场、住宅、公寓和会议场所现在都消失不见了。我们看到许多家庭和朋友流离失所。据一些拥有房屋的人,甚至是管理房屋的房东说,哈勒姆区一些房屋的平均租金每月超过1 500美元,这还不包括电费和其他家庭开支。这是租一套很小的公寓的平均成本,而你连拥有权或改造权都没有。这超出了大多数在此地生活了很长时间的人的收入,也超出其经济承受范围。所以,我要问:他们该怎么办?他们应该如何生存而不必担心流离失所或无家可归？他们的孩子和其他家庭成员该怎么办？当年轻人知道他们的家庭正挣扎在水深火热之中时，他们该如何专注于学业和提高学习成绩呢？请告诉我。

除了对个别家庭的影响，士绅化正对我们的社会和国家同样产生重大的影响。这个词语和现实已经成为某个特定社区富有白人新来者的象征。这是事实，但另一个事实是，它导致贫穷的黑人和拉丁美洲人无家可归。社区的变化可以采取多种形式，其中一些形式包括富人替代穷人。不要误解我的意思：我知道哈勒姆区有一些比较富有的黑人也从士绅化中受益。然而，当我走在街上的时候，确实看到越来越多的白人搬到这个地区来，加入士绅化的行列，享受着这个他们很多人以前都忽略了的地区。所以，当较为富有的黑人和白人移居到士绅化了的哈勒姆区时，使我感到紧张的这一点恰恰被新来的白人居民忽视了。我试着和他们交谈，至少认可他们是邻居，但他们看起来很不舒服。为什么会有人在他们选择居住的地方感到不舒服，难道他们怀有负罪感？我想知道。

士绅化是一个跨越种族和阶级界限的现实。不必要的流离失所、无家可归和过高的房租只是士绅化影响许多家庭和朋友的几种方式，它也影响着整个国家的社区意识和归属感。读者们，我已经讨论了一些与士绅化有关的现实。我相信，如何生活，在哪里生活，以及如何与其他人一起生活，是由我们决定的。如果士绅化导致群体和人群的迁移，那么我们是接受，还是站起来并寻求其他解决办法？

感谢您阅读此反馈。

菲利普

第二章

"我的文字就是我的武器":
文化素养学习者、灵魂歌手和街头幸存者

瓦莱丽：我让你在录音中进行自我介绍时,你说了你的姓名,来自哪里,住在哈勒姆区。所以我很好奇,你觉得你的社区怎么样?

菲利普：你指的是我住的地方,还是说整个社区?

瓦莱丽：和你直接相关的社区,你居住的地方,你可能会去的地方。

菲利普：嗯,在我居住的地方,社区正在努力改善人们的生活。我住的地方就是这样的。我住在哈勒姆警察运动联盟的对面,那是我工作多年的地方。你在我录制的视频中也看到了。无论如何,我觉得警察运动联盟有很大的帮助,它吸引人们注意到在我住的地方有大量的士绅化现象。例如,很多建筑在我六七岁的时候就废弃不用了,据我所知,那里有很多破房子。他们现在正在以更高的成本重建这些建筑,很可能许多少数族裔负担不起我住处周围的这些建筑。就像离我的住处一个街区远的地方有一家来德爱(Rite Aid,美国的第二大连锁药店),之前这里没有一家来德爱。我在那里生活了17年,之前没有来德爱!我觉得这很有趣,也很搞笑,我总是和我妈妈开玩笑说:"我喜欢士绅化,因为现在我们街区那头就有一家来德爱,我可以在那里买药品之类的东西。而以前没有。"但事实上,我看到的所有这些人,基本上是现在来到这里的白人。就像他们遛狗一样,他们为这些漂亮的建筑支付了大量的租金,但是……

瓦莱丽：你对此感觉如何?

菲利普：我的意思是,我不能说我对此感到很难过,也不能说我对此感觉很好,因为我没有这样的感觉!我还在琢磨。我保持中立吧,因为它看起来不错,给人们提供了一个居住的地方。人们确实需要一个居住的地方,但是得到良好居住地的人看起来不像我或你,你知道我在说什么,对吗?这些白人来了,他们曾经可能在学校很努力地学习,可能找到了一份好工作,他们想要他们认为应得的东西。但是哈勒姆区的人们,也就是我们,也在努力工作。我想我不能因此责怪他们(白人),但我可以责怪他们在决定搬进来之前没有意识到这个社区已经存在,而是将其据为己有,这就不妥了!正如莫拉斯(Maurrasse)在他的一本书中说道,让我们来谈谈公平。(摘自2006年3月14日会议录像,第16帧)

菲利普对哈勒姆区士绅化的感觉很复杂。一方面,他以开玩笑的方式把士绅化描述为给该地区带来了新药店的便利。然而,他质疑士绅化带来的新奇感——翻新的建筑、白人以及更高的租金——同时把自己定位于"中立"。这种定位给菲利普提供了多种视角来评论这个不断变化的社区,这个社区似乎正在获得以前没有的资源(即新店、翻新的公寓楼、来自富有新居民的金融资本、公众关注)。虽然如此,菲利普坦然承认,尽管他不能责怪白人想要负担得起的——与纽约市其他地方相比是负担得起的——租金,但他可以"责怪他们在决定搬进来之前没有意识到这个已存在的社区"。正如菲利普所见,白人不仅快速进入社区,而且接管了哈勒姆区。这向菲利普和哈里克提出了重要的问题,这些问题在文化素养研究中经常被提及:对公平和公正的关注,对空间权力和归属感的争论,以及对代表的质疑。学校内外在讲述哪些人的故事,他们是否享有特权,得到尊重和重视,与士绅化的社区是否有关?

本章通过直接讲述菲利普、哈里克和他们的两个高中同伴金和萨曼莎的文化素养故事(例如写作、对话和多模式交流形式)来探讨这些问题。因为文化素养是菲利普和哈里克社区生活的核心,本章探讨了这两位我视之为文字战士的青少年,如何通过思考哈勒姆丰富的历史来定义和理解士绅化。根据哈里克的说法,这段历史"甚至没有被铭记在所有黑人的士绅化过程中",这影响到了哈勒姆长期以来致力于社区保护的黑人居民。虽然我在第四章中更广泛地调查了种族和地域之间的关系,或者菲利普和哈里克所说的"社区的白人化",但本章将揭示哈里克的观点:"文化素养就是说我是谁,哈勒姆是什么,(士绅化)带走了什么。但是,通过读和写,我的文字就是我的武器。"在揭示哈里克自白中的经验时,本章将通过讨论这项工作对教师的影响来得出新的结论。当我们把城市青少年视为文化素养学习者、灵魂歌手和街头幸存者时,我们为他们的创造性表达敞开了大门,让他们在我们的课堂上占据中心位置,这反过来又可以激励学生在自己的社区内尝试对文化素养进行延伸定义。

文化素养学习者

菲利普发表评论时提到,"正如莫拉斯在他的一本书中说道,让我们来谈谈公平",他指的是戴维·莫拉斯(David J. Maurrasse)2006年出版的《倾听哈勒姆:士绅化、社区和商业》(Listening to Harlem: Gentrification, Community, and Business)。我和参与者们阅读了这本书的节选章节,被莫拉斯对哈勒姆区士绅化造成的经济变化的评价所吸引。根据历史研究、当前人口统计资料、房地产统计数据以及对居民、企业主和社区组织的访谈,莫拉斯详细说明了旨在改善城市社区举措中的公平及不公平的问题。

他寻求更加公平的选择,在不影响长期有色种族居民(其中许多是穷人和工薪阶层)的情况下,将资源引入城市地区。对菲利普来说,莫拉斯"让我考虑到这个地方,像这个社区,我们没有得到的,从来没有得到过的,以及我们现在得到了什么"。他继续说:"比如说那家来德爱药店。有些人笑着说:'算是什么大事?'大事就是,这些企业以前从来不认为这里的黑人值得拥有美好的东西,直到士绅化,我们才有了来德爱药店,白人才开始看着哈勒姆区说:'是的,我付得起租金。'"

作为教育工作者,重要的是受到莫拉斯的启发,菲利普和哈里克开始创作他们自己的社区文化叙事。他们所写的故事参考了哈勒姆的历史。哈勒姆是黑人艺术、文化活动和政治活动的主要场所,包括哈勒姆文艺复兴、南方大迁移、民权运动、黑人艺术运动,以及西第138大街城市学院和女修道院大道的免试入学制政策。鉴于这段历史,在中产阶级黑人居民返回哈勒姆区的背景下,菲利普对该地区新加入白人居民的增加提出质疑。我和菲利普之间的以下交流证明了菲利普是如何利用哈勒姆的历史来讲述故事的:

> **菲利普在日志中写道**:关于哈勒姆,我有故事要讲。我要说,我在我的社区中看到的斗争是黑人之间互相斗争,因为我们不知道如何应对这里的士绅化。士绅化正在我的社区中发生。黑人在工作保障和房租方面的斗争已经够糟糕的了。现在我们在为地域而斗争,我们的社区应该留下我们的东西。
>
> **我的回答**:你经常谈论你在哈勒姆区看到的斗争。我早期采访你的时候,你提到

士绅化带来了这些新的不同类型的斗争,这些斗争一直都存在,但现在它们更多地出现在你的面前。这些新的斗争从哈勒姆区带走了什么?你能从文化素养的角度来解释一下吗?记住,你想要思考一个关于哈勒姆的文化素养故事。

菲利普的回答:我可以从文化素养的角度来回答你。我觉得你可以将其称为文化素养故事或者文化叙事之类。简单的事实是,我们互相倾听,分享想法,而你不必告诉我该做什么,你也不必同意我的想法,我也不必同意你的想法。这就像是文化素养。我们首先要倾听,并想办法用我们的语言来表达观点。这是对任何事情做出文化素养反应的起点,尤其是士绅化、倾听和交谈。然后我们毫无压力地写下我们的想法。

菲利普不愿被迫创作一篇关于哈勒姆的文化叙事,也不愿参与由学校安排的写作,这些写作是限时的、强制性的,需要将结构整齐地分成五个段落。他是一个细心的倾听者和认真的思考者,对自己的社区和学校进行批判性反思。他表达了遵循一种既定结构时他自己所经历的痛苦,即"不要让学生变得有创造性,不要让颜色超出着色簿的边界"。在许多方面,他证明了学生们可以在经常布置给他们的程式化的文章外"涂上颜色"。菲利普在他关于哈勒姆的作品中倾向于斗争的主题。他主张倾听和谈论"正在发生的士绅化"。随着时间的推移,我注意到听、说、写和不感到压力的行为是如何进入菲利普的校园生活的:他更多地听老师的话,更少地与"施加给我创造力"的学术要求做斗争。

哈里克也开始围绕着哈勒姆区的斗争、迁移和治安警务写作他的文学故事。他写道:

哈里克的日志:我仍然认为士绅化是将居民群体从街区中迁移出去。我可以从那里开始——从我如何与许多白人生活在一起开始。现在社区中的治安警务比以前多了很多。我可以从这样的事情开始。

我的回答:你能再多解释一些吗?你的意思是什么……更多白人,警察?

哈里克的回答:就像菲利普说的,越来越多的白人搬进来,开始购买东西,比如新的公寓。这样一来,这里就会有更多的警察,比如在西第125大街125号。

这可能是一个文化素养故事。我可以拍一些新事物的照片，新建的公寓和在街上闲逛的白人的照片，而他们以前没有在街上闲逛的。我可以把这些照片和我的思考放在一起，我不知道，比如这些东西是如何改变哈勒姆区的。我可以研究5年、10年前这里的生活是怎样的，现在和以前有什么不同。

我的回答：这是个好主意。你有……照片、回忆、历史……可以包含一些关于你自己的身份以及你如何看待这个世界的内容。如果我理解错了，请纠正一下。

哈里克：你理解的没有错，你知道我在说什么。

哈里克的文化叙事与他个人如何看待哈勒姆和感受哈勒姆区是有关系的。虽然他并没有正式居住在哈勒姆区，但正如我在第一章中介绍的那样，他住在哈勒姆区旁边——在郊区，哈里克自己不愿意脱离社区，尽管我们就这个问题辩论了一段时间。哈里克的叙述方法是丰富多元的：他是一个视觉化的人，这体现在他希望去"拍照"，"把这些照片和我的思考放在一起"，研究"这里的生活是怎样的"。当哈里克写下他想用摄像机捕捉的图像时，他已经开始创作一个没有意识到的文化叙事。用菲利普的话来说，通过我们的写作交流，他能够想象如何"变得有创造性，以及让颜色超出着色簿的边界"。和菲利普一样，哈里克质疑在英语课上必须经常写公式化文章的目的，必须按要求来写作"令我感到窒息，不让我随心所欲地按照自己的方式去表达我想要表达的东西"(Gere, Christenbury, & Sassi, 2005; Pike-Baky & Fleming, 2005; Lunsford & Ruszkiewicz, 2006)。哈里克抵制这种压力，他将文化素养重新定义为"对自我的表达，通过文字、图像或观点保留我的信仰，并且，这些可以写下来或说出来，或被数字化制作出来，如同您亲眼所见的那样，但是它们给人一种力量感，一种知晓的感觉或者某种感觉"。他分享道："也许我觉得（在教室里）自己感到（窒息），因为我觉得自己没有获得力量感。你觉得我获得了吗？"

随着我与菲利普和哈里克关系日渐深入，我们讨论了写作是如何服务于多元目标的：交流思想，解释立场，批判观点，质疑价值观，建立观点以及思考可能与他人相矛盾的信仰。通过交换日志，我们一起了解了写作是如何给我们提供了一个空间，以便继续思考哈勒姆区和士绅化的，即使我们没有见面或面对面交谈。纸张成了我们见面的场所，我们日志中的文章也没有受到审查。我们共同决定了我们的主题——士绅化,我们的地点——哈勒姆区。通过写作,我们能够互相探寻一些当时由于时间限制或者我们意识流路径限制而没有询问的延伸问题。此外,通过写作,我们能够进行菲什曼(Fishman)、伦斯福德(Lunsford)、麦格雷戈(Mc Gregor)和奥图特耶(Otuteye)所描述的表演式写作。借鉴希斯多年来在艺术和文化素养方面进行的研究(Heath,1999;另见 Heath & McLaughlin,1993;Heath & Smyth,1999),菲什曼和其合著者指出:"当年轻人进行表演式写作时,他们也在展示自己的文化素养,他们的这些活动……体现了自我意识以及多模式交流,这种交流与今天的写作互动有所区别。"(Fishman,Lunsford,McGregor,& Otuteye,2005,p.225)在阐述表演的概念时,他们坚持认为:"表演通常指对技能或知识显而易见的掌握。在写作计划中,我们倾向于把学生的表现当作可以通过评估准则来衡量和评估的对象……我们的学生迫使我们注意他们在课堂外进行的生动的、脚本化和具体化的活动。"(p.226)

在许多方面,菲什曼和其合著者的观点与费希尔(Fisher,2007)对"阅读和反馈"课程的描述有所联系,她在纽约布朗克斯区大学高地高中的一节文化课上记录了这个课程,学生们参与写作、反馈、重写、朗读他们的诗歌和作品。虽然不是公开的,但我们的"阅读和反馈"课程——也就是我和菲利普、哈里克参与的课程——是通过撰写我们的想法,并通过持续的写作交流不断地反馈那些想法来完成的。我们的反馈最终影响了我们在学校内外对文化素养的看法:文化素养是变革性的、互惠的和新兴的。

我们的写作交流也指导着我们在社区里的面对面讨论、采访和录制社区徒步游览活动。以写作为核心,我们在创作集体和个人的哈勒姆区的文化印记时,强化了对文化素养和社区的思考。我们录制社区徒步游览活动时,基于哈里克对文化素养定义试图创作可视化描述:"通过文字、图像或观点表达对我自己和我的信仰,可以写下来,说出来,数字化制作出来,或者如你亲眼所见那样拍摄下来,但是它们给人一种力量感,一种知晓的感觉或者某种感觉。"作为文化素养学习者,菲利普和哈里克负责他们创作的作品、他们交流的想法以及他们提出的关于士绅化的问题:"为什么会发生在哈勒姆?""年轻人能做什么?""为什么我们不在学校里多讨论这个问题,它就是所有这一切的中心?"事实上,他们正在传统的学校教育之外,在他们身处的社区范围内,积极地对文化素养重新进行定义。正如诗人阿德里安娜•里奇(Adrienne Rich,1993)所描述的那样,当他们提出士绅化问题时,他们"就好像以写作为生一样地进行写作"。

灵魂歌手

外面天气很热,哈勒姆高中校园里也好不到哪里去。我和学生们一起爬楼梯来到三楼,参加 L 老师的英语语言艺术课。这一天,她的高年级学生正处于创作多体裁论文的中间阶段,他们必须证明或反驳漫画在现代非洲裔美国人情景喜剧中的使用。他们使用斯派克·李(Spike Lee)2000 年的电影《迷惑》(*Bamboozled*)作为指导文本之一。尽管他对将流行文化文本与历史联系起来的想法很感兴趣,但这对哈里克来说是一项艰巨的任务,不是因为他在费力地创作一篇多体裁论文,而是因为他发现很难研究与非洲裔美国人相关的漫画。根据杰维尔(Jewell)和阿巴特(Abate)编辑的《新牛津美语大辞典》(*The New Oxford American Dictionary*, 2001),漫画被定义为"为了创造喜剧或怪诞效果而夸大某些显著特征的人或物的图片、描述或模仿"。漫画的定义和所讲授的课程对哈里克来说很难理解。当他了解了历史的各个方面时,作为一名致力于理解士绅化过程中公开的种族主义的学生,他与过去的种族主义伤害性行为(对非洲裔美国人的歪曲描述)做斗争。

哈里克对历史很感兴趣,总是问一些关于历史事件的详细问题。他想了解 20 世纪 70 年代之前非洲裔美国人的斗争,随着他了解的越来越多,他将历史事件和当代斗争联系起来。然而,他很难面对这样一个事实:散居的非洲裔美国人被描绘得太过夸张。他经常说:"这很糟糕。""真的,他们就是这样看我们的。""我们根本不是那样的。""太种族主义了!"尽管他感到不自在,但他还是将历史、代表和社区建立起更广泛的关联。我经常想起哈里克最初对研究漫画的不适感,以及它如何激起人们对非洲裔美国人在社会上一直(而且经常性的、仍然)被歪曲的方式的情感反应。这种对围绕归属感和身份而进行的历史斗争的歪曲,不亚于对为营造地域和有色种族公民权利而展开的斗争的歪曲。因此,哈里克不仅在与那些很具冒犯性的形象做斗争,还在与归属和所有权问题抗争。哈里克指出:"如果很久以前我们就被看成那样的(如漫画中的形象,怪诞),谁能说我们现在就不是那样的?"

哈里克想属于一个社区,希望其他有色种族能拥有他们称之为家的空间和地方。就像反对士绅化一样,哈里克也反对漫画——能量与问题并存。就社区公共叙述中对黑人的曲解而言,他对漫画的思考(例如:"我们根本不是那样的。""太种族主义了!")

与他对士绅化的最初想法有关(例如:"将居民群体从街区中迁出去。""认为我们不存在就像我们不重要一样。")。他的情感反应表明他想采取行动。他通过写作,质疑把黑人视为怪诞形象的意义,他也做出了实际行动。哈里克不赞同大众文化对黑人的负面描述,他转向当地社区以寻找黑人身份、自尊和团结的含义。在寻找的过程中,他发现了一个深受哈勒姆文艺复兴及其文学艺术家影响的社区,同时也是一个团结在当地政治领袖周围的社区。当哈里克对黑人漫画的负面描述提出质疑时,他提到了社区抗议和集会,以及在学校传统空间(和限制)之外建立黑人自己的企业和教育场所。

在其中一个社区写作任务中,我要求哈里克和菲利普思考他们对某些词语的理解,写下他们想到的任何内容。哈里克回应道:

1. 哈勒姆:历史、里程碑、非洲文化、舒适、斗争、反抗种族主义以及所有权。
2. 艺术:写作、诗歌、绘画、舞蹈和歌唱;自由,而非恐惧或歧视。
3. 城市:拥挤、嘈杂、很多商店、交通、人群、语言、很多公寓楼、社区、归属。
4. 社区:文化、小型村庄、家、社会区域、语言、没有种族主义的地方。

从他选择的词汇来看,反抗的中心思想是显而易见的:反抗种族主义,自由而不是恐惧,归属和摆脱种族主义。在这里,就像在英语课上的讨论一样,哈里克热情而有力地抵制士绅化、种族主义和对非裔美国人的刻板印象。他依靠各种形式的文化活动来进行抵抗:"我要写的是,哈勒姆是如何用艺术创作出像这些楼房一样的奇特建筑的。这是艺术、城市和社区的一部分……这和我描写的关于哈勒姆的内容相吻合。我写的越多,就越能发现我周围的情况。这就是历史。"

哈里克在我们一起工作的过程中延伸了他的文字叙述,写作不仅成为他在学校的一项活动,还成为一项让他能够在社区中和社区周围表达不同想法和情感的活动。在一次采访中,哈里克谈到自己并没有达到年级水平,需要提高写作水平,尤其是词汇和语法。短暂的停顿后,他继续说道:"我现在认为写作不仅仅是为了分数,而是……关乎我是谁以及我如何看待事物。也许这并不是因为我没有达到年级水平,而是因为以前我从来没有理解写作的所有目的,比如价值。"哈里克越来越多地参与到学校和当地社区的文化活动当中,这有助于他认识到写作的力量(即行为、活动、目的和功能),从而将他生活经历中的更大主题与写作联系起来:"我可以写哈勒姆的历史。""可以写关于哈勒姆的诗。""就像英语课的多体裁论文一样,可以写关于哈勒姆或者关于社区的内容。"

文化学者赫尔和舒尔茨通过鼓励研究人员"测试校外和校内文化素养之间的界限,并提出注意冲突、协同性、重复性和有可能的劳动分工"(Hull & Schultz, 2002, p. 4),来探索弥合学校和社区之间鸿沟的方法。哈里克借鉴赫尔和舒尔茨的观点,在研究漫画的时候,在各种主题之间的建立起联系,比如在保守主义的刻板印象和哈勒姆区的士绅化现状之间建立联系。他还寻求文化的力量,在流行文化和社区背景下创作非洲裔美国人的反叙事。

菲利普、哈里克和戴蒙(Damen,他们的同伴,后期加入我们的团队),我和他们就我们如何在社区的人们所留下的遗产的基础上继续展开讨论。我们称这些人为"哈勒姆的灵魂歌手"。做灵魂歌手就是做社区的积极参与者,处理影响社区的问题,并"歌唱"——写作、工作、交谈和组织——以实现积极的改变。有许多灵魂歌手在为哈勒姆和散居群体的改变而努力工作。他们在处理当地或全球的社区问题方面有许多战略,如种族主义、歧视和被排除在公共机构之外的问题。这些战略包括文学写作,如兰斯顿·休斯、内拉·拉森、克劳德·麦凯、佐拉·尼尔·赫斯顿;音乐演奏,如尤比·布莱克(Eubie Blake)、比希·史密斯(Bessie Smith)、路易斯·阿姆斯特朗;支持艺术和政治,如 W. E. B. 杜波依斯、保罗·罗伯逊、詹姆斯·韦尔登·约翰逊;还包括参与视觉文化,如约瑟芬·贝克、罗马勒·比尔顿(Romare Bearden)、亚伦·道格拉斯(Aaron Douglas)、雅各布·劳伦斯(Jacob Lawrence),以及参与权利运动,如争取公民权利、展示黑人艺术等。我相信这些灵魂歌手的遗产极大地影响了哈里克和菲利普在哈勒姆区的归属感和主人翁精神。虽然他们认为自己属于哈勒姆,但是由于士绅化,这个空间越来越排斥他们。他们学会了通过文化活动来创作反叙事,来应对这种排斥。他们成为灵魂歌手,唱出了士绅化给历史悠久的黑人空间所带来的种种排斥。

哈里克和菲利普重申赫尔和舒尔茨关于弥合校内和校外文化素养鸿沟的立场(Hull & Schultz, 2002),并最终将他们的歌声从社区带进了学校。哈里克对学习漫画兴趣浓厚,尽管有些犹豫,这与他研究士绅化的愿望是分不开的。这两个主题与更大的主题交织在一起,即斗争、归属及代表。我请他解释一下为什么他的公寓大楼被命名为弗雷德里克·道格拉斯,他对自己生活其中的社区(官方称之为上西区,而不是哈勒姆区)的兴趣也增加了。他一时回答不出来,在菲利普给出提示之后,他研究了道格拉斯,并把公寓建筑的名字和 L 女士讲过的一个英语课程单元关于道格拉斯在自传体回忆录《弗雷德里克·道格拉斯:一个美国奴隶的生平故事》(*Narrative of the Life of Frederick Douglass，An American Slave*）（1995年重印）联系起来。哈里克后来自豪而热情地表示:"我不知道他们是否以道格拉斯先生的名字命名,但我很自豪地知道,我所居住建筑的名字与这位伟大的黑人废奴主义者的名字相同。"他温柔的声音和热情是毫无疑问的,因为他正在给我和菲利普唱他新学到的歌词。他是一名文化素养学习者,正在谈论"敏感"话题（例如漫画、士绅化、斗争）,也是一名灵魂歌手,欣然接受新发现的对弗雷德里克·道格拉斯的热爱,既包括对他所居住的地方的热爱,也包括对这个从奴隶变成废奴主义者的人的热爱。

街头幸存者

就写作、斗争和士绅化的话题,菲利普采访了他在哈勒姆高中的两个高年级同学金和萨曼莎。采访在放学后教师的办公室里进行。有关"菲利普和那台摄像机"的消息已经不胫而走,当他走近金和萨曼莎时,她们同意接受采访,条件是必须二人一起接受访谈。我之所以认为金和萨曼莎是街头幸存者,不是因为她们必须在街头生存——她们并没有露宿街头,而是因为她们对社区、社区历史和街道代码（例如语言、布置、外观、像阿波罗剧院这样受欢迎的场所或地点）有着复杂的认识。在我获得正式和适当的许可后,为了方便进行接下来的采访讨论,菲利普录制了视频。

采访进行了将近12分钟后,菲利普抛开关于学术写作和技能的讨论,问道:"你们觉得你们的社区怎么样?"金和萨曼莎都停顿了一下,似乎想弄明白这个问题,然后萨曼莎回答说:"我不知道,就是这样,我不知道。我认为他们在浪费时间……浪费在建筑、公寓和诸如此类的东西上,他们需要在学校投入更多的精力。"采访时,萨曼莎17岁,离高中毕业只有一个半月的时间,她正在为高中毕业后的生活做准备。当她说"他们在浪费时间"时,她快速地瞥了我一眼,好像在说:"你知道我在说谁。"然而,我问她:"他们是谁?"萨曼莎回答道:"我不知道,就像……"金打断了我的话:"是政府,政府。"在这种情况下,特别是考虑到哈里克之前提到的"他们"是指"公司",我把它理解为白人的代号。

在我们对社区士绅化进行的调查中,通过现场观察和人口普查资料,很明显地发现越来越多的白人搬进了这个地区。然而,正如泰勒（Taylor,2002）在《哈勒姆:天堂和地狱之间》(*Harlem: Between Heaven and Hell*)一书中描述的那样,这里也有越来越多的中产阶级非洲裔美国居民——有些是新搬进社区的,有些是长期居民。他们留在或搬到哈勒姆区的决定受到政治、经济和文化遗产的影响。哈勒姆区的"新面孔"并不全是白人。(参见 Taylor,2002;Freeman,2006;Maurrasse,2006)对菲利普、哈里克、金和萨曼莎来说,许多但并非所有的中产阶级非洲裔美国人都"融入了哈勒姆区的氛围"(金),也没有试图改写"我们基于种族的哈勒姆区。他们参与到社区,不怕和我们说话,他们成为哈勒姆区的一部分。这就是区别"(菲利普)——哈勒姆这样的城市社区中白人化和黑人化的区别。(参见第四章)

萨曼莎的关注点在投资新建筑和公寓,而不是学校,这是对金关于社区感情的延续。首先,金阐述了投资城市学校的必要性:"这所学校没有收益。所以,与其他们在学校对面建一栋公寓,为什么不给我们钱让我们的学校变得更好呢?"然后,萨曼莎补充道:"他们在建造人们甚至无法居住的公寓。来自哈勒姆区的人不可能住在康多公寓(Condo)①,因为很多人负担不起。"金同意萨曼莎的观点。菲利普快速而兴奋地问道:"那么你认为这和白人特权有关吗?"紧接着是长时间的停顿,菲利普对白人特权的解释打破了这种停顿:"嗯,白人特权基本上是指白人可以得到他们想要的任何东西。例如,我们少数族裔不能进入某所学校,白人却可以进入……有人向某所学校捐款,尤其是白人,所以那所学校录取了他们。你认为这和特权有关吗?他们拥有某些我们所没有的权利吗?"听到菲利普对白人特权理解有所加深,我回想起几个月前在我与他的一次访谈中,他努力解释他所说的"新白人居民似乎拥有的权利"。我向他提到"白人特权"这个短语,他把它记录下来,直到现在才提起。从他对金和萨曼莎的延伸的定义来看,很明显他深入考虑过这个概念,并试图理解白人和白人特权的含义。

萨曼莎回应道:"是的,这确实导致了……我不明白为什么他们在一个几乎住满少数族裔的社区建造那些建筑。你们都在建造白人居住的建筑,而这里的许多少数族裔没有足够的钱,居无定所。"以下是金和萨曼莎之间的对话,有助于更深入地了解她们对士绅化的感受:

---

① Condo 是美国一种集合式的住宿。在社区里面,每个公寓是一个家庭单元,而过道、行车道、休闲设施等是住户们共同拥有的。——译者注

萨曼莎：如果没有康多公寓，就不会有白人住在这里。没有白人愿意住在哈勒姆区，他们会住在长岛(Long Island)、斯塔滕岛(Staten Island)……

金：他们不想和街角的毒贩住在一起，因为第145大街和埃奇科姆(Edgecombe)大道之间有一栋康多公寓，第145大街和圣尼克(圣尼古拉斯大道和埃奇科姆大道平行，就在一个街区外)之间就有毒贩出没。现在，如果这只是一座普通的建筑，你认为他们(白人)会住在这里吗？

萨曼莎：天哪，不会的！

金：是的，因为这里很安全，很干净，而且很漂亮。他们住的公寓非常漂亮，非常安全！

这一对话呼应了哈里克在讨论文化叙事的想法时提出的观点(见本章"文化学习者"一节)。在那里，哈里克谈到了"现在社区中的治安警务比以前多了很多"。他将这一点与士绅化联系在一起：新的白人居民、新的企业、新的公寓和更高的租金成本。在对许多学生和教师的访谈中，他们都提到了在哈勒姆区增加安保或治安警务这一话题。这种安保措施不是为了帮助少数族裔居民，而是增加了他们的斗争。对金来说，"他们不想帮助下层社会的人们。他们不会帮助的。(萨曼莎低声说：'我们知道他们是谁。')他们宁愿我们斗争，也不愿帮助我们。"

金的强烈情绪为几个月来我和哈里克、菲利普一直在进行的关于斗争的讨论做出了总结。认识到我们自己关于士绅化的想法和立场之后，我们对斗争进行了深入的交流，包括斗争的定义，我们与斗争的个人关系，以及我们对群体斗争的社区观点。我们在日志中写下关于这个话题的内容，花时间在采访和座谈会上分享斗争的例子，并在录制社区徒步游览活动会上讨论了这个想法。而且，我观察到无数哈勒姆高中的学生在与老师和同学的互动中，也谈论或表演(体现、展示和批判)这种斗争。不幸的是，我们许多人，包括研究人员、教师和行政人员，常常将斗争误解为懒惰和漠不关心。当学生缺课时，这可能与假定他们承担的家庭要求或成人责任的增加有关，这是家庭或社区责任的一个指标，而不是学生失败的指标。我认为，我们必须批判自己对学生和学生表现与生活经历及文化实践相关的看法。

当萨曼莎说"他们宁愿我们斗争"时，菲利普看着我说："我的日志在哪里？看，我告诉过你吧。我告诉过你的。"我大吃一惊，回答道："哇！嗯，我和菲利普有一本日志，我们在日志里无话不谈,我想这是我本周给他写的关于斗争的问题之一……当你提及斗争的时候,我在试图理解为'他们想让我们斗争',但是为什么呢?所以,首先,哈勒姆,好吧,等等!你如何用两个词来描述哈勒姆?"萨曼莎脱口而出"很酷的社区",房间里传来大笑声。她接着说:"不,真的。我认为哈勒姆展示了我们的文化,黑人的文化。"金同意哈勒姆代表了"黑人和西班牙裔"的文化,是美国一个历史性地点的明显标志,在那里人们已经形成并维持着一个富裕的社区。正如金所描述的,即使在各种个人和公共斗争中,哈勒姆区也是"我们的自由之地"。

学生们再次讨论了这个"自由之地"充满了历史遗产:"马尔科姆·爱克斯林荫大道,马尔科姆·爱克斯在那里,在那里布道"(金),"阿波罗剧院"(萨曼莎),"小亚当·克莱顿·鲍威尔"(金),和"弗雷德里克·道格拉斯大道"(萨曼莎)。对金和萨曼莎来说,哈勒姆区是有色种族的一个重要地点。第125大街是哈勒姆区的中心,因为它是"每个人成名的地方"(金)。萨曼莎和金继续谈论士绅化、白人、斗争和哈勒姆的名气,比如来自社区的著名艺术家、活动家和政治家,甚至当菲利普关掉摄像机说"已经录好了"之后,他们还继续讨论。金问道:"这一切都和写作有关吗?"萨曼莎补充道:"你们为什么要分享日志?什么是文化叙事?我们一直在谈论士绅化。"

事实上,这和文化素养有什么关系?一方面,金和萨曼莎分享了她们关于士绅化、地域和种族的故事,这些故事从来没有在她们的课堂上被分享过,却对她们的校外生活经历产生了影响。在她们考虑哈勒姆的文化意义和公众认知的同时,这些故事允许他们交换关于社区变化的看法。他们采用通俗易懂的语言,通过写作来描述他们的斗争和成功,分析社区中白人居民日益增多的情况,并质疑建造对大多数当地居民来说过于昂贵的新公寓的目的。对于交流关于社区和归属感的文化叙事来说,这种通过争论进行的推理至关重要。此外,菲利普对访谈环节的促进作用成为金和萨曼莎在课堂上见证并最终模仿演示和促进讨论的典范。菲利普没有既定的剧本或采访提纲,决定通过询问一些有关写作——斗争和成功——的问题开始访谈。这与金和萨曼莎对访谈的期望不符,因为正如她们所说的,她们认为我将"负责问各种各样的问题"。实际上相反,菲利普"在总体负责"。他表现得富有文化修养,鼓励金和萨曼莎进行提问:"你怎么知道关于哈勒姆的一切?"(金)"你是什么时候学会使用录像机的?"(萨曼莎)"你怎么知道该向别人问什么?你擅长这个。"(萨曼莎)菲利普对白人特权的解释也给金和萨曼莎留下了深刻的印象。

采访结束后,她们问菲利普获取白人特权信息的渠道有哪些。他说:"你必须阅读和写作。这不仅仅关乎士绅化,而且关乎阅读和写作,可以弄清楚发生了什么。"菲利普越来越想知道"发生了什么",他运用文化素养实践来实现这一愿望。摄像机就是他的"笔和纸",受访者是他的参照或信息来源。这些因素一起为他提供了提出问题、学习其他观点或共同观点的机会,帮助他进一步对士绅化进行反思。提出问题和研究替代品或共享观点的机会,有助于他进一步批判士绅化。事实上,他不仅提出一个强有力的主张,而且从衰落和衰败的流行叙述中挽救他的社区。菲利普相信:"你必须明白他们知道了什么。"在对金和萨曼莎说了这些话之后,他转向我问道:"你在我们的日志上写的那个短语是什么?"我回答:"阅读文字和世界。"(参见 Freire & Macedo,1987)

我的文字就是我的武器

在接下来的章节中,你们将遇到菲利普、哈里克、金、萨曼莎、L女士以及其他青少年和成年人,他们是文化素养学习者、灵魂歌手和街头幸存者。关于哈勒姆区的士绅化,他们都有自己的观点,在我们共同工作的过程中,他们开始思考如何通过阅读、写作、倾听、提问和演绎来强化自己的观点。金问道:"这一切都和写作有关吗?"这也是我的问题。研究文化素养与语境交叉的研究人员(Street,2005;Dyson,2003;Kinloch,2009)从社会文化角度提出,文化在"社会和历史环境、流动和多元"背景下发挥了各种功能(McCarty,2005,pp.7-18)。我在菲利普和哈里克的学校和社区与他们交流时,情况确实如此。反过来,在菲利普采访期间和采访之后与金和萨曼莎的交流也是如此。正如菲利普跟他们说的:"你必须阅读和写作。这不仅仅关乎士绅化。"我们的工作也不仅仅关乎士绅化,而是从文化素养的角度审视一个本地社区。通过一起阅读文章、图书和新闻故事,我们识别出士绅化的优缺点。然后,我们回到学校对这些叙述进行展示、分享和合作批判性评论。我们采访了其他青少年和教师,并在学校和社区文化之间建立起联系。我们质疑别人的信仰,如同质疑我们自己的信仰一样。我们对社区的观察是多维的,并引发了不同的解释,为此,我们提倡坦率并进行自我反省。这些课程体现在哈里克和菲利普在英语语言艺术课的文化学习体验中。他们老师在课堂上的一些课程决策中,在走廊、楼梯间和学校休息室里与学生和同事进行的对话中发现了自我。

我真的相信,作为教师和研究人员,我们有义务去鼓励青少年表达他们的情感,吟唱他们的歌曲,讲述他们自己的故事,不要让他们觉得有些故事比其他故事更有价值,或者似乎我们都有相同的故事。我们是不一样的。然而现实是有些故事听起来更"艰辛"或"不同"。我一直告诉我的教师教育候选人和博士生,接受多视角的观点就是进行实践。如果不进行建模并相信它的价值,就不能坚持多视角的价值。为了鼓励学生在写作或课堂讨论中采用不同的视角,我们应该邀请他们作为参与者而不是旁观者进入课堂。应该为青少年提供机会,让他们共同创造他们的学习经验和分享批判性文化素养的工作——也就是说,通过成为积极的倾听者、参与者和实干家,来为他们的学业负责。这样一来,青少年就可以在一个更加宽广的民主社会中设想他们的公民角色和义务。

这种类型的学习,本质上是参与性和民主性的,贯穿于我和哈勒姆青少年的工作中。无论在哈勒姆高中进行观察,与当地社区的青少年一起工作,还是在东哈勒姆高中(2007年)教授一门必修的高级英语课,我都见证了青少年如何参与这种循环往复的学习。我们撰写文化叙事,质疑传统学校教育的目的,大声质疑社区的变化。这些经历——与哈勒姆高中、全日制高中和整个哈勒姆社区的学生一起——以批判性的方式推动我并鼓励我认真思考那些青少年的呼声,他们的现实生活往往远远地脱离了课程。当我不断遭受到压力和挑战的时候,我向各位教师和研究人员提出建议,请你们思考那些青少年已经产生的想法,让他们和我们产生共鸣,从而进行深入思考。

有很多方法和资源可以帮助我们思考学生的文化素养学习活动。我推荐以下课堂练习:

1. 阅读和讨论所发现的关于当地社区和当前社区问题的文本(例如图书、新闻文章、网站、博客故事、小说),他们可以与教师或其他同学在此基础上研究共同引导一个课程单元。由此,他们可以通过印刷品、口头表达和数字化呈现等多种形式在本地和全球化语境内建立联系。

2. 写作课上,学生学习提出探索性问题,而非总是由我们给出问题。可以鼓励他们重新审视和修订他们的探索性问题,以便将其转化为具有研究价值的作文题目或写作建议。

3. 反馈与评论:同学间对彼此的作品和所表达的立场进行反馈和详细评论。

4. 积极倾听各种观点,包括彼此的观点,学生们自己的观点,学校中成年人的观点(参见 Schultz,2003),以及当地和全球社区中成年人的观点。

5. 课堂展示:由学生设计和完成的创造性的课堂展示,例如阅读圈、写作研讨会、幻灯片展示和多模式演示,因为它们与作业的基本问题、指导目标和总体目标有明确的联系。

6. 社区展示:在他们经常去的地方(如娱乐场所、教堂、博物馆、当地会议)进行社区展示,展示他们对社区遗址和历史地标的研究成果。

7. 课堂参观:与当地社区成员、活动家、领导人、艺术家和作家一起进行课堂参观。

现在,考虑一下哈里克的观点:"文化素养就是说我是谁,哈勒姆是什么,(士绅化)带走了什么。但是,通过文化素养学习,我的文字就是我的武器。"我请你们思考一下,如何在我们和青少年正在进行的工作中使用可接受的、开放的、真诚的和批判性的语言。

无论我和菲利普、哈里克使用史密瑟曼(Smitherman,1977;2006)所谓的"更广泛交流的语言",还是我们通过代码转换为非洲裔美国人的英语(Kinloch,2010,即将出版),我们同意暂停对彼此语言能力的判断。通过这种方式,我们既参与了谈话,也练习了倾听的方式(Schultz,2003)。做这些事情让我们能够记录哈勒姆的语言,从笼罩西第 125 大街的音乐氛围,到人们使用语言的方式——作为公民参与的工具和归属感的指标。我们的语言使用可以在瞬间迅速改变,这对调查城市士绅化来说是至关重要的。以语言为中心能够鼓励我们自愿协商"我们是谁,我们所讲的语言,只有当这种协商被接受时我们才使用的代码……是'协商'而不是'抛弃'"(Kinloch,2005b, p. 99)。在关于社区情况(例如士绅化、改变的人口统计资料、住房和就业问题、社会和政治事件)的讨论和随后的分析中,我们发现,如果不使用语言,就会遇到各种困难,包括个体的、私人的和家庭的困难。因此,我们欣然接受了自己的各种语言模式,反过来,我们也学会了欣然接受外来的各种语言——来自社区居民的,来自学校学生的,以及来自教科书的权威作者和当代作者的各种语言。

考虑到这些内容,我请你思考以下问题:

1. 当我为学生们示范创作学术文本的具体方法时,以何种方式邀请他们在课堂上使用各种语言和方言?

2. 我的学生为他们自己定义什么是文化素养,以及文化素养在他们的生活中意味着什么时,我应该为他们提供使用语言的机会吗？如果应该提供,那么我如何将他们对文化素养的定义与其他的定义(即学术的、公共的)相提并论？如果不应该提供,那么我怎样才能围绕产生多种文化素养含义的讨论来安排课堂内容和我们的工作？

3. 什么是文化叙事？如何邀请学生进行文化叙事创作？我们该怎样讨论通过合作式的探索写作、多模式表达和开放而具体的评论之间的联系,来创作文化叙事呢？文化叙事能以何种方式帮助我们阅读与种族、阶级、性别、语言和社区身份有关的文本,并讨论相关立场？

4. 我和我的学生是否可以把当地社区的手工艺品带进教室,以加强我们对课程材料的参与？这些手工艺品如何作为写作的标志和符号？我们可以用什么方式来学习利用各种各样的文化叙事并从中获得意义？

5. 关于地域或空间和当地社区问题的单元是什么样的？我怎样才能通过借鉴格洛丽亚·内勒(Gloria Naylor)、托妮·莫里森(Toni Morrison)、帕特·莫拉(Pat Mora)、沃尔特·惠特曼(Walt Whitman)、安·佩特里(Ann Petry)、乔治·奥威尔(George Orwell)等人的文学作品,来围绕社区的主题创建一个学习单元呢？

6. 怎样才能在课堂上运用流行文化来激励学生参与社区问题,比如士绅化以及权力和归属感的含义转换？

正如菲利普所坚持认为的,我们的工作"不仅仅关乎士绅化,而且关乎阅读和写作,并弄清楚发生了什么"。请你们不仅要关注学术性的文化素养,还要关注校外社区里青少年的生活、文学和语言,他们称这些社区为家,每天频繁地穿梭在家与学校之间。就我们学生的学习和行动的关键能力而言,这样做可以扩展其含义并获得额外的认识。也许我们进而得以了解青少年是如何成为文化学习者、灵魂歌手和街头幸存者的。

反 馈

关于士绅化和变化

哈里克·米德尔顿撰稿

我叫哈里克·米德尔顿,住在纽约市上西区弗雷德里克·道格拉斯小区。我以前在哈勒姆区上学。自从1999年我搬到那里以来,道格拉斯小区周围发生了巨大的变化。在谈论那里发生的具体变化之前,我必须说从士绅化开始以来,整个街区发生了真正的变化。我发现为了改善该地区的形象,有些场所和小商铺已经关闭。这一点颇有争议,因为很多人对"改善"意味着什么有自己的想法。搬到道格拉斯小区后,我第一次住进公共住宅开发区。这也是我第一次和来自不同种族的人生活在一起。我已经习惯住在以黑人为主的街区,嗯,几乎全是黑人。我经常看到其他种族和民族的人,比如西班牙人、白人和中国人,但是我从来没有跟他们住在同一个街区过。住在道格拉斯小区,我也接触到许多不同类型的商铺,比如中国商店、小杂货店和其他熟食店、五金店、折扣店、游戏店、印度餐馆、C镇杂货店以及维兹(Wiz)电器行。我之所以提到这些地方,是因为在搬到这个小区之前,我对这么多便利的地方和具体位置并不熟悉。

上西区确实有来自不同种族甚至背景的人,然而,在我搬进来的时候,人们只是喜欢自己待着。比如说,白人会一路绕着开发区散步,而不是直接穿过开发区。只有他们走在人行道上或者在等公共汽车,我才能看到白人靠近开发区甚至在开发区里。在我看来,这种距离感很奇怪,就像是白人很明显地与黑人、波多黎各人和其他住在开发区中的人区隔开来。黑人和波多黎各人会去光顾我提到的许多商铺,如小杂货店。我很少看到白人去小杂货店买东西,对此我一直都很好奇。据我所知,他们不去小杂货店,而是去连锁店和公司下属的当地杂货店和折扣店。这是我对这个区域的人们所做的观察之一。

我还观察到一些商店已经关门。维兹电器行是首批关闭的商店之一。除了我认为那里的DVD有点贵之外,该店以合理的价格售卖电视机、电脑、音乐光盘、软件和许多电子设备。我曾经想从这家店买很多东西,因为这让我想起了一家小型的百思买(Best Buy)电器店。我记得维兹电器行是在2003年或2004年关闭的,取而代之的是一家格蕾斯泰兹(Grestides)商店,不仅价格过高,而且一直没有什么好东西,空间狭小,很难在里面转转。然而,这个小区的一些人认为这是一家不错的商店,聊胜于无嘛。我认为这个小区的居民应该去一家更好更便宜的杂货店购物。当然了,这只是我的观点。

我注意到还有一家五金店关闭了，我以前去那里买过螺丝、螺丝刀、配过钥匙。五金店已经不在那里了，上次我去的时候，那块地方就搬空了。我相信公寓开发可能会占用这个地方，但我会继续观望他们要在那里建什么。电脑游戏店和游戏站商店也关闭了。游戏站商店是个好地方，可以购买动画电影如《龙珠Z/GT》《街头霸王》和玩具。我从未在那家商店买过东西，因为那里的东西定价太高了。2004年，它也关闭了。然而，那里并没有建新的商铺取而代之。电脑游戏店是我最喜欢的去处之一。这家店有游乐场和视频系统，如PS游戏机、PS2、Xbox、任天堂64和世嘉游戏机。电脑游戏店的经理却不是一个好商人，因为他总是把人们赶出店去，这让人感到不受欢迎。那家店最终关闭了，我不确定原因是什么。我认为开设这家游戏店的成本正在上升，花费太高，这似乎是这里的许多小商铺所面临的问题。真是不幸啊。

现在，最后要谈的是我住所的租金。嗯，可以说租金已经变得很高了。我还听说我和家人住的弗雷德里克·道格拉斯小区将变成公寓。我听说有人拿了3万美元就搬出去的故事。我认为这是个问题。例如，我母亲是我知道的为数不多的几个付了很多房租的人之一，比这栋楼的平均租金都要高。她支付的租金超过1000美元，这还不包括供暖费用，供暖费用好像每个月都在变。当有人因为有一部分租金没有支付，或支付的租金比我母亲支付的少很多而抱怨的时候，她常常感到不安，她也有权利抱怨。房东可以无视人们的斗争以及一直以来他们都是好房客的历史就提高租金，我认为这是不公平的。现在经济状况不好，许多人入不敷出。由于经济负担重，有些人无力支付房租和供暖费用。这很不幸，却是真实存在的。我希望各地以及纽约市的经济状况都能有所改善。因为时代的变化和士绅化，穷人和工薪阶层遭受的苦难最多。我们不能忘记人们的挣扎。

第三章

跟随不同的节拍起舞：
在十字路口开展社区调查

"这就是我在思考的……我们正亲身经历不同文化之间的交流碰撞。当我们准备工作的时候,淋浴的时候,在去学校的路上,睡觉的时候,下课之后,每时每刻都在思考授课方式;时而与同事大声争论,时而安静地独自思考,早晨和晚上,和学生一起探讨。同时本着对学生负责的态度,我们把学习和教书看作一门极其值得仔细研究的艺术……我们尊重每一个孩子和每一位老师的智慧与才能,期望他们能够真正发挥作用,而非只是占个虚位。"(Bob Fecho,2004,p. 157)

"星巴克已经来到哈勒姆区了。"(Monique Taylor,2002,p. ix)金和萨曼莎(见第二章)是"时而与同事大声争论,时而安静地独自思考"的灵魂歌手和街头幸存者(Fecho,2004,p. 157)。他们谈论哈勒姆的士绅化,以及为什么"没有黑人买得起那些公寓"等问题。这是一项调查,针对一个历史时期以来一直以非洲裔美国人工薪阶层为主的社区建造租金高昂的公寓的原因而开展。他们谈论的内容包含新旧历史交替阶段所涉及的种族、阶级和社会地位等现实问题。金和萨曼莎在"真正地进行思考讨论,而非只是占个虚位"。

费考(Fecho)2004年出版的《"这就是英语吗?":课堂上的种族、语言和文化》("*Is This English?*" *Race*, *Language*, *and Culture in the Classroom*)介绍了他在宾夕法尼亚州费城西蒙·格拉茨高中(Simon Gratz High School)英语课堂上对文化、教育内容、语言以及种族之间的关系展开的研究。他运用批判性探究教学法,让学生参与到围绕课本和为人处世的价值主导型的活动中去。费考的研究让我意识到,学生在课堂上和课堂外所能学到的知识是有差异的。在我看来,包括学术标准、测试练习和常规作业在内的许多规则造成了这些差别,这些规则往往会限制学生的创造力,约束学生的实践能力。当我观察菲利普、哈里克以及他们的同伴在学校和当地社区内的实践活动时,我开始思考哈勒姆其他青少年的想法:他们如何理解这个环境? 如何利用所学的知识来应对士绅化? 事实上,他们对社区的士绅化有什么看法? 通过调查他们对社区变化的想法，我可以更好地理解菲利普和哈里克以及金和萨曼莎的看法。他们的看法有时与我的看法并不一样，因为我的看法总是基于我的生活经验和角色定位而来（见概述）：我是一名教师和哈勒姆的研究人员，不是本地居民。

正是这一点，我常常难以接受。从某种意义上讲，我认同菲利普和哈里克对士绅化和白人化的抵制，他们认为哈勒姆这一黑人社区的文化遗产正在受到损害。虽然菲利普和哈里克不认同我关于既有中产阶级白人也有黑人在社区中生活的说法，但这确实是一个显而易见的事实。然而，我想知道，白人入住哈勒姆区和黑人入住哈勒姆区是否会带来同样的环境和文化影响，尤其是考虑到会有损害的可能性的时候。至少对我来说，这种损害与"少数族裔"企业、文化形式以及文学和政治历史是有关联的。我想到多样性和多元文化主义与以有色种族为主的社区的关系：有色种族往往是排斥白人的，并且许多人有能力搬离核心城区。保留黑人领域与把这个社区改造成种族和经济多样化的区域两相较量的紧张局势，是本章调查青少年对士绅化反应的重点。

我们对哈勒姆士绅化进行了一项本地调查，发现哈勒姆有无数的青少年热切关注着士绅化对社区的影响。调查随机选取155个调查对象，调查对象包括参加尚伯格黑人文化研究中心校外项目的青少年和其他就读哈勒姆高中的青少年。他们均表达了希望参与士绅化决策过程的强烈愿望。同时，他们也代表了哈勒姆的许多社会组成层面——有的以哈勒姆为家，有的以哈勒姆为生活空间，有的在哈勒姆进行社区实践，有的在哈勒姆接受教育，甚至有的把哈勒姆区作为黑人生活和行动主义的城市避难所或文化绿洲。在这场关于士绅化辩论中，来自在哈勒姆的斗争的青少年用不同的声音、用自己的故事发声，其力量不容忽视。青少年的声音常常被忽视或低估，但如果我们要听从费考"尊重每一个孩子的智慧"（Fecho, 2004, p. 157）的建议，就应该考虑这些声音提供的独特视角。

为了充分尊重个体智慧、观点和生活经验，尊重青少年的创造力，本章分为四个部分：《舞蹈》《鼓声》《节拍》和《在十字路口》。《舞蹈》研究的是人们在不同的社会背景下的运动，包括历史上被边缘化的人们的集体斗争。《鼓声》代表了学生们通过对社区变化的反应所表达的强烈的热情与果敢。当学生们思考士绅化的意义时，他们正在创作《节拍》，或者说是观察和描述世界的新方式。总的来说，《舞蹈》《鼓声》和《节拍》这几节把学生们放置《在十字路口》，他们凭借多年积累的文化素养、亲身经历的不断变化的社区和当地教育项目生活，对士绅化提出质疑。

舞蹈

　　哈里克不喜欢这里的建筑,并不是不喜欢所有的建筑,只是不喜欢其中一部分。当我问其原因时,哈里克瞥了我一眼,然后总结道:"这些建筑内充斥着毒品或者毒品交易,这些建筑并没有被好好地保存或者及时清理,由于有损社区形象而遭到人们的嫌弃。所以,为什么会有人喜欢这样的建筑呢?""但这有什么用,"他继续说道,"我们住在这里,却发现企业正在建造新的建筑,而这些建筑并不是给我们居住的。而且,不久以后,这些建筑就会被拆除或者有可能改成公寓。这又有什么意义呢?这些从外面看起来像'低收入的人''依靠救助的人''穷人''老年人''少数民族'或'遭遇不幸的人'居住的房屋……当这些建筑从我们身边被夺走时,这又有什么意义呢?"他指着他居住的小区中间的一所高中,他告诉我和菲利普:"其实这所学校只是一个接受街头小混混的地方,这样说不太好,但这就是事实。"哈里克说学校根本不关心学生和老师,也不关心他们在做什么。他认为这就是学校沦落成现在这个样子的原因。这些问题同上西区的变革和哈勒姆社区的变革一样困扰着他。他认为没有人真正地"聆听我们的想法,征询我们的建议"。相反,人们只是匆匆过客,漠不关心,丝毫不在意那些因为种族、语言和文化身份原因而被边缘化的群体的挣扎与痛苦。"舞蹈"指的是人们在跨越社会阶层时不同的、不协调的运动。这些地方曾是许多散居海外的"被剥夺了公民权"的有色种族的家园和避风港,但近年来,他们受到士绅化的侵袭。考虑到这种不和谐,哈里克问:"你觉得我还应该继续关心吗?"

　　还有许多年轻人同意哈里克的看法。戴蒙来自当地的另一所高中,这个地区最终也出现了士绅化。他住在哈勒姆西区和东区的交界处,菲利普把这类人叫做"住在哈勒姆的西班牙裔黑人"。戴蒙说他实际上并不明白现在发生的一切,因为"没有人跟我交谈"。他的自白让我意识到,我们这些教育工作者所熟知的社区的变化以及这些变化对学生的影响是实实在在存在的。不管这些事实是多么自然、真实或者痛苦,它们都实实在在地发生在我们面前。不幸的是,许多人由于忙于考虑自己的生计而往往忽略了这些青少年的感受。事实上,青少年有自己的想法、角度和经验,这一点常常被学校、当地社区和社会所忽略。正如金和萨曼莎所说的,"青少年可以抗议,可以对这些变革发声。是的,我们能做到"。青少年同样可以在了解变革的过程当中随着变革舞蹈,有所作为。他们蓄势待发,希望被社会重视。

我们——我和菲利普、哈里克、L女士和其他四位老师——坐在哈勒姆高中的休息室里,谈论午餐吃什么:"我们是不是应该走到街角,到弗雷德里克·道格拉斯大道,从酷食热(Quiznos)买些东西?""有人想吃披萨吗?""哦,你今天带午饭了吗?""哦,好吧,我知道你想吃什么了。"我和L女士不想出去吃午餐——因为她想抽空批阅学生的考卷,而我想和菲利普、哈里克聊聊课程以及他们的学习成绩。"你们都在这儿干什么?你们想要些什么?"L女士开玩笑地问菲利普和哈里克。"我们要见瓦莱丽女士。"菲利普回答说。

我和L女士、菲利普、哈里克简要地谈论了学校的事情,最终谈到士绅化。我们告诉L女士,我们对此项目的最新想法是采访本地的企业家,了解他们如何应对士绅化的影响。L女士让我们先和其他青少年谈谈。这样,菲利普和哈里克就会"从同龄人那里了解到关于这个话题的其他想法"(L女士)。她与菲利普和哈里克的互动交流,使得他们开始转向与同龄人的交流。也就是说,在这个非课堂环境里的讨论结果是,青少年考虑了L女士的建议:在与本地企业家进行互动之前,先与其他青少年探讨士绅化。菲利普和哈里克决定采纳L女士的建议,他们的同伴互动将包括设计实验,提出问题,开展有意义的活动(例如对士绅化的多种定义进行头脑风暴,讨论收集学生意见的方法)。正如菲利普指出的,我们意识到这件事可能会比我们想象的还要重要,因为青少年有很多话要说。那么我们该怎么做呢?哈里克提议带上录音机,在学校和社区里四处走走,遇见同学就去交流,"看看他们是否愿意告诉我们他们的想法"。菲利普插话:"我们直接上去搭话?我不知道……(但是)我不怕跟陌生人搭话,只是不知道他们会有怎样的感受。"关于这一点,我建议做一份简短的调查问卷,L女士打断了我的话:"好主意。这样,你就可以把问卷分发出去,然后让他们马上填好,或者稍后把问卷交给你。"菲利普立马问道:"你确定他们会交上来?""他们到哪里去填呢?如果他们拿走问卷却不交上来怎么办呢?"哈里克问道。"你相信这些学生会记得上交问卷吗?让我想想,我会记得吗?我觉得不会的。哈哈哈。"菲利普笑着说。

在接下来的三天,我们决定开展这项调查,并且让哈勒姆高中的老师们将问卷分发给他们的学生。他们可以在刚开始上课的时候把问卷发下去立刻完成,或者当成作业在午餐时完成,并于当天或者第二天上交。我们讲明这是一项自愿参与的调查活动,老师们也可以拒绝让学生参与。我们一致认为这项调查的目的是了解这所高中的其他学生对哈勒姆区士绅化的看法,如果他们不住在哈勒姆区,也可以调查他们对自己所住社区士绅化的看法。我和菲利普、哈里克合作设计了8个问题,这些问题以我们为教师和当地社区成员设计的采访问题为基础加以修订,我们还邀请并确定下来参加调查的教师人员:L女士,他们的英语老师;纳尔逊女士,一名体育老师;布朗小姐,英语和特殊教育教师;还有其他几位英语老师,包括坎宁安女士、沃克先生和艾丽(Ali)女士。到2007年3月,我们共收集了95份调查问卷,这些问卷是由在哈勒姆上高中英语和特殊教育学科课程的学生完成的。

最终,我们将调查对象扩展到哈勒姆社区里的组织:哈勒姆的爵士博物馆,这是一个文化机构,其赞助的项目包括"哈勒姆演讲教育计划"(Harlem Speaks Education Initiative)"为好奇听众准备的爵士乐"(Jazz for Curious Listeners)"为好奇读者准备的爵士乐"(Jazz for Curious Readers)等;帮助哈勒姆小组(H. E. L. P. Harlem group),一个非营利的教育和辅导小组;朱丽娅·德博格斯文化艺术中心(Julia De Burgos Cultural Arts Center),该中心负责东哈勒姆区社会、经济和文化发展的研讨会和项目。我们在尚伯格中心青少年学者项目中找到一个合作伙伴。这个机构每周六为11岁至18岁的学生讲授非洲移民的历史和创业历程。项目副主任霍尔曼女士给我们交上来60份问卷。

我们共收集到155份问卷,这些问卷结果给我们对哈勒姆士绅化的调查提供了灵感。青年学者项目和哈勒姆高中这两组的青少年都认为哈勒姆正在经历许多变革。大多数被调查者认为"昂贵且崭新"的安置项目(即公寓)是最主要的变化。调查的结果分析表明,11岁至18岁的青少年都想知道这些变革对他们所熟知和钟爱的哈勒姆意味着什么。正如一个高中生所写的,"哈勒姆,就像是我的家人和朋友,永远在这里"。

开发崭新的公寓、新商店、租金上涨,以及更多白人居民(即白人士绅化)和中产阶级黑人(即黑人士绅化)入住,这些变革对青少年意味着什么?一项简短的调查如何能成为一种既让青少年参与讨论士绅化,又让他们通过文化素养实践(例如通过写作来反馈发声,通过不断的讨论来分享观点,为了更好地回应而大量阅读)来发现自己对变革的真实感受的工具?在下面的部分,我将调查结果分为两组:尚伯格中心青少年学者项目和哈勒姆高中。这部分的标题是"鼓声",因为学生们在对士绅化的反馈中所表现出来的强烈的愤怒和情绪就如同敲鼓的声音。他们的反馈表达出一种紧迫感,他们呼吁人们采取行动,为子孙后代保留哈勒姆的历史遗产。这种热情、愤怒和严肃让人想起阅读吉尔·斯科特-赫伦(Gil Scott-Heron)《这场革命不会被宣扬》("The Revolution Will Not Be Televised")、阿马里·巴拉卡(Amiri Baraka)《十万火急》("SOS")和琼·乔丹《呼吁所有沉默的少数族裔》("Calling on All Silent Minorities")的诗歌时所感受到的那种力量。下一节,通过展示这些调查结果或者"鼓声",提醒人们注意倾听青少年的声音的社会价值,从而提高青少年在竞争性社会环境中的生存能力,由此提升我们的教育工作成效。

鼓声

青少年学者项目这一组的60位调查对象中有17位居住在哈勒姆,其他人住在纽约北部、纽约行政区、新泽西州或康涅狄格州(见表3-1)。35名调查对象是非洲裔美国人,其余分别为牙买加人、加勒比人、黑人和波多黎各人、黑人和印地安人(见表3-2)。在受访者中,28人是女性,21人是男性,11人未写明性别(见表3-3)。大多数人意识到纽约市正在发生的变化,从哈勒姆区到布朗克斯区,从布鲁克林区到皇后区,以及其他地方,都在发生变化。最显著的变化是社区外观的变化。一位住在哈勒姆的12岁的非洲裔美国男孩说:"新建筑让哈勒姆看起来更加漂亮。"他同时承认:"但是,大部分变化是不好的,尤其是将人们赶出他们居住的公寓……这太残忍了。"

表3-1 调查对象居住地分布(尚伯格中心青少年学者项目)

现 居 住 地	人　　数
哈勒姆区	17
曼哈顿区(非哈勒姆)	6
布鲁克林区	6
布朗克斯区	5
皇后区	5

(续表)

现 居 住 地	人　数
斯塔滕岛	1
纽约北部	6
新泽西	6
康涅狄格	1
不确定	7

表3-2 受访者自我认同的种族群体(尚伯格中心青少年学者项目)

种　族	人　数
非洲裔美国人	35
黑人/牙买加人	1
牙买加人(土著)	1
加勒比人(土著)	1
混血儿(黑人和白人)	1
黑人和波多黎各人	2
黑人和洪都拉斯人	1
亚洲人和加勒比人	1
黑人和意大利人	1
黑人和阿鲁巴人	1
黑人和印第安人	2
危地马拉黑人和英国人	1
黑人、白人和印第安人	1
加拿大黑人	1
彻罗基黑人	1
印第安人和安提瓜岛人	1
未识别信息	8

表3-3 受访者的自我认同特征(尚伯格中心青少年学者项目)

性 别	人 数	年 级	人 数	年 龄	人 数
女	28	小学	1	10~12	11
男	21	初中	26	13~15	26
不确定	11	高中	23	16~17	13
		不确定	10	不确定	10

和他有相同感受的大有人在。居住在新泽西的一名13岁非洲裔美国男孩写道:"不,我不赞成(社区的变化),因为他们关闭了很多商店,让它们歇业,却只是为了能够有新的公寓和居民。价格上涨并非好事,因为这里的人支付不起。"哈勒姆区正在发生的各种变化,在他看来,这是"不公平的,因为人们辛勤付出劳动后所得到的回报却是更高的租金。我的奶奶在修道院大街居住了40多年并拥有一间公寓……但是其他人往往没有这么幸运"。

和其他参与调查的人一样,这两位青少年也担心哈勒姆区不断上涨的生活成本。他们因"哈勒姆发生的许多变化而感到难过。首先这里的居民主要是黑人,然后你知道,白人再次入侵"。这句话引出了有关阶级分裂、进步、种族和历史上非洲裔美国人社区的政治地位问题。

在阅读亚当和罗谢洛(Adams and Rocheleau, 2002)的《哈勒姆的失与得》(Harlem Lost and Found)时,我的脑海中浮现出哈勒姆过去的画面:建于1855年的莫里斯山公园的消防塔,建于1915年的沃克夫人故居(Madame C. J. Walker House),建于1904年的位于西第132大街的威廉·伦威克罗马天主教堂(William Renwick's Roman Catholic Church),1893年竣工的位于东第121大街的哈勒姆法院大楼(Harlem Courthouse)。这本书展现了哈勒姆的历史故事、变化和建筑的多样性,描绘了一个"标志性的、神话般的、超越生命的、闻名于世的哈勒姆故事。这里是爵士和黑人文化的家园,也是一个贫穷的、犯罪猖獗的贫民区。然而……哈勒姆正在赢得新居民的青睐"(p.15)。在这段丰富而复杂的历史中,充满变化和斗争的故事,充满"暴力、毒品交易、不必要的死亡",哈勒姆区一位15岁的非洲裔美国男孩说道。另外一位16岁非洲裔美国女孩受访者说:"我所住的街区那些昂贵的建筑是给白人居住的。"事实上，变革并非还在酝酿，而是已经在哈勒姆悄然发生。

95％的青少年受访者写下大量士绅化负面影响的内容，比如"房租上涨""白人入住"，其他人则写下积极的影响。一位居住在哈勒姆区的有非洲裔美国人和洪都拉斯人血统的17岁女孩说："哈勒姆正在发生的变化是好事，因为这带来了多样性，让人们在所居住的社区里不会被隔离和边缘化。"然而，这位姑娘也表示："这不公平（房租上涨），因为除非个人收入增加了，否则房租不应该上涨。这里大多数人的收入并没有增加，所以房租应该保持不变。"青少年学者项目组的青少年谈及哈勒姆区的购买力和变革所产生的"新事物"对他们切身生活的影响，他们对菲利普、哈里克、金和萨曼莎所表达的许多观点都产生了共鸣。尽管不住在哈勒姆区，但他们对社区的变化感同身受。一位居住在布鲁克林区的青少年写道："好的一面是，社区变得更漂亮，看起来更像郊区；不好的一面是，许多人从住处被赶出去，无家可归，他们不应该被如此对待。"

菲利普看到这份问卷时，注意到这句话："看起来更像郊区。"这份答卷令他困惑："谁想住在像郊区的地方啊？如果这样，应该去真正的郊区住。"菲利普有点激动，继续说道："哈勒姆是一个有自己特色的社区，不可替代，也不能被改造成一个完全不一样的地方。而人们正试图去改变哈勒姆。精美的咖啡馆、小熟食店和杂货店、康多公寓，但这并不是郊区。这就是我想对这份问卷的答卷人说的话。"菲利普说的这个人——这个说哈勒姆像郊区的布鲁克林区青少年——也写道："这是不公平的（房租上涨），因为有些人甚至支付不起现在的房租……所以一旦房租上涨，对他们来说，情况可能会更糟糕。"这段言论恰好印证了哈里克在一个视频采访里所说的话，租金增长确实"让人们处在一个不好的境地中"，"因为纽约的生活成本已经很高了，如果你还要供养一个家庭，你必须很努力才能维持生计。人们总是想要新的东西，但这个新事物才不会考虑这些。"

菲利普和哈里克参考了"阅读和反馈"（Fisher，2007）调查结果，得出结论。"他们更有发言权。这没错。"哈里克说道。菲利普说："我可能不完全同意他们的说法，例如像郊区，但也无妨。我们还是得聆听孩子们的心声。"青少年学者项目组的许多人同哈里克、菲利普一样有很强的正义感，他们并不害怕在写下"这些白种人都来抢占我们的位置"之后再补充一句"黑人在哈勒姆区受到了怎样的威胁"。他们也明白社会变化和经济变化之间的联系，正如一个来自布鲁克林区皇冠高地（Crown Heights）的有非洲裔美国人和加勒比人血统的17岁女孩所说的，"最近，新的管理模式的确改变了建筑，清理之后这些房屋变得更好了,并且我注意到东南亚血统的人少了,而白人却多了起来,这一切使得房租价格上涨了"。她对种族变迁的理解着重于新事物可能带来的文化多样性:"来自不同文化的人增加了并不会让我感到那么困扰,只要他们试图为社区增添一些东西,而不是带走什么。"

其他青少年也提到失落感,他们感觉到某些东西正在丧失。一名住在哈勒姆的拥有非洲裔美国人和美国印第安人血统的13岁女孩说:"目睹这一切变化的发生,我们无能为力,这实在让人很无奈,时代在改变。我感觉这个我熟知的哈勒姆正在慢慢消失,慢慢地被历史遗忘。""我会成为拥有哈勒姆历史记忆的最后一代吗?"她强调道。她的回答与一位来自布朗克斯区的13岁非洲裔美国人女孩的回答不谋而合,这位受访者以这样一句话语结束她的问卷:"这里经历的变革正把原住居民驱赶出去,这无疑是对哈勒姆历史的扼杀。"超过70%的青少年受访者持有同样的看法。

菲利普看完这些回答后提出一些建议,这些建议来自我们为应对士绅化而创作的文化素养叙事:为在哈勒姆长期居住却无法支付不断上涨的租金的居民争取持续稳定的租金;组织社区青少年和成年成员制定策略,并向社区住房委员会提出意见;给市长写信;制作一个以哈勒姆"文艺复兴时期、黑人领袖与社区现状"为主题的视频。在一次单独会面讨论中,哈里克建议让人们从自己的角度来谈论,将这些观点结合在一起才可以证明哈勒姆对许多人意义重大。他们针对调查结果所写的总结论文似乎受到L女士在哈勒姆高中高年级英语课上布置的多体裁文章的影响(见第二章),她主张文章应该是"多体裁、多声音、多视角"的,并且学生们应"全盘接受"。

确实,青少年十分认同她的主张。调查证实了城市士绅化对他们及其家庭成员的生活所造成的一系列令人生畏的影响。青少年强烈谴责种族搬迁——白人搬进来,黑人、拉丁美洲人和波多黎各人离开,他们面临着实际生活中的问题。他们感到不解,因为"种族和阶级问题,这个世界对他们并不友好"(Maurrasse,2006,p. 129);因为受到"即刻驱逐"通知的威胁,他们认为世界上没有自己的立足之地;他们努力工作想要结束这场永无止境的斗争,努力摆脱贫穷,为工薪阶层争取社会地位。考虑到这些问题,青少年试图通过写作和发表言论来表达个人观点,从而阻止社区的变化,这些观点如同所有观点一样,都是有争议的。

今天,青少年所关注的问题可以追溯到著名的非洲裔美国文学作家所讲述的内容。1948年,詹姆斯·鲍德温在《贫民区哈勒姆》(*Harlem Ghetto*)一书中写道,"哈勒姆看似风平浪静"(p.57),其实潜藏着复杂的社会问题。比如说,历史上,哈勒姆涌现出许多非洲籍和非洲裔美国籍作家,被普遍认为是一个衰败的城市。一直以来,哈勒姆被认为是(现在仍是)"黑人之都"。最近的数据统计显示,哈勒姆的失业率是纽约其他地区的两倍。2008年12月,纽约州劳工部统计显示,纽约的失业率是7.4%,而哈勒姆的失业率近14.8%。(http://www.labor.state.ny.us)这些青少年受访者意识到了这些复杂的关系,在某种程度上,他们在书写自己的观点时有意无意地提到了哈勒姆区的斗争以及鲍德温在书中讲述的内容。就像这些青少年一样,鲍德温也公开而诚实地描述了哈勒姆区的状况和所面临的困境:"现在整个哈勒姆区弥漫着一种苦涩的期待,就像我小时候期待冬天到来一样——冬天要来了,却很难熬,任何人对此都无能为力。"(p.57)尽管无能为力,这些青少年却满怀希望:通过接受(学校或社区提供的)高质量教育,他们或许能做些什么来避免社区士绅化的不利影响。

节拍

尚伯格黑人文化研究中心位于哈勒姆区的中心地带,是青年学者项目的赞助商之一。它离哈勒姆高中不远,周边环绕着历史建筑、著名的餐厅和繁忙的第125大街。这个社区里的青年学者项目同其他教育项目有着共同的目标:让青少年更加了解哈勒姆区和散居各地的非洲文化、社会、经济、政治、艺术和现实状况。当我分析比较青年学者项目和哈勒姆高中这两组调查问卷的回答时,青年学者项目的这种教育模式就体现出了它的优越性。总的来说,通过这两个小组的调查结果,斗争、地域、种族、历史、文化和经济承受能力等问题都浮现出来了。很显然,社区士绅化变革的影响始终是青少年关注的重点:青年学者项目组95%的青少年、哈勒姆高中组92%的青少年都在谈论士绅化所带来的负面影响。从他们的回答来看,两组青少年都逐渐意识到社区现在所面临的问题。

无论是在学校里,还是在教育培训项目中,青少年对历史文化的理解正在逐渐加深,能够更好地阐明自己的立场。他们所做的这些意义重大,展示了年轻人的批判能力,他们用所学到的历史、文化和地域知识去造福当地。在这个过程当中,他们在编排或创作,新的节拍——步骤、方式方法、看待世界的方式、生存之道、积极的回应——表达着他们对哈勒姆区士绅化的关注。在以社区为基地的教育项目当中,他们也在检验我们这些新的节拍。我认为学校和当地教育项目应该合作,一同制定课程、学习目标和教育活动,以使社区的历史和现状更好地融入学生的学习生活。因此,青少年创作新节拍的方式代表了在多种教育背景下他们的文化素养的交互影响。

哈勒姆高中组的调查结果与青年学者项目组的调查结果相近,但是就人种血统来说,哈勒姆高中的情况比较多样化(见表3-4)。在95名年龄为14岁至18岁(见表3-5)的受访者中,56人住在哈勒姆区(见表3-6),27人为非洲裔美国人,13人为多米尼加人,另有13人为拉丁裔或西班牙裔。表3-6显示了受访者居住地区的信息。一名住在布朗克斯区的15岁多种族混血男生写道,士绅化不仅涉及阶级,也关乎种族,但"人们害怕提及种族。我想是因为种族问题太过于敏感吧"。在回答"对哈勒姆和发生在这里的变化的感受"时,他写道:"哈勒姆很好,但是白人太多了。"他不是唯一一看到白人越来越多地涌入哈勒姆的人。

表3-4 受访者自我认同的种族群体(哈勒姆高中组)

种　　族	人　　数
非洲裔美国人	27
黑人和多米尼加人	4
多米尼加人	13
拉丁裔或西班牙裔	13
波多黎各人	3
黑人和波多黎各人	2
混血(黑人和白人)	1
海地人	2
牙买加人和中国人	1
危地马拉人	1
黑人和印地安人	1
西印度群岛人	1
多种族(未提供细节)	2
包含未识别信息	24

表3-5 受访者特征(哈勒姆高中组)

性 别	人 数	年 级	人 数	年 龄	人 数
女	46	9年级	28	14～15岁	27
男	25	10年级	0	16～18岁	41
不确定	24	11年级	13	不确定	27
		12年级	29		
		不确定	25		

表3-6 受访者居住地(哈勒姆高中组)

现居住地	人　数
哈勒姆区	56
曼哈顿区(非哈勒姆)	7
布鲁克林区	3
布朗克斯区	12
华盛顿高地	11
因伍德区	1
不确定	5

青年学者项目组的受访者集中关注房租上涨问题,而哈勒姆高中组的大部分受访者则关注他们并不喜欢的社区种族变化问题,抱怨哈勒姆"白人太多了"的青少年列出了他看到的士绅化的积极影响和消极影响:"积极影响:新的房屋,更多的白人,更多的商铺。消极影响:高房租,无处可住,新来的人根本不关心这个地方。"从这些描述中,可以看出这个青少年意识到这些新来的人要么会造福社区,要么会破坏社区一些原有的东西,而这取决于他们搬进来的动机和原因。他也看到这些新来的人们带来了新的商业机会和优越的居住环境,这是积极的影响。

他担心这些改善所带来的归属感和所有权问题:"我认为,哈勒姆区正在发生的一切是非常不公平的,因为并不是所有人都和这些新来的人一样能搬进来并有能力支付高额房租。我认为应该让在此住了一段时间的居民搬进新的房屋,把新来的人安置在腾出来的房屋里。"这个小伙子似乎被这场改革的积极方面"社区的建筑和环境正在重新修整"和消极方面"居民正被从他们的家中赶出去"撕裂开来。解决方法之一,如上文中这位受访者所说的,将新来的人安置在老房子里,原住居民搬进新房子里。当我把这个建议告诉哈里克时,他说:"这些新来的人搬进来,他们要么来帮忙,要么来搞破坏。他们可以试着去了解我们和我们的社区,也可以直接搬进来霸占这里,以主人自居。""如果他们根本不关心这里,这些新来的人可能会破坏这个社区的习俗、传统和现状。"

一名自称是"林肯计划"(the Lincoln Projects)居民的16岁姑娘也表达了相同的想法。她对哈勒姆区房租上涨表示非常失望:"房租就这么直接上涨了。而当下政府只想要钱,变得很自私,人们并不是很富裕,我不赞同房租上涨。单亲父母正在为了支付房租而拼命挣钱。但(房东、政府)只想要更多的钱。这些少数族裔怎样才能在养活家庭妻儿的同时应付上涨的房租呢?"菲利普看完这份问卷后对我说:"你知道她在说谁吧。还记得金和萨曼莎说的话吗?"在这里,菲利普指的是政府等同于白人的看法(见第二章),这是一个有争议的看法。调查报告详细阐述了她对房租上涨的反对意见:"这是不公平的……那些房子既不是豪宅也不是宫殿,却要支付每月近1 000美元的房租!! 既然这么贵,那这些新房子就应该更豪华或者更大,或者有更多的房间,更多的浴室、衣帽间,或者别的什么。拜托!或者给我们提供薪水更高的好工作。你们只考虑你们想要什么,但是你们考虑过我们想要什么吗?"菲利普摇摇头,表示同意,但又脱口而出:"与其提供昂贵的公寓,不如给我们提供高质量的工作机会。大家公平竞争。"

一位哈勒姆区的17岁波多黎各男生提出一种公平竞争的方法——运用获得知识的能力去捍卫社区,使其免受士绅化的毁灭性影响。他建议:"努力学习钻研,因为学到的知识将会成为拯救社区的有力武器。如果我们没有足够的论据,人们是不会听取我们的意见的。"哈勒姆高中组近51%的受访者提到了接受教育的必要性,他们认为接受教育是每个人的义务,同样也是社区义不容辞的责任。鉴于青少年常被大众媒体、流行文化,甚至一些"不全面"的学术研究描绘成对学习不感兴趣、不参与学习的人,他们提出这样的想法至关重要。对于我调查或采访过的这些接受过教育的青少年来说拥有更高层次的思维能力、自学能力,能辩证地看待书本知识和人,是他们日后挑战不公平的制度、机构和现实的基础。

一位住在曼哈顿区的16岁多米尼加女孩讲述了她上过的一堂关于社区变革的课。她描述道:"哈勒姆正在变得更新,甚至变得更多元化。但是我认为这场变革只是改变了它过去的面貌。历史课上讲过,社区总是在变化。哈勒姆迟早会有这样的一天,但是这些变化确实不太公平了。"她提到的这堂历史课是她在哈勒姆高中学到的,"我自己在课外阅读了一些书,这样我才能明白现在的状况。看,我们并不能从学校得到所有知识,我只是在业余时间匆匆一瞥"。对大多数青少年受访者来说,接受教育是公民的一项基本责任,尤其是在一个快速士绅化的社会中,他们不要求也不希望自己和家人在这场变革中蒙受影响。

上述看法即"但是我认为这场变革只是改变了它过去的面貌。历史课上讲过,社区总是在变化",不仅提出了关于教育(获取信息)的问题,还提出了正视社区变化的问题。她提到的"它过去的面貌"引导我去审视哈勒姆的新元素,同时我也在发掘社区调查论文的新主题。比如,"在过去",哈勒姆没有星巴克咖啡屋,现在,第125大街上就有一家,临近勒诺克斯大道。据无数在线新闻报道,去年哈勒姆区又新开了两家星巴克:一家位于第118大街和弗雷德里克·道格拉斯大道沿线,另一家位于第125大街,小亚当·克莱顿·鲍威尔大道附近。几年前,哈勒姆区街上还没有这些地标式的店铺,如老海军服装店(Old Navy)、美国哈勒姆购物中心、美体小铺(Body Shop)、爱柔仕鞋店(Aerosoles Shoe Store)、HMV音乐商店(现已倒闭)、魔术师约翰逊剧院(Magic Johnson Theatre),甚至没有盖普服装店(Gap)的广告牌。现在,这些店铺鳞次栉比。这些变化令不少青少年受访者感到困惑。住在布鲁克林区和哈勒姆区交界处的一位危地马拉16岁男孩对这些变化感到惊讶,他说:"突然之间,几乎一夜之间,这些商铺就出现在哈勒姆了。我记得以前有一家迪士尼商店,它关门歇业我并不感到意外。一家迪士尼商店,哈勒姆需要这样一家店铺吗?"

青少年感受到哈勒姆的变化。他们看到大街上商店关门歇业就知道"新的商业店铺要入驻了"。他们很快就意识到街上那些卖珠宝、熏香、贺卡、小说和杂志的小贩可能会成为遥远的回忆:"我们所熟知的哈勒姆正在慢慢消失。"由于新的分区法,也由于哥伦比亚大学要扩建,在圣尼古拉斯大道和西第125大街交汇处摆摊卖珠宝的那位高大、有名的非洲女士可能不再被允许继续摆摊了。受访者说:"当富人,我是说白人,搬进来的时候,我们的经营,你知道,我们对社区所做的一切,毫无疑问就被悄悄地抹去了。"事实上,哈勒姆的本地企业,尤其是哈勒姆曼哈顿维尔区的企业,在对士绅化和扩张抗议数年之后,可能最终还是会被取代。甚至,就连哈勒姆的当地遗产——弗雷德里克·道格拉斯大道的禾蔓书店和咖啡馆(Hueman Bookstore and Café),西第125大街的哈勒姆工作室博物馆等——可能会被大公司接管。或者,它们会被迫关停,像西第125大街的哈勒姆唱片棚(Harlem Record Shack)和西第125大街附近弗雷德里克·道格拉斯大道上的波比快乐音乐屋(Bobby's Happy House)一样。还有当地的教堂、教育提升项目和穿着礼拜天套装站在肥皂盒上的马尔克姆·爱克斯雕像,他宣扬"把权利、希望和爱传递给人民"的黑人民族主义。正如菲利普和哈里克、金和萨曼莎、戴蒙以及哈勒姆高中组和青年学者组的无数学生所说的:"我们知道,可能明天、下周、下个月这些我们平常看到的东西就会消失。又有谁知道呢?"(菲利普)他们这种担忧并不是毫无根据的,哈勒姆和美国其他一些主要城区都在发生这样的变化:关停老的社区企业,建造租金高昂、当地居民无法负担的公寓,将新居民迁入该地区。

青少年不会替那些他们觉得应该为士绅化带来的影响负责的人找借口,这些改变不仅影响了他们自己的生活,也影响了他们的家人和朋友的生活。他们的想法如下:

> 我妈妈似乎……对租金和钱倍感压力。(16岁的黑人拉丁裔受访者)
> 哥伦比亚学生开始入住哈勒姆。(16岁的非洲裔美国女孩)
> 迟早我们家会被赶出去。(17岁的多米尼加女孩)
> 高额房租……支付不起。(18岁的非洲裔美国男孩)
> 是有些改善,但受益者并不是我们。(18岁的非洲裔美国男孩)
> 人们会露宿街头吗?(17岁的波多黎各女孩)
> 哥伦比亚人正在驱赶我的邻居,好让他们自己住进来。(16岁的非洲裔美国女孩)
> 我们确实需要整合,但是代价又是什么呢?(15岁的拉丁裔)
> 我们住不起新的公寓。(17岁的非洲裔美国女孩)

走进学校,他们各自思考这些变化将如何影响他们在这里的生活。对一些人来说,这里是第二个家,对很多人来说,这里是安全港湾,但对其他人来说,这里充满冲突和监视。一名受访者写道:"士绅化可能夺走我们所有的东西。社区、教堂、学校,可能还有其他东西,我不知道。"爱丽丝·阿迪(Alice Attie)2003年出版了《处在边缘的哈勒姆区》(*Harlem on the Verge*),罗宾·D. G. 凯利(Robin D. G. Kelley)在对本书的介绍中问道:"那么,黑人工人阶级会继续留在哈勒姆吗?他们有过这样的经历吗?在读完所有关于哈勒姆的'赋权'和重生的言论后,有人可能会认为我们正在见证哈勒姆

黑人最伟大时刻的开始。"(p.16)

凯利(Kelley)认为,"一个抵抗消失的社区绽放出来的美丽与力量"来自"日常生活的琐碎记忆",这些记忆成为过去的缩影,也成为对抗"哈勒姆变革"的特殊力量。(pp.16-17)。我坚信,这些"城市记忆"中饱含着在哈勒姆区居住、上学、教书或旅行的青少年(和成年人)的鲜活经历。调查结果提醒我们,为实现民权、住房权利、教育公平以及公平对待美国和海外所有有色种族而进行的斗争并没有结束。对一些教育者(包括进步的白人自由主义者)来说,这可能是一个难以接受,甚至是痛苦的现实,因为这要求我们在与学生一起讨论种族、种族主义和斗争时,回应学生对不公平的社会现象所表达出来的挣扎和愤怒。如果不想接受痛苦的现实,也可以就此忽视这些每天进出我们教室的学生的观点。

青少年对社区士绅化影响的感受更加深刻。他们希望通过与市议会、立法会、住房委员会,甚至哥伦比亚大学扩建计划背后的领导人交谈、提问、合作这些方式来参与到变革决策过程当中。这样做可以为青少年与成年人探讨城市士绅化、重新定义社区以及人们可能流离失所等问题提供更全面的解决方法。这份调查让我意识到青少年也想说出自己的观点,他们要求社会提供更具体的理由,而不是"就是这样"这种敷衍的答复。另外,他们必须有机会去阅读、写作和回应社区变化。尤其当他们试图弥合学校、社区和政府措施之间的分歧,在这个民主社会中致力于寻找成为一名积极主动的公民的途径时,他们需要获取更多的相关知识。

在十字路口

> 我们或许不知道,
> 科里害怕上学,害怕去商店,害怕滑旱冰。
> 作为一个8岁的男孩,他太爱哭了。
> 但现在我们知道,其实别的男孩女孩每天也会哭泣。
> 他们哭泣是在向我们求助。
> 表明立场的时候到了。
> ——摘自哈勒姆儿童空间主席杰弗里·卡纳达1996年出版的《表明立场》(*Take a Stand*)

每天，老师和研究人员辛勤教育青少年去阅读、写作、探究和认知，希望有一天他们会成为学校的领导者，最终成为社区的领导者。青少年需要提升多方面的能力，包括培养责任感和归属感，正确对待梦想与现实之间的差距，提升表达能力和与他人互动交流的能力，思考性与性别，树立自己的信仰和价值观。我相信，其他研究人员也相信，如果我们真正参与到合作、互惠的教学中，重视他们从社区带到学校的知识和生活体验，就能更好地与青少年合作。合作、互惠的教育意味着引导学生完成自己与自己、自己与书本、自己与世界的对话。更重要的是，这将引导学生客观、批判地看待文学、时事、本地和全球的社区问题，以及同伴的观点，这有助于培养他们的批判性思维能力（例如民主参与）。

我希望青少年能够自由地阅读，自主地思考，同时希望他们能不受外界干扰。我想说的是，应该鼓励学生去探索不同意见和不同立场的出发点，参与辩论，学会深入阅读，学会理解多个视角、立场和观点，学会理解对立的观点和意识形态，在他们与学校和更广大的世界的对话中重新定位自己，帮助他们形成自己独特的观点，或者帮助他们明白他们确实可以拥有自己的意见。首先，教师要学会聆听学生讲话。然后，他们可以就哈里克的主张进行辩论。哈里克认为："这些新来的人搬进来，他们可以来帮忙，或者搞破坏。他们可以试着去了解我们和我们的社区，或者直接搬进来霸占这里，以主人自居。"鼓励学生采取批判性的方法，同时可以增加文化素养经历，让他们对以下行为公开质疑："搬进来"[参见查尔顿-特鲁希略(Charlton-Trujillo)的小说《感觉像家》(*Feels Like Home*)]，"来帮忙，或者搞破坏"[参见弗莱施曼(Fleischman)的小说《突破》(*Breakout*)]，"了解我们和我们的社区"[参见内勒(Naylor)的《布鲁斯特广场的女人们》(*The Women of Brewster Place*)，赫斯顿(Hurston)的《凝望上帝》(*Their Eyes Were Watching God*)]，"直接搬进来霸占这里，以主人自居"[参见埃利森(Ellison)的《看不见的人》(*Invisible Man*)，赖特(Wright)的《黑人男孩》(*Black Boy*)]。正如菲茨杰拉德(Fitzgeralds)的经典小说《了不起的盖茨比》(*The Great Gatsby*)所呈现的那样，哈里克的情感可以与斗争、地域和直面过往这些主题结合起来。这种对比可以提供一种看问题的方式，即至少从两个不同的角度去研究美国梦的含义和局外人-局内人的立场：一个住在哈勒姆附近的非洲裔美国人青少年和一个围绕纽约生活的方方面面进行写作的白人男性作家。这也是一种研究方法。通过如下方式，教育工作者可以让学生参与制定学校资助的学习项目的要求、标准和创新方式：一方面，推动学生批判性地思考课本—自我—世界的关联；另一方面，推动学生严谨地思考斗争、改变和归属感这些问题。我坚信，在我们合作研究学生如何界定学习，跨越社会政治背景理解自我、课本和世界的多重建构时，这种方法将大有助益。

当青少年研究社区的各个方面时，无论是沃尔特·惠特曼和兰斯顿·休斯作品中的地域主题，还是威廉·莎士比亚（William Shakespeare）和托妮·莫里森作品中的相关语言艺术，我们都可以鼓励他们从以下几个方面入手：

1. 在课堂上通过批判性阅读和写作去记录、讨论、辩论他们对时事政治的态度。作为老师和调查者，我们可以调查收集学生对课程选择、阅读材料、讨论和论文作业的感受和理解。这个过程可以延续整个授课过程，课程开始或者结束时，或者在给他们打分时都可以进行。

2. 教育者可以与我们合作，布置相关作业。这些作业有助于调查学校、社区甚至家庭中其他人对时事政治、文学争论、流行文化中的问题的看法。在我们的课堂上，学生们的文化素养作品就在探讨流行文化中的问题。这种调查可以采取多种形式，如问卷调查、口头采访、视频录像。

3. 记录家庭成员、朋友、邻居和社区领袖口述历史。学生们可以学习不同的采访技巧，练习录制他们收集到的资料，从他们参与的定性调查中创建写作论点。实际上，学生将成为文化素养学习者和灵魂歌手，就像金、萨曼莎、菲利普和哈里克那样。

在十字路口观察青少年对士绅化的反应，给我上了宝贵的一课，我将在后面的章节中进一步描述。这意味着，我要聆听多样化的观点，即使这些观点和我的观点不同；给青少年提供机会，使他们成为批判性的实干家；扩展我自己对文化素养的理解，把文化素养看作无处不在的行为、实践和事件——在学校、社区、提升文化素养的项目中以及许多其他蕴含知识的地方。这项调查也表明，一旦获得机会，这些青少年能够把对外界事物的看法运用到课堂上。显然，文化素养包括阅读、写作和表演，也包括倾听、质疑、批评权威，以及当我们在教室里、在更广大的世界里从事有意义的活动时，努力克服先入为主的观念。如果能做到这些，那么即使我们置身于十字路口，如学校、不断变化的社区、本地的教育项目、新事物、旧事物，也能秉持批判的态度，"时而大声争论，时而安静地独自思考"（Fecho，2004，p.157）。

反 馈

在士绅化社区中教学

高中英语教师拉托亚·哈德曼撰稿

  自我教学以来,我在专业发展课程和研究生课程中一直听到关于跨课程或跨学科教学的"嗡嗡"讨论声。这是每一名教师所面临的挑战,因为我们经常要将其他学科与我们的学科联系起来。除此之外,我们还提倡将教学带出教室,这一点在管理人员对教师的评价中很明显,比如:"把你的教学与实际联系起来。""让课程变得有趣。""如果学生没来上课,这大部分是你的过错,你的课让学生觉得无聊。"作为一名老师,我想说我不得不成为一名表演者。不然,我怎么与先进技术、聚友网(MySpace)和其他吸引青少年注意力的娱乐模式竞争呢?我必须承认,作为一名英语教师,我很容易就能把我的教学内容和课堂经验融合到一起。我也钻研其他学科,因为它们有助于英语学习。然而,"表演者"这一角色我实在无法掌握。慢慢地,我明白了其实不必了解怎样操作游戏机,注册聚友网,或者听各种各样的音乐以迎合学生们的口味。这样做并不会让我成为一名"更好的"老师。相反,我试着让我的教学与学生的现实生活产生共鸣。他们的实际生活让我们对课本的理解更加深入,并且帮助我更好地理解自己。即使这种联系不易察觉,很微妙,我也仍然坚持要求学生将课本知识与现实生活联系起来。

  这听起来虽然简单,做起来却不容易。因为对我来说,这是一个全新的领域,这是我首次尝试这种方法。在搬到哈勒姆之前,我从未真正考虑过士绅化。我是在德克萨斯州休斯顿郊区长大的,那里的新建筑是从空地拔地而起,而不是拆除适合居住的建筑重建而成,也没有因此迁出当地居民。我很难把课堂内容和一个我还不理解并且不熟悉的当地社会联系起来。最终,我想通了我在这个新环境中的角色。当我明白肩上的重任后,我在想:我自己才开始思考社会变革,怎么去教这些在士绅化社区中长大的学生呢?所以我决定,在我的课堂上,学生可以随时发表不同的看法和建议。我鼓励学生对照所学的知识和我邀请到课堂上的嘉宾讲座来不断审视自己的观点和经验。通过这种方式来学习,希望我的学生和我在质疑那些我们或许适应、或许不适应的方式的同时,能够增进对本地社区的了解。

我必须承认,光是应对学术政策和程序就已经很难了,更别提从头开始创建新的课程教学法的压力。我本以为把社区的现实状况带到教学课堂上需要花很长时间,然而,短短几周后,我便体会到本地社区作为地域的价值和其中蕴含的文化素养的价值。士绅化教会我的学生许多道理,比如"旧"相当于"不好","新"相当于"好"。一些学生开始认为被替换淘汰意味着旧事物的价值比不上新事物。尽管他们没有意识到这些讹传会导致他们对自我形象的负面评价。在学生们参与讨论士绅化、拥有价值、认识旧事物与新事物时,我要帮助他们认识到自己的感受。

这样的教育旅程给我的学生们带来许多崭新的体验。学生们第一次与"其他"族裔血统的美国人面对面讨论问题。我在哈勒姆教学的整个阶段,课堂上从未出现过白人学生。正如我在硕士论文中所描述的,在我任教的哈勒姆高中,学生群体主要由两种人组成——黑人或非洲裔美国人(约54%)和拉丁裔(约45%),还有一小部分白人(2%)和亚裔(1%)。我的大部分学生认识的白人就是他们的老师,即使白人老师的数量也是非常有限。他们对"其他"族裔的理解仅限于白人掌控着权力和财富。尽管有些学生一个白人也不认识,但他们目睹越来越多的白人搬进哈勒姆,住在"焕然一新"的公寓里。他们开始质疑自己和白人邻居之间的贫富差距。

当然,他们也会慢慢地接触"其他"学生。在一所76%以上的学生有资格享受免费或打折午餐的学校里,这个"其他"就是富裕的美国人。学生们看到了花费数百万美元建成的新公寓,看到被赶出去流落街头的原住居民,也看到有人由于经济压力而不得不与另外7个人合租一套两居室公寓。他们意识到学校里的资源是有限的。学生们注意到了经济差距,并且第一次在课堂上公开质疑这种贫富差距。

士绅化的现实好像放大了学生们对流离失所的恐惧。这种恐惧并不令人意外。令我感到意外的一点是，这些学生虽然住在美国的"核心地带"，但其中许多人没有走出过第106大街。社区外面的博物馆、剧院和公园都是禁止入内的。也许这些地方让他们感到不舒服，或者他们只是害怕外面的世界，或者我的学生觉得他们并不属于其他地方。那些有可能被赶出去但在其他地方找不到归属感的学生怎么办呢？哪里会接纳他们呢？在制订教学计划时，我总会思考这些问题。尽管他们有可能被所在的社区驱赶出去，或者处在没有归属感的更大的社会环境当中，但是我想通过各种教学方法和广泛阅读帮助学生们适应和生存。我想让学生们能够看清楚周围正在发生的一切，这样他们就不会对推土机的声音和废墟的景象漠不关心。我想让他们对这个世界、对自己所处的位置提出质疑。

为了达成这样的目的，我把教学内容和纽约现状联系在一起。像《阿萨塔自传》(*Assata: An Autobiography*)这样的小说和班巴拉(Bambara)的《这一课》("The Lesson")这样的短篇小说，让我的学生们看到了不一样的哈勒姆。同时，这些作品鼓励他们就社区的变化与不同方面提出问题。我还邀请社区的居民到课堂上来，围绕我们的阅读展开讨论，在加强教学效果的同时给他们提供新的视角。将社区问题带到课堂上，有助于增强学生的自信心。那些很少发言的学生也积极寻找发言的机会，表达自己的想法。

认识到不断变化的社区也是他们自身的一部分，学生们开始去接受他们的文化、身份和文化素养实践。当我回想起学生们那口齿清晰、思维敏捷、"授课"般的声音，回想起他们的面孔时，我意识到，我把外部世界带入课堂所做的努力，是我能给学生们提供的最有价值的工具。他们学到的不仅仅是英语这门课程。在认识到自己是社会中一分子，从而形成公民意识的同时，他们也在对变化中的社区提出质疑。

第四章

复调歌唱：文化素养、
种族和地域白人化

每当我翻阅以前收集的资料,回想起我和菲利普、哈里克以及他们的同学,还有L女士的那些正式与非正式的谈话,脑海中浮现出像哈勒姆这样具有重要历史意义的社区时,我就会想起菲利普关于士绅化的激动情绪。你总是能感受到他浑身充满这样的激情,这种激情为我和哈里克提供了很多力量。我确定那时的菲利普并不觉得自己对于社区的激情和兴趣会转化为实际行动。而一段时间之后,他自然明白了在某件事上采取实际行动所需要涉及的方方面面,以及青少年如何在他们生活的当地及全球社区中成为活动家。在纽约的一个夏天,他在向我的一群教师教育研究生发表演讲时坦言:"我认为……或许我就是个活动家。或许?"他一直在与心中想要讲述他与哈勒姆的故事的念头斗争着。

一切恍如昨日:菲利普正在谈论通过文化素养(例如写作能力、多种模式的交流能力)去"讲述我的故事,因为我们青少年需要发出自己的声音"。他总是在表达自己的观点,在各种地方,每时每刻,甚至在他和我讨论社区变革的目的时——"谁又会从士绅化受益呢?"(菲利普对哈里克和瓦莱丽提问)——以及积极发声的必要性时——"如果你自己都不表明立场,你能指望其他人怎么办呢?即便他们表明了立场,他们的观点会如你所愿吗?把自己的观点清楚明白地说出来就行了。"(瓦莱丽对菲利普说)不同的立场观点反映了我们各自不同的生活经历。地方政府和政治团体总是未经调查询问便在社区内推进变革,而菲利普早已习以为常。曾经的我则完全不同,如果政府和政治团体推动的变革对社区内的文化习惯以及常住居民的生活产生负面影响,我便会表示抗拒并提出反对的意见。我曾给公职官员们写信、打电话威胁他们,甚至在公共场合对某个自己认为不公平的行为表达不满。我认识到自己的这种行为根源于一系列涉及多元文化的生活经历,而菲利普的行为则由于他来自特殊的非洲裔美国人社区并深受其影响。这些差异,菲利普与哈里克的交流,以及我和他们之间充满交锋的对话使这一章聚焦种族和地域白人化这个话题。

在我们后续的一个采访环节中,菲利普说:"这次要讲谁的(有关典型的哈勒姆)故事?我时常遇到这样的提问:这个黑人社区是如何从它以前的样子变成现在的样子的?黑人住户是如何被逼到边缘区域,然后又从边缘区域被彻底赶出哈勒姆。谁来为士绅化埋单?谁又能说'只要你多派警察维持治安,把街区清扫干净,我就愿意毫不迟疑地支付高额房租?啊,还得配上更好的杂货店和饭馆'。反正我的家人可不敢说这种话,我朋友的家人也不敢。而我们已经在这里居住了很长时间。我把这样的变化过程称为街区的白人化。"菲利普的坦率直言涵盖了许多他和哈里克在社区中、在我们的各类采访和讨论环节中涉及的主要话题,特别是有关种族的话题(白人化=黑人地域内的白人和白人特权,黑人化=黑人和黑人文化在黑人历史地域内的生活和变化)。对哈里克和菲利普而言,白人化意味着传统观念中的黑人和少数族裔社区中出现越来越多的白人和白人特权。他们可没有把哈勒姆跟美洲印第安人或荷兰移民联系起来。对他们而言,哈勒姆是一个包含黑人文化组织、商业、家庭以及黑人文化传统的具有历史意义黑人社区,从某种角度来说,哈勒姆还为经济社会群体中的黑人化做出了贡献。

谈论区域内不断涌现的白人居民对探讨士绅化又意味着什么呢?当老师和研究者在他们的工作中探寻各种来自青少年的,与区域、种族和归属感有关的观点时,菲利普的故事又能带给他们哪些启示?为了弄清楚这些问题,本章讲述了菲利普如何记录下哈勒姆城区的士绅化过程,并对区域内不断涌现的白人群体进行批判,进而提出哈勒姆应当成为黑人文化事件的教育基地。然后本章从两个完全不同的信息源建立了两条平行叙事线:菲利普的故事和贾丝明的故事。2004年我在德克萨斯州的埃杰皮特(Egypt)农村社区夏季写作课程中认识了6年级的非洲裔美国女孩贾丝明。菲利普和贾丝明讨论了社区的文化素养经历,将话题引入更加细节化的探讨,即居住在哈勒姆的本地居民、早期白人专家学者进行访谈所记录的白人化主题。通过这些讨论,我以凸显青少年的故事的方式对种族、区域和身份认定进行了新的探讨。

我依然记得菲利普和哈里克站在繁忙喧闹的哈勒姆街角,一边和我讨论士绅化,一边用摄像机记录哈勒姆的故事,偶尔问我:"你看到了吗?这些我们以前从没见过的新面孔,还有所有这些变化。你知道哈勒姆就要大变样了,对吧?"确实,哈勒姆的确"大变样了",就和其他社区一样——无论是城区还是乡村——都在发生巨大的变化。在这些变化之中,有必要记录下不同人群的不同观点,包括白人居民和黑人青少年的观点。

在美国的无数个城市中——包括芝加哥、克利夫兰、底特律、休斯顿、纽约和旧金山——城市社区的士绅化冲突随处可见,正如费里曼(2006)所描述的,"我们的街区就这样消亡了",菲利普所称的"白人化"不断涌现。有关废弃、衰退、贫穷和冲突的新画面在城市生活的巨大图景中快速闪现,而且充满成见。这样的画面通常将以下这些词搭配在一起:衰退与新建,崩溃与士绅化,通过提高或确保"城市"和"中心城市"的安全实现堡垒化(即便这些区域已经很安全了)。这些画面描述的城市社区的生存情况充满矛盾,因为它们忽视了当地居民所讲述的社区故事。它们也高估了当地居民对权利与政治、机遇与机会之间关系的了解,以及社区居民,特别是青少年需要每天被迫面对在空间、种族和文化上存在的巨大差异,而在以前,他们无须面对这一切(详见哈德曼的反馈)。

根据L女士的说法,这些画面"把这些地方描绘得充满了负面情绪,而本地居民对自己社区的感情早就无迹可寻了。看看哈勒姆吧!哈勒姆又有什么错呢?为什么那些从未踏足这里人以一副曾经来过的态度谈论哈勒姆呢?"作为教师和哈勒姆区曾经的居民,L女士的观点挑战了将哈勒姆和其他很多城市社区视为不安全、危险和充满犯罪的看法。采用反叙事方法,L女士将哈勒姆区描述为积极的、文化丰富的和充满参与感的社区。通过这样的方式,她和她的学生们即可理解,对流行文化中时常展示的、有关城市地区的负面形象,社区本身的故事(例如真实事件、回忆、生活经历、文化事件)就是最好的回应。

城市社区的有些故事比其他故事传播得更为广泛,也更受欢迎。这对城市青少年有什么影响?当居民以有色种族为主的城市社区开始士绅化的时候,种族言论(例如"黑人社区""西班牙裔哈勒姆""街区白人化")和权力分配(例如中产阶层和富人同穷人和工薪阶层,最近被取代的常住居民,新的商铺)就出现了。这会对校内和校外的青少年的生活产生影响,对他们在家庭社区内对认同感、主人翁意识、归属感及熟悉感与疏离感之间的对比产生影响。以下的对话可以作为例子加以说明:

菲利普:即便人们不希望我们了解这一点,但你们都已经知道了,士绅化会带来居民的迁移。

瓦莱丽:这些"人们"指谁?

哈里克:政府(菲利普和哈里克都笑了起来)。我认为企业会为我们做决定的(笑声更大了)。他们可不像我们!

菲利普:那我们会去哪里呢?还记得你说的关于那些居民后来去处的话吗?

瓦莱丽:他指你在视频里说的话。你还记得吗,哈里克?

哈里克:我那时说,人们将不得不离开哈勒姆和上西区,搬到布朗克斯区、皇后区、华盛顿高地、因伍德区(纽约行政区和曼哈顿区),或许搬到还要往南的地方(例如美国南部)。我知道有些人已经搬到那里去了。

菲利普:为什么他们不看看我们的处境?我是说那些管事的人。这是另一条把我们留在我们自己社区的途径吗?你不能把我们留在我们自己的社区中,我们经历了太多才明白这一点。

哈里克:我们经历太多这样的事了。看看历史吧,充满了这样的磨难。正是这些磨难让我们变得更加坚强。

菲利普:那我们应该怎么办?人们想把哈勒姆士绅化,他们才不在乎这里是我们的家。我们又知道什么呢?我们中的许多人在这里住了一辈子,现在你告诉我有些人要出手把我们的家园夺走?我们的房子、我们的街区、公园,甚至学校!这是我们的家,我们就属于这里。

哈里克:我们属于这里,我们对自己的身份认知也在这里。就因为士绅化,他们就想要夺走这一切。这确实有可能发生。

我们在之前的章节中讨论过,菲利普和哈里克了解哈勒姆正在发生的变化,也知道这些变化最终可能导致的结果:房租攀升,本地商铺关闭,产业置换。当我提出因为经济影响、人口变化和土地发展,所有的社区都在发生变化,哈勒姆是唯一可以作为例证的士绅化区域时,他们立马反驳:"你是从南边来的,对吧?"(哈里克)"到处都在发生变化,但是那些为我们带来改变的人真的会在来之前考虑如何照顾住在这里的居民吗?我认为他们可没这样考虑过。"(菲利普)哈勒姆的菲利普、德克萨斯州埃杰皮特的贾丝明所经历的,哈里克在采访环节中慷慨激昂讲述的内容都展现了"社区原貌与降临社区的巨大改变之间的巨大冲突"。就纽约和德克萨斯州的社区进行交流之后,我们回到本书的核心议题:青少年的生活经历中所包含的讲述地域、斗争以及身份认同的方式已经不再是如今学生在学校开展的文化素养课程的一部分。

用菲利普的话来说,讲述这些故事是为了"弄清楚我们通过什么方式才能让人们明白，关于我们的社区以及社区发生的变化，我们有话要说。但是没人问问我们的想法，就像我们不存在似的。"菲利普想让人们知道青少年的声音也有被倾听的价值。他们的故事没有在关于士绅化的争论中得以展示，在"学校"中也经常被忽视，"因为作为学生，我们仅仅是坐在那里听老师讲课，不能说出自己的感受。我们没办法讨论那些正发生在我们世界中的事情。这是同一件事。就像是你（瓦莱丽）用的那个字眼：'表演'。这就是一场表演。作为学生，我们没法按照自己的意愿去表演"。通过我们的共同努力，在哈勒姆和埃杰皮特的青少年受到鼓励以他们想用的方式对他们的社区进行文化叙事表演，其中就包括就种族和地域对个体身份认同发展的影响进行批判性的讨论。对菲利普而言，这就意味着探讨"哈勒姆的居民是如何从黑人变成白人的，哈勒姆如何从具有文化氛围的黑人社区变成士绅化的地方"。菲利普参与了对哈勒姆的定点观察，努力摆脱对他的社区的刻板印象，他以这样的方式记录着社区的变化。他回想起旧的哈勒姆，就站在新哈勒姆的对面，并就地域和身份认同进行了叙事表演。有人可能会说菲利普其实没有表演什么内容，但是我认为，他的质疑、观察、肢体语言和语言表述都是表演，都在帮助他讲述一个有关哈勒姆的权力与政治的故事。因此，青少年对社区展开的文化叙事，通过摄影、绘图（设计海报尺寸的地图，对哈勒姆的地理边界和地点进行展示）和写作等方式，对士绅化做出回应，并讲述他们如何书写对地域的认同和对自身的认同。

"你得弄清楚，当我说白人化的时候是什么意思"：菲利普和他的哈勒姆

菲利普在谈论他对哈勒姆的理解时称："人们从未见识过黑人生活的圣城麦加，但哈勒姆已经被士绅化和白人化所改变。"在这次讨论中，他将哈勒姆描述为"富裕白人们曾经居住过"但最终变成"来自各地的黑人聚居并创造新生活的社区。现在，他们（白人）想要夺回哈勒姆"。在我的办公室里，他一边踱步，一边这样讲述着他的哈勒姆。我问他："那么，你所说的白人化是什么意思？"他停住说到一半的句子，脸上的一丝傻笑不见了。他的声音变得更加激烈，似乎我的问题让他变得不安、烦闷。

菲利普打开办公室的门，看看外面是否有人，然后回过头看着我说："你知道我是什么意思。他们希望哈勒姆其他的地方看上去和（哥伦比亚）大学一个模样。就跟你周围的人和事物一样，不再有任何黑人，甚至拉丁裔和其他少数族裔存在的痕迹。他

们认为这所大学已经不属于哈勒姆了。"他继续说道:"第一步就是:给大学所在的社区换个名字,跟原名完全不同。天哪,那可就是,真正的白人化呀。事实上,一点儿也不假。"

对菲利普而言,紧随白人化而来的就是白人特权(McIntosh,1988)。在他的其他谈话和日记中,菲利普纵谈白人特权是如何从"当地的公立学校延伸到有色种族的社区中"的,却绝口不提"白人"一词。他的评论与哈勒姆高中的白人教师沃克先生在他的教师访谈中关于士绅化、白人群体和阶级问题的观点相互呼应(见第六章)。为了强调他在哈勒姆作为一个白人男性所面对的挑战,沃克先生表达了居住在这样一个处于士绅化的社区中的矛盾感受:"做这个决定对我来说很困难,但是我能怎么办呢?是的,在这里我被视为一个外人。"当再次谈到与他的白人特权相关的观点"给大学所在的社区换个名字,跟原名完全不同"时,菲利普的讲述描绘了一幅色调阴冷的画面,其中充满了人们对城市生活和城市环境的偏见认知:

> 看,这就是白人特权。当我们讨论像哈勒姆这样的城市社区时,你不是也认为哈勒姆是肮脏的、危险的、充满犯罪行为,住着很多罪犯,那儿的黑人都很穷,只能靠着社会救济过日子,人们不关心他们居住的环境,学校也关闭了吗?这样的画面总是在新闻中出现,人们会因此认为:"哈勒姆是个危险的地方。我不能去哈勒姆,那里就像一片丛林。"事实不是这样的。事实与这样的描述几乎完全相反。我们一直爱着我们的街区。只要在哈勒姆的街上走一走,或者去一家文化中心转一转,和住在这里的人们聊一聊,你就能明白这一点。因为有很多人想着这些负面的事物,他们认为我们需要"他们"来"清理"一下……来士绅化"我们的"社区。确实如此。(菲利普强调道)

在和我们交流的过程中,菲利普学会了将与"城市"相关的概念和假设进行批判性理论化,而他对白人群体和白人特权的认识不断增长,这成为他进行社区文化叙事的核心元素。他对社区的定义,对城市社区观念冲突的了解,以及对文化素养的运用,有助于他提出一套有关地域的理论,用以改变人们对哈勒姆的负面印象。正如我在第二章所描述的,他开始公开质疑:白人特权是否潜藏在士绅化和经济力量背后的主导,特别是在哈勒姆这个地方。当菲利普问金和萨曼莎,小区中住在崭新的昂贵住宅——

按照萨曼莎的话来说就是"很多本地人付不起房租"——的白人居民的存在,是否可以用白人特权来解释时,他在尝试着将空间变化的特殊原因(例如种族、经济)进行理论化概括。菲利普试图批判特权的意义,并将其纳入文化叙事中。

为了达成这一目的,他或明确或含蓄地对一些词汇做出解释,例如权限,得到他们想要的一切,更多的机会,特定的权力和金钱。他随之提出疑问:"那么你认为这和白人特权有关系吗?"他对特权范围和限制的理论逐渐成形,但对许多城市居民——在这个案例中,即对哈勒姆的有色种族——而言,仍旧显得偏颇且不完整。对文化素养教育和教育者而言,这种由青少年提出的有关地域的理论弥足珍贵,因为这些理论展示了社会与政治力量的重大交锋,而这样的交锋对青少年重新规划自己的人生和文化素养有重要影响。这些理论同时说明,青少年同样有复杂的想法和思路,只是在教室里他们的思路常常处于休眠状态,因此,他们得以适应社会,与他人和谐相处。在进行理论化概括的背后,菲利普同样指出并质疑某些人一直对哈勒姆的空间及种族问题怀有各种成见,这些成见包括哈勒姆是"肮脏的""危险的"以及哈勒姆就像"一片丛林"。

我认为,对教育者和研究者而言,鼓励学生将与权限和归属感直接关联的地域和种族观念进行理论化概括非常重要。菲利普固执地认为白人化是士绅化背后的驱动因素,关于这个问题,我在与他争辩不休(而且我总是处于一种难以抉择的状态)的同时,接受了他对空间(城市)刻板印象的批评,也接受了他有关种族与地域之间存在关联的批评,从历史观点来看,这种关联在这个种族主义的世界中塑造了黑人的文化实践、自我认知和归属感。确实,哈勒姆变得越来越白人化。但是同时,它也变成一个黑人中产"士绅"的聚集地(参见 Taylor,2002)。通过这两种方式,哈勒姆的持续性士绅化将会受到种族(比如白人化和黑人化)和阶级的影响。而这也会影响到那些抗拒空间变化的穷人和工薪阶层长期居民以及对哈勒姆的负面描述。

为了支持菲利普的批判性思维,我让他对现有的哈勒姆是"危险的""充满犯罪行为""住着很多罪犯"以及"学校被封锁"的成见进行剖析(例如,这些成见是从何而来?它们是如何侵害黑人的身份认同和自我认知?你所说的"几乎完全相反"到底是什么意思?)。我还让他进一步解释话语中提及的"他们/人们""我们/我们的"中白人化的明确含义:

菲利普:你现在该明白我的意思了。你知道我一直都是毫无保留,实话实说,瓦莱丽。而且我看到的周围发生的一切也非常简单：他们来了，企图通过使用特权占有他们想要的东西。看清楚这一点有什么难的？

瓦莱丽：再问一次，你刚刚所说的"他们"到底是谁？看起来你在描述"他们"时感到不太舒服。他们想要占有的东西是什么？

菲利普：我的哈勒姆，你的哈勒姆，你知道的，他们想要占有黑人的哈勒姆。我说的"他们"就是白人，但你已经知道了。我不仅仅指白人，而且就像我说过的，指白人特权。我很幸运，在哈勒姆生活了这么多年，而且我习惯了这里的一切。但是现在他们想把这个士绅化，把那个也士绅化，而我只能袖手旁观，这是我的家。我可能只是个青少年，但对于这里我是拥有权利的，而且我的权利比他们的权利更加根深蒂固。

瓦莱丽：为什么这么说？为什么你的权利更加根深蒂固？

菲利普：你知道的，从我记事起，就没见过这么多白人在街上走来走去，还搬进了这个街区。而且当我和街区的人们聊起这事的时候，他们可都是在这里住了一辈子的人，我们都不知道这是怎么了。没人和我们交谈，他们（白人）只是路过。然后在你弄明白之前，这些新居民又带来了新的商铺——老海军服装店、爱柔仕鞋店、街角咖啡馆。这可不是我的哈勒姆。我的哈勒姆是黑人在街上行走，阿波罗剧院的票很便宜，黑人买得起票，可以去看一场演出，街区里的人也都互相关照。我的权利虽然根深蒂固，但随着士绅化的到来，我的权利却消失了。这事儿挺复杂。

菲利普不仅关注哈勒姆的空间变化，例如"新的居民""新的商铺""街角咖啡馆"，还在不经意间表述了一个有关归属感的故事。他宣称"我的权利根深蒂固"，而这些权利正受到随士绅化而来的白人面孔的威胁，就在"他们只是路过"的时候。他的故事存在于一个用语言抵抗的框架内，这个语言框架鼓励他向我这个来自南方但也曾经属于他的哈勒姆的非洲裔美国人讲述和展示哈勒姆，"我的哈勒姆，你的哈勒姆，你知道的"。对菲利普而言，这个哈勒姆是黑人的哈勒姆，是当代一个普遍存在的、具有历史意义的黑人区域，它展示了黑人的斗争、归属感、努力、公民参与情况并成为黑人的"故乡"（参见 Hooks,1990）。这强化了他的观点，即士绅化严重影响了种族人口分布和文化传统。关于城市居民的故事即为反抗的征兆，海姆斯（Haymes）和其他批判性理论家多有论述，菲利普充满激情的姿态从多个方面佐证了他们的观点。通过援引批判地理学和多元文化主义的理论，海姆斯(1995)认为城市居民应当分享他们争夺空间的故事，从而开创一个"教学场所"来检验城市、文化、白人群体以及世界的意义。

根据海姆斯的观点，"因为内城的黑人居住在白人种族优越者控制区域和特权空间的边缘位置，他们别无选择，只能将自己居住在边缘位置的街区转化为文化反抗的阵地"(p.113)。这种挣扎和抗争可能采取多种方式，如行动主义的形式，"故乡的构建"(参见 Haymes,1995,p.113；Hooks,1990)，抵抗主流标准重新界定身份认同、社区和权力。菲利普参与了名为"世界的阅读"项目(Freire,1998；Freire & Macedo,1987)，他通过写作和运用自己的文化素养，努力在社区的变化中寻找意义。即便提到"白人"这个字眼的时候他感到不太舒服——这种不适同样证明沉默也意味着反抗——虽然"没人和我们交谈"，但菲利普明白白人(话语中的"他们")出现了。在那之后，他做了海姆斯所提倡的：通过他的"边缘区域"叙事抵抗白人控制和特权(p.113)。这样的反叙事包括改变城市社区被描述为"丛林"的负面形象的反叙事，以及对社区当下的状况(如"没人和我们交谈"以及"街角咖啡馆")和以前的状况(如人人互相关照)进行记录。就如同菲利普所指出的，他的行为是由士绅化所引发的一系列高度复杂关系的结果。这些高度复杂的关系将"我们"和"他们"对立起来，将"白人"和"黑人"对立起来，将"新的"和"旧的"对立起来。

菲利普的故事是一个例证，说明了他在面对哈勒姆的社会和政治条件时是如何作为、如何思考以及如何被挑战的。这些社会和政治条件包括全新的、光彩夺目的阿波罗剧院，新公寓，翻新的房子以及昂贵的褐色砂石建筑，还包括新出现的警察身影。他对这些条件的认知回应了弗赖雷(Freire,1970/1997)的观点："处于'某种环境'中的人会发现他们植根于暂时存在的空间环境中，而人和所处的环境会互相标记。"(p.90)在标记完成后，弗赖雷陈述道："他们常常反思自己的'情境性'，只要他们受到挑战就采取行动。人类是由其所在的环境塑造的。他们不只是批判性地反思他们的存在，而且批判性地采取行动，这样才使他们感觉自己越来越像人类。"(p.90)，对菲利普、哈里克、萨曼莎、金、戴蒙、L女士以及其他在哈勒姆高中任教的老师而言，我们都渴望接受弗赖雷的倡导，"批判性地对待"个体的反思和压迫，而这些感受来自诸多我们组织过的访谈及交流过的作品。他们试图使弗赖雷提出的"文化工作者"或"意识觉醒者"的任务保持长久的生命力。"意识觉醒者"通过参与各种课程，参加各种社区活动，参与更广泛的社区合作来促进教育成就,同时与压迫性结构做斗争。弗赖雷的使命感基于个体在世界中游历时,通过参与对受压迫状况的反思、发现、行动以及社会转型而最终提升个人的批判性思维。这样的游历包括对社区变化迹象的解读,参与批判性的交谈,还包括身份辨识以及对权力分配发表评论。

菲利普抵制"白人化"和明显的拥护"黑人化"的行为引起了广泛的讨论,探讨如何将哈勒姆视为黑人文化活动的教育场所。在他构想的哈勒姆,"街上行走的都是黑人,阿波罗剧院……人们互相关照、彼此关心"。这里还有他所说的斗争和文化的标志,例如当地的公立学校,"哈勒姆特有风格"的具有历史意义的教堂,还有数不清的在本地商铺外墙上的涂鸦,上面画的是关于希望和可能的各种故事。对菲利普而言,这些标志激励他从事文化叙事,因为这些标志在"讲述重要的故事,而在社区被士绅化之后,这些故事就不会口耳相传了……哈勒姆的故事不应当被忘记"。

菲利普受到很多这类标志的激励,从具有历史意义的阿波罗剧院和研究黑人文化的尚伯格中心,到特蕾莎酒店和哈勒姆基督教青年会。这些标志性建筑与包括数码照片、期刊、社区纪录片、社区地域地图、居民在当地社区会议中进行的互动在内的一切,都成为菲利普、哈里克、戴蒙和丽贝卡创作文学的催化剂。在叙述中,他们将哈勒姆定位为具有重要历史意义的社会和政治活动的场所。第六章会有介绍的哈勒姆高中的青少年和其他教师也分享了有关地域、身份认同和士绅化的故事,这些故事增加了我们的文化体验和(重新)解读社区状况的方式。统而观之,这些故事将这个社区描绘成一个有关"历史、黑人文化、哈勒姆文艺复兴、斗争以及拼搏"的地方。在我看来,这个充满传统的地方包含丰富的黑人化特征,这种黑人化在不同的社会经济群体中散播,并为黑人传统提供了支撑。

在菲利普表达了他对白人化和士绅化的愤怒之后,我让他好好想想从地方社区中可以学到的具有教育意义的事情。他承认,自己在社区和社区事件中学会了如何"承担责任",如何为黑人文化"感到自豪",以及如何"回击"不公正的行为。这种生存方式和学习方式都是一种"你在学校无法获得的"教育,"它就发生在哈勒姆的大街上"。在这个讨论中,菲利普列出了一连串重要人物,例如兰斯顿·休斯、马尔科姆·爱克斯和小亚当·克莱顿·鲍威尔,他们把哈勒姆视为黑人的教育基地,"我无法想象人们通过聆听马尔科姆·爱克斯的演讲、参加政治活动或者只是在哈勒姆生活就能感受到……那种在街区中的深度体验"。通过将过去的哈勒姆与现在的哈勒姆进行比较,菲利普对过去的反思进一步深化了他的信念,即黑人的教育、文化活动和政治生活都发生在街头,也由此促成了黑人化理念的形成。他解释了这样的社区教育是如何对抗哈勒姆的白人化的:"我们不需要他们来接管我们的社区。""我们只需要看看黑人经历过的磨难就知道我们应该着手反抗白人化。"同时他也相信,这样的教育不仅限于学校之内:"我们应该保护自己的街区,要走上街头,在那儿才能学到真正的东西。"

在诸多场合中,哈里克对菲利普有关白人化和黑人化的"真正学习"不在他和同学在校学习的范畴之内的观点表示赞同。有一次,哈里克来到我的大学办公室,说他在学校时总觉得"无聊","或许只是因为我必须按照老师们教给我的方式进行写作,这令我感到沮丧万分,没时间将学到的东西好好消化吸收"。我请他说得再详细些,他认为:"一定有办法让我们在那儿(学校)学到点什么,嗯,讨论一下如何把学校里讲授的知识与我们在社区目睹的正在发生的事情联系起来。"必须承认,这种直言不讳经常让我感到困惑,因为我知道L女士是如何与她的学生互动的,如何讲授有深刻见解的课程,这些课程对他们的文化素养技能、实践和思考世界的方式至关重要。然而,经菲利普和哈里克提醒,我意识到,L女士是唯一这样做的老师,而她在一节不足50分钟的课程里要教超过25个学生。所以,我让哈里克和菲利普自己去寻找这种联系,去弄清楚应该如何把学校提供的课程与基于社区生活的学习联系起来。我希望他们认真地考虑L女士鼓励学生去做的事情:当他们就诸多主题去揭示问题、发现困境以及进行反叙事的时候,应将自我与文本和世界连接起来思考。菲利普和哈里克慢慢接受了我的建议,开始深入调查学校与社区教育以及其中内含的文化素养是如何互相融入、互相联系又各自有别的。

带着教育走上街头:埃杰皮特、哈勒姆和地域形成的行动

> 你还记得你给我讲的那个关于埃杰皮特的故事吗?还有那天你读给我听的几句诗?那首5年级还是6年级的学生写的有关德克萨斯生活的诗?你还记得,对吧?

菲利普指的是贾丝明写的那首诗,这个6年级学生参加了2004年我在德克萨斯州埃杰皮特小镇举办的夏季写作课程。埃杰皮特位于德克萨斯州休斯顿市外围,居民以非洲裔美国人为主。小镇的最初定居点是"墨瑟渡口"(Mercer's Crossing),这段历史可以追溯到1829年,伊莱·墨瑟(Eli Mercer)"在科罗拉多河边的圣费利佩·德克萨纳渡口(the San Felipe-Texana Crossing)建起一个种植园和一座渡轮大厦"[见《德克萨斯手册》(*The Handbook of Texas*)]。这个地方以《圣经》中的地名埃杰皮特(Egypt)来命名。后来发生了一次严重的旱灾,埃杰皮特镇开始向周围的定居点供应玉米,渐渐为人所知。今天,小镇上有一家邻里商店、一座小型邮局、两座本地教堂、一家夜店、一座小型奴隶之家、一座古旧的种植园宿舍,还有很多平房和双层联栋楼房,我以前的学生,那些非洲裔美国人和拉丁裔初中生就住在这些房子里。主干道明显地将工薪阶层和中产阶级分隔开来。在远离主干道的地方,坐落着很多华丽的房子,业主要么是长期居住在这里的白人,要么是返回该地区的当地黑人。尽管白人为数不多,社区变革的迹象仍旧显而易见:几年前第一座沃尔玛超市开业了,之后一些快餐连锁店相继开张。虽然同哈勒姆相比,这里白人涌入的速度要慢一些,白人化和空间的(再次)分配已经在埃杰皮特逐渐出现了。

在我和来自埃杰皮特的学生合作期间,我们对"社区"进行了研究,对区分穷人和工薪阶层区域与中上阶层区域的地理界线格外关注(例如设想的分界线、空间标志)。以下几句选自贾丝明所写的一首长诗:

> 我社区的照片很旧了,
> 旧得让我回忆起这个黑人社区的历史,
> 这里有古老的商店、奴隶之家和古老的家庭故事;
> 这里有宁静的街道,
> 四处绿树成荫;
> 这里每天都在发生新的变化,
> 在我们和他们之间,
> 在昔日埃杰皮特的每一个角落。

在一次本地社区徒步游览课程之后,贾丝明写下这些诗句。在8个女孩中,她是第一个对面前出现的历史性建筑——那些破旧的佣人窝棚、"大房子"和奴隶博物馆——感到惊讶的。她在了解这个小镇的"历史""古老的商店""宁静的街道"的时候,

也感知到这里"每天都在发生新的变化",贾丝明正在与社区内部的矛盾做斗争。这首诗里还有几句,更能说明这一点:

> 新旧事物左右为邻,
> 我们喜新,
> 我们忘旧,
> 这是我眼中的埃杰皮特图景。

我把这段在埃杰皮特的经历与菲利普和哈里克分享后,他们找到了很多文本与自我之间的关联,这对他们使用批判性文化素养技能非常有帮助。菲利普说:"天啊!在不同的地方发生的事情几乎是一样的。我喜欢贾丝明的诗,这些关于人们之间发生变化的诗句。她提到了'我们'和'他们'。这和哈勒姆的情况很像。"对菲利普而言,"我们"指社会经济群体中的黑人,"他们"指从"士绅化和我们(黑人)的挣扎"中受益的白人(白人化)。这些社会经济群体中更大的问题是缺少某些种族,他们既不是白人,也不是黑人,比如拉丁裔,他们在哈勒姆人口中占有相当大的部分。更大的挑战是菲利普对埃杰皮特的解读,因为这里的拉丁裔人口不断增长,而这些居民并不在这个非黑即白的种族分类体系之中。因此,对白人化和黑人化的讨论并不包括在纽约哈勒姆社区生活的拉丁裔、波多黎各人、非洲人和亚洲人。很明显贾丝明笔下的埃杰皮特既不是菲利普笔下的哈勒姆,也不是哈里克笔下的上西区。埃杰皮特地处乡村,而哈勒姆和上西区属于城市。但是在一次社区徒步游览课程中,菲利普不由自主地将贾丝明对埃杰皮特的描写代入哈勒姆:"看看,这些标志在我们身边到处都是,让我想起了这个社区的历史。这里有不少古老的事物,但是都挺不错。这里也有很多新的事物,而这些新的事物……(他顿住了,然后我补充道:'很吸引人。')对,很吸引人,同时也很危险。"

菲利普、哈里克和贾丝明都在记录社区故事的同时尽力理解"我们"和"他们"。这些活动和行为类似于莫拉塞(Maurrasse, 2006)通过倾听社区之声的方式来捕捉哈勒姆的变迁,这些声音"来自教堂、小商铺、社团组织、街区协会,甚至更远的地方,强调组织是一种提升社会变革的方式"(p. 41)。当贾丝明对"这个黑人社区的历史,"这里有古老的商店、奴隶之家和古老的家庭往事"产生更多兴趣的时候,菲利普更关心白人化的代价,那极有可能是常住黑人居民流离失所:"他们完全不考虑已经住在这里的人和他们的社区组织。人们花了大价钱入住这里,有时候对工薪阶层的人们来说价钱实在太高了。那么你会怎么做?先倾听,然后再行动。"

菲利普一边引用贾丝明的诗句,一边使用数码相机在哈勒姆各处拍摄照片:阿波罗剧院("你看看,他们把阿波罗剧院翻修了。"),警察体育联盟中心("那就是警察体育联盟,孩子们都去那儿打球,不在街头闲逛了。"),还有哈勒姆工作室博物馆("我从没见白人去那里,那是个很不错的博物馆。")。有意思的是,当菲利普提到工作室博物馆的时候,他似乎在邀请白人进入这个哈勒姆的文化机构,之前他还在因为士绅化和种族观念而反对他们出现在这些地方。这是菲利普在思考白人和界线问题上的一个重要转折,最终引导他与哈勒姆的白人居民之间展开互动交流(见第五章)。他说:"我很好奇贾丝明会怎么看这件事。我打赌,当我们反对他们的时候,她对埃杰皮特的看法和我平时在哈勒姆看到的很不一样。但是她就在那里,和我一样,都想弄明白这到底是怎么一回事。这就是我们正在做的事情……穿行在社区,寻找事情的真相。"

菲利普意识到了贾丝明的价值:在她的乡村小镇上,以6年级学生的敏感视角,带着教育走上街头,讲述社区的故事。虽然贾丝明笔下的埃杰皮特和菲利普笔下的哈勒姆不同,但菲利普在他的文化叙事中将两者联系起来:两个地区都有大量非洲裔美国人,都有着悠久的斗争历史,都面临着白人化的可能性,尽管方式不同。埃杰皮特有着具有历史意义的奴隶聚居区、新的零售商铺、士绅化以及涌入的白人居民;哈勒姆则被认为是权力运动的温床,且正在成为新兴零售商铺、士绅化的重要区域,白人和中产阶级黑人正在涌入。因此,贾丝明和菲利普进行的文化叙事是对空间变化的强有力的调查,其朝民主化方向所做出的努力实际上已经对社区产生了民主化的作用。

换句话说,菲利普笔下的哈勒姆和贾丝明笔下的埃杰皮特都有着丰富的历史,可以作为提升文化素养的场所。菲利普和贾丝明开始积极投入写作,记录下社区的故事:"我们的家园、邻里、公园,甚至我们的学校"(菲利普),"我社区的照片很旧了"(贾丝明)。作为教育者,我们应该在工作中发掘并鼓励青少年进行文学创作,"把教育带上街头",要采用新的方式在教室里让他们结合自身生活经历来进行创作。举个例子,以下这些原则是菲利普和贾丝明独立调查结果的核心内容,我认为可以引入我的课堂:

1. 参加文化活动,发出自己的声音。菲利普和贾丝明都围绕社区展开文化活动,目的是对之前设定的主题"社区变迁"进行研究。这是一个有关文化素养能动性的例子。

2. 接受多元观点,以多种方式和不同的视角对主题或事件进行理解。这是一个有关批判性文化素养的例子。

3. 对其他人的观点提出质疑,从而强化自己的观点,以此来挑战他们的立场或观点。这是另一个有关批判性文化素养的例子。

4. 分享他们从他人身上学到的知识,也鼓励其他人分享他们从我们身上学到的知识。他们可以通过这种方式体验不同的声音和身份,从而理解机构的含义。这是一个有关交互式学习的例子。

5. 围绕文字、图像、语言,在存在诸多差异和多样性的条件下获得不同体验。这是一个有关多模式文化素养的例子。

6. 通过讲述、提问、写作和绘图,对士绅化、被改变或者"被提升"的社区中发生的事件进行批判性思考。这是一个有关批判性文化素养和多模式文化素养的例子。

7. 讨论社区是怎样因为多种原因,基于多种不同情况而发生变化的,这些不同情况包括士绅化、人口变化趋势、经济或财政状况以及住房危机。通过意识到社会政治现实来建立起批判性文本与自我和世界的联系。这是有关批判性文化素养的例子。

无论是审视哈勒姆的士绅化,还是埃杰皮特的历史性建筑,菲利普和贾丝明都通过他们生活中的事实和周围的文化活动来创造他们"自己的"意义。他们所展示的技能,即批判性文化素养、交互式学习、多模式文化素养以及建立特殊联系,将现在的和长期的教育目标联系起来,而这个长期的教育目标就是在学生为进入更广大的世界做准备时,培养他们具备较高的学术能力。因此,参与社区的教育办法可以增强他们的语言能力、运用复杂思维进行互动的能力以及参与提出问题和解决问题的能力。而相比其他事情,这些才是我个人教学活动的核心,也是我与青少年和成年人一起进行民主参与的核心。

改变哈勒姆的(城市)叙事

菲利普和贾丝明关于地方政治的故事当然不能与关于士绅化和社区变迁的大型政治辩论相提并论。他们看待自己社区的方式,即这里希望与奋斗共存,拥有丰富的历史和文化,与新闻和流行文化中有关社区遭到遗弃、被忽视以及充满危险的形象是矛盾的。例如,菲利普在他的城市哈勒姆和贾丝明的乡村埃杰皮特看到两条平行线:"她谈论的都是一些古老的东西,而我能在她说的那些事物中看到一些哈勒姆的影子。"白人化便是新的变化。这是埃杰皮特和哈勒姆都必须面对的。对菲利普而言,强调"旧的事物"的价值与在更大层面的叙述中将有色种族社区,特别是将城市中的有色种族社区描述为危险和需要士绅化的社区形象是矛盾的。

这并不是新现象。像哈勒姆这样拥有丰富历史的城市社区会一直被新的、不同的事物以及人口变迁改写并重新呈现。对很多人而言,哈勒姆有多种含义:它曾是本地居民、荷兰移民、中产阶级白人、穷人和工薪阶层的黑人、来自南方诸州迁移人群的定居点。然而,考虑到菲利普家族在哈勒姆的历史和哈勒姆的传统,周期性变化的事实并没有削弱菲利普斗争的独特性。例如,早在1925年,哈勒姆作为"黑人世界的首都"而被世人所知,"黑人艺术家、学者和企业家大量涌现,黑人警察踩着鼓点似的在街上巡逻,而黑人的梦想就在当下"(Kelley,2003,p.10)。经历数百年变迁之后,哈勒姆历时数十年的文艺复兴独特地定义了美国黑人的文化传统。菲利普和他的朋友们都认为,关于社区、文化和斗争的公开讨论并没有提及这个古老的哈勒姆区。

我让菲利普和哈里克从自己的角度想一想,为什么在他们的学校里对社区和文化的讨论缺失了,两个青少年都迟疑了,然后说L女士"在这些事情上确实讲了一些,但是你看,她只是全校老师中的一个"。他们认为,衰落的景象、关于冲突的讨论以及城市和社区被视为"丛林"的观念普遍存在,没有人提出不同的见解。看一下,马什(Marsh,1934)的画作《东十街丛林》(*East Tenth Street Jungle*)描述了曼哈顿下城的景象,电影《黑板森林》(*The Blackboard Jungle*,1955)基于一个大城市高中发生的暴力事件拍摄而成,纪录片《底特律之殇》(*Detroit's Agony*,1990)讲述了昔日汽车之城的陨落。这些都进一步巩固了他们的观念。因此,将文艺复兴运动的历史与社区内丰富的文化和文化素养实践联系起来的青少年地域故事,可以作为对大型政治辩论和有关城市区域和城市教育的负面流行文化理念的回击。

在美国的很多教室中,学生们被教导要接受一种与他们的家庭身份、风俗习惯和处世方式相矛盾的身份(参见 Luttrell & Parker,2001;Moje,2002)。在学校里,青少年讲述的关于地域、归属感、斗争、文化和身份认同的故事常常遭到贬低。对很多青少年而言,他们唯一敢于公开质疑、反抗和挑战权威声音的地方就是社区。菲利普谈论像哈勒姆这样的地方所具有的教育价值时论证了这个观点:"我在街区里学到了我需要学习的重要课程,在社区中,我可以提出对所见之事的反对意见,讲述和它有关的故事,而且不会觉得我做错了什么。"

菲利普讲述并展现了"他的"社区的故事。在他的反叙事中,哈勒姆被描述成一个代表历史、斗争和黑人文化的地方,从而对他所称的"街区白人化"加以抵制。他将哈勒姆视为遭到士绅化入侵的社区。菲利普也在思索"我们"和"他们"之间的关系,这类似于贾丝明在她那首有关乡村埃杰皮特的诗歌中所做的思考。作为教育者,我们应该知道"他们"还包括教师和管理者。因此我相信,菲利普的思考会在学校内部引发一场有关社区、种族和差异的大型讨论。菲利普不仅仅写下一个有关社区的故事,而且通过阅读、质疑和批判来呈现社区故事,使社区的艺术、文化和空间产物(艺术、舞蹈、音乐、传统、黑人文化空间)种族化,在哈勒姆社区内部进行辩论。这种带着批判意味的参与有可能会影响教育界的利益相关者对学校以及周边社区的权力与政治关系的看法。最终,这样的故事有可能在青少年和教师之间建立起直接的联系,并在历史上被剥夺公民权的人们与城市社区中的白人、白人特权和白人化的存在之间建立起直接联系。我认为,这种关于变迁、社区、归属感和有青少年参与的故事应在我们的课堂和教学工作中拥有一席之地。正如费考所描述的,当我们沉浸其中时,应"仔细观察我们在不同文化间的处理方式"(Fecho,2004,p.157)。我们应该如何开始这次对话?在我和菲利普、哈里克以及其他青少年共事过程中,我们采取了直接的方式:青少年打开麦克风和照相机,对准"他们",试图理解士绅化背后的推动因素。

倾听其他人的看法:交互式学习与批判式文化素养

对菲利普和哈里克而言,有关"我们"和"他们"之间冲突的对话深深扎根在他们对士绅化的思考之中,他们需要倾听其他人的看法。为了进一步创作他们各自社区的文化叙事,他们同意与哈勒姆的白人居民进行对话。他们愿意参与这次对话可不是一个容易做出的决定。一开始,他们因为我提出这样的建议而嘲笑不已,争辩道:"我们已经在哈勒姆各个地方见过他们了!"(菲利普)"他们会和我们交流吗?"(哈里克)为了让他们思考在展开有关士绅化的辩论时多方听取意见和对立观点的意义,我向他们叫板:"在与那些被你们称为'他们'的人交谈或者倾听他们的看法之前,你们如何反击士绅化呢？而且你们这样一遍又一遍地重复'白人化''白人化''白人化'，能有什么好处呢？现在你们认真想一想，这公平吗？"他们考虑了我的提议，然后开始思考我在士绅化问题上的立场——直到现在，关于这个话题我还没有分享过我的看法。最终因为他们迫使我表明立场，我才不得不承认，他们在士绅化、白人化和社区上的立场给了我启发。我了解到哈勒姆是美国境内一个黑人生活和种族斗争的重要区域。而且我对社区内发生的变化也有所抗拒，但不能因为"他们"搬进了一个"他们"认为付得起房租的地方就对"他们"横加指责。

所谓指责部分是因为有着不同种族、文化和经济背景的人没有能力对社区历史、人口状况以及发生的变化发出声音。事实上，在我看来，所有的社区变化，无论好坏，都是一个客观但带有政治意味的判断。我的愿望是保护好社区和文化，而不是地理位置的置换，因为对将会经历大迁移的很多有色种族而言，这种置换是毁灭性的现实。好在如果人们学会如何在种族、经济、文化和语言的差异下共同合作，文化留存的工作还是可以完成的。但考虑到我们的社会讨论差异的方式，我也明白这项工作任重道远。我简短的澄清对菲利普和哈里克而言已经足够了。他们对我逐渐清晰的立场十分感兴趣，并坚信"我"或许也可以从白人居民那儿学到些什么。他们同意参与这次采访。

2007年1月至7月，我和菲利普、哈里克、戴蒙以及研究人员丽贝卡、玛塞勒（Marcelle）共同采访了约10位白人，听他们讲述有关地域、权力和社区的故事。我们在当地的网站、学校、社区公告栏、邮局和杂货铺内张贴广告，在当地租户协会为反抗社区的士绅化所召开的会议和集会上发放宣传单。2008年夏天，我对以上这些受访者中有意愿的人进行了简短的后续跟踪采访。虽然我和哈里克、菲利普、丽贝卡联合拟定了一份采访提纲，但是我们在采访过程中并未严格按照脚本进行。一般来说，我们会根据采访的性质，脱离预先准备的问题，以便和受访者进行真正的对话。问题集中在身份认同，搬迁至哈勒姆的原因，对士绅化的感受以及在社区活动中的参与程度。具体包括如下问题：你在哈勒姆住了多长时间？你在5至10年前就搬到哈勒姆了吗？你的家人、朋友和同事怎么看待哈勒姆（比如感觉、信仰、刻板印象），怎么看待你住在哈勒姆这件事？你是否遇到过反对你住在哈勒姆的情况（比如你的同事、朋友、家人、一栋楼或者社区内的居民对你住在这里提出反对意见）？

很多采访内容验证了青少年所称的公众对社区的看法，但也表明，白人居民同样反对空泛的刻板印象。肯特（Kent）是我们的受访者,一位来自美国东北部的白人男士,他坚称:"外边的人会对哈勒姆说些陈词滥调……我不会这样说的。"据他介绍,很多人都有这样的看法,他们将哈勒姆描述为一个"早先是犯罪率很高的黑人社区,不是你想要在那里生活的地方,能不去就不去"。"我认为这是10年前的观念。现在有些因素正在改变……我认为这个地区的声誉正在改变,特别是对那些住在纽约市之外的人来说。"哈里克紧接着问是什么因素改变了公众对哈勒姆的看法,肯特分享道:"我认为总体而言应着力强调哈勒姆居民在艺术和文化上对黑人文化和美国文化所做出的贡献。应致力于赞美黑人文化,例如参观尚伯格中心,提升公众对黑人诗人,比如兰斯顿·休斯的关注……还有赞美'奋斗者之舟',那儿曾是著名黑人艺术家、活动家和政治家的家园所在地。灵魂食物餐馆现在也大受好评。在相当长一段时间里,这个社区最重要的食物就是灵魂食物。"肯特认为这些哈勒姆的文化机构理应得到人们的关注,这种关注将逐渐改变人们对社区的看法。

但是,作为居住在哈勒姆的白人,肯特承认并未把自己视为社区的一员。他没有参与过文化活动或社区举办的活动,没有和邻居有过特别深入的谈话,甚至没有打算在这里组建家庭。他的坦言相告证实了菲利普和哈里克的看法,即有些人没有马上看到在社区中建立人际联系的价值。在这个案例中,"有些人"是指在著名的哥伦比亚大学就读的白人研究生。用肯特的话来说就是:"我只是晚上睡在那里（哈勒姆）,我在那里做的事仅限于此。这里（这所大学）才是我的社区。我绝大部分时间都待在大学里。"他对参与哈勒姆社区这个想法的反应是由两个因素决定的:一个是他繁忙的学校课程安排,另一个是他并非在大型城市地区长大:"我来自（东北部）农村,我并不打算在这个城市里组建家庭。"但是,如果他选择在哈勒姆生活并在这里组建家庭,那么他"在社区中的存在和贡献的力量将是完全不同的。我更关心学校能提供什么。我觉得我对那些活动………家庭活动会保持较高的警觉。我对这个社区缺少贡献是由我在这里的角色确定的"。换句话说,肯特认为自己在这个社区中的角色不过就是在当地大学读书的学生,而不是一个反抗士绅化的哈勒姆居民。

菲利普认为,肯特的观点一方面很有趣,另一方面也令人不安。采访结束后,肯特离开了,菲利普评价道:"我知道他是个学生,但是他也住在哈勒姆,却对这个社区毫无贡献。"肯特关于为社区做贡献的观点与居住在美国各地大学城中的人的观点并无二致。但是,哈勒姆独特的政治环境要求这里的住户关心社区变化以及公民参与社区活动的方式。肯特并没有关注这些方面，他的立场验证了青少年对特权和哈勒姆新居民的看法。

邦妮(Bonnie)是一位居住在哈勒姆的白人女士，她和女儿、丈夫从2005年开始就住在这里了，家庭对社区投资的重要性贯穿了她的全部观点。在采访中，她说哈勒姆是一个有着自我"感觉"的地方，而且很明显没有多少白人住在这里。考虑到哈勒姆在最近5至8年白人居民不断增加的情况(参见Maurrasse,2006；Freeman,2006)，她的观点异乎寻常。邦妮说："当你下楼，在第125大街上溜达的时候，会明显感觉到自己是个白人，这里的白人太少了。可能地铁站附近有更多……(白)人出入。"地铁站是哥伦比亚大学和哈勒姆交界的地方。她对白人的出现或离开，或者对种族差异的有趣看法并没有妨碍她在哈勒姆过日子。她常常去哈勒姆比较热闹的站点乘坐地铁，或者从自家公寓步行至第125大街的时尚商店(例如老海军服装店、H&M服装店)。

除了种族差异，邦妮就自己所认为的文化差异情况表达了内心的困惑(例如当地邮局里总是排长队)。她评价道："你去第125大街上的哈勒姆邮局一趟就会发现，那儿总是排着最长的队，办事得花很长时间。但那儿摆放的自助机没人使用。所以我就直接走进去，在自助机上办理业务。我不知道是不是因为他们没有信用卡，因为你得有借记卡或信用卡才能使用那里的自助机。我是唯一一个用过那台机器的人……这算是个文化差异吧。"但邦妮的观点忽视了或者说没有注意到纽约市内的大部分邮局都排着长队，人满为患，人们不愿意使用机器，更愿意直接和邮局的工作人员交谈。通过和其他居住在SoHo区、格林尼治村以及布鲁克林区的白人进行交流之后，我们发现纽约邮局内的这种情况不是源于"文化差异"。

从邦妮之后的评论和其他一些说法中不难看出，与她住在布鲁克林的贝德福德-施托伊弗桑特(Bedford-Stuyvesant)地区时相比，她在哈勒姆经常遇到种族和阶级事件，而贝德福-施托伊弗桑特地区还是一个以非洲人和非洲裔美国人为主的社区。基于邦妮在那里的生活经历，她同我们分享道："我从未觉得自己是这个社区中的一员。我认为部分原因在于，你对周边的便利设施或者休闲方式有不同的期望。我住在贝德福-施托伊弗桑特地区的一个街区时，夜里到了固定钟点之后店铺就都歇业了……或许是因为犯罪活动吧。"邦妮和肯特都将人们对哈勒姆的看法与其他跟哈勒姆类似的非洲裔美国人社区(例如贝德福德-施托伊弗桑特地区，费城中部的社区)联系起来。

他们都承认在哈勒姆感觉自己是外人。肯特反复说他不是"来自城市"的。邦妮提到在哈勒姆感觉自己像个外人的时候还说:"我并不介意与他人不同,但是当你感觉与环境太过格格不入,或者因为你没有如自己所想的那样轻易接触到某些事物而导致生活不那么顺当的时候,就会觉得相当有压力了。"在采访结束几天后的后期讨论阶段(采访对象都不在场),哈里克和菲利普回应了邦妮有关她是个外人,无法立即获得她认为在社区应该有的资源和便利设施的说法。"这和我们每天的境遇有什么不同呢?"(哈里克)菲利普补充道:"她所说的这点压力和黑人在哈勒姆和其他地方经历的痛苦相比根本不值一提,我们已经痛苦了一辈子。我们总是在思索,为什么我们没有获得某种东西的权限呢?这样的思索已经成为我们的负担。而且不仅是对我们黑人而言,所有的少数族裔都是如此。你瞧,你以为我在视频里提到白人特权的时候是在说胡话,但白人特权是真实存在的。"稍作停顿之后他继续说道:"说到差异,不能轻易获得什么资源,还有……她提到了权限……在我的生活里体验一天试试,然后你就明白了。"

菲利普、哈里克和其他项目成员从采访中选出主题:是个外人,拥有权限,将存在的差异(例如排长队,不使用自助机)与文化习惯联系起来。通过对主题进行挑选,我们发现接受采访的10个人大多用与社会经济相关的字眼描述士绅化。邦妮这样解释士绅化:"从定义来说,士绅化与社会经济有关。我认为它和种族无关。在我们的社会当中,种族和社会经济是紧密联系的。士绅化通常被视为与种族有关,但实际上没有什么关系。我是说,它实际上只和钱有关。"这一点上,她继续说道:"谁把士绅化带入了社区?谁在投资,为什么他们要投资?但是我明白它(士绅化)是循序渐进的,但一定会发生。这不是在一夜之间就能发生的事。"哈里克在听到这句评论的时候只是挑起了眉毛,但菲利普说道:"啊,好吧,好吧。确实如此。我明白了。"

乔治(George)是一位来自美国西南部的白人男士,他对邦妮的看法表示赞同。乔治以前在和平组织工作,后来他完成了研究生学业,目前在纽约一所学校当老师。乔治解释道,从本质上来说,士绅化和种族无关,和社会经济状态有关。他说:"这里有中产阶级富有人士的士绅化,也有非洲裔美国人的士绅化。当人们迁入一个未经过修缮的或没有良好维护的地方,这里的士绅化更像是与阶级有关的事件。我确信,对某些人来说,这就是一种谋生的方式。"乔治将士绅化和资本主义联系起来继续解释道:"这就是一种创造利润的方式,我猜就是从某种事物当中创造价值……我们的经济就是这样运行的。所以起码在我看来,这就是背后的推手,隐藏在士绅化背后的推手,就是人们想要挣钱。"乔治也提到,随着士绅化而来的是有些穷人和工薪阶层可能会改变居住位置,因为他们无力支付士绅化带来的成本。"随着士绅化而来的就是那些在重建开始之前就住在这里(士绅化过程中的城市社区)的人们最终被赶出自己的家园……我听说人们已经开始感觉到哈勒姆士绅化所带来的痛苦。"乔治所言验证了那些青少年和他们在哈勒姆高中的老师所提出的观点。

在乔治、邦妮、肯特和其他一些白人受访者看来,士绅化应当从社会经济的角度进行考量。对哈里克、菲利普、金、萨曼莎和来自尚伯格青年学者项目的青少年而言,无论是从种族——"白人化和黑人化"——来定义,还是从社会经济状况或者财富方面来定义,"士绅化"这个词都同样沉重。有些来自尚伯格青年学者项目的青少年在调查报告中写道,他们的父亲和母亲"艰难地支付房租",他们分享的不仅是一个阶级现实状况,也是一个种族现实。一个青少年写道:"我们是少数族群,这里是我们的家。然而现在,所有的白人都想来把这里夺走。"很多青少年意识到阶级和种族之间存在的张力,但是他们很难分辨出哪个因素较之其他因素更为重要,无法将士绅化对他们家庭网络的影响描述清楚。他们既谈论阶级和种族,也谈论身处城市士绅化中所面临的挑战。这一点至关重要,因为它定义了士绅化中基于种族和阶级的现实属性,而很多人无视这一点,仅仅将空间变化界定为单一的经济事件或种族事件。在我看来,将士绅化定义为阶级事件太过简单化,因为它遮蔽了居住地的改变,遮蔽了种族问题。这一点我会稍后讨论。

琳达(Linda)和贝丝(Beth)是毕业于哥伦比亚大学的白人女士,住在哈勒姆,一同从阶级和种族的角度讨论士绅化问题。琳达和贝丝希望成为这个社区的一部分,但是察觉到她们在社区中被视为外人和"其他人"之后,她们尽量不在哈勒姆社区表现出拥有某种权力或流露出主人翁的感觉。此外,她们知道,士绅化是一种现实,有可能使无数有色种族居民迁出社区。她俩都希望在社区中扮演更加积极的角色,希望参与到当地的文化活动当中。贝丝解释道:"我想参与,但不想把自己强加在社区当中。"琳达点头表示同意。她们认识到,在这个原先为非洲人、非洲裔美国人、拉丁裔和波多黎各人的社区中,白人身份是一种限制,她们害怕因为自己的白色皮肤而在社区中不受欢迎。与琳达和贝丝一样,乔治也意识到自己的白色皮肤影响到邻居对自己的态度和看法,特别是当他们意识到他住在"他们的"街区时:"我住在一栋有许多多米尼加居民的大楼里,(但是)我的西班牙语非常流利。"在他看来,这一点非常有助于自己在本地语言差异中游刃有余地交流,从而避开由他的白色皮肤所带来的所谓权威。我们采访的白人居民都察觉到社区中的其他人(例如非白人居民)是如何看待他们的,有些时候甚至会因为他们的出现觉得受到了威胁。尽管如此,乔治和其他白人受访者都相信,士绅化最终将改变这个社区,要么更好,要么更糟。所有受访者都表示,总体而言他们觉得在哈勒姆生活还不错。他们对社区的历史及其艺术的、文学的以及文化的遗产也欣赏有加,但是他们的表达似乎仍指向过去"文艺复兴"时的哈勒姆,而不是当前"反抗士绅化"和"保护黑人文化和黑人教育形式"的哈勒姆。

参与此次采访白人并了解他们对社区和士绅化的看法的经历,让我目睹了菲利普和哈里克是如何面对和尝试理解差异的:"他们还说了些……挺深刻的想法。不过他们甚至没有注意到自己的特权。仅仅强调自己没有权限并不意味着你理所应得。你就是个外人!"(菲利普)在多个访问环节中,菲利普和哈里克不害怕提出以下这些批判性的问题,要求受访者尽量清楚阐明观点,并专注地倾听他人的意见,即使所持观点不同。哈里克问一位受访者:"你喜欢待在哈勒姆,还是因为住在这里比较便捷而凑合着?"虽然我们没有就阅读和写作展开专门的对话,但是无疑我们的经历具有重大意义,它帮助我们从不同的视角审视士绅化并且重建我们的世界观。通过这个批判性的文化素养框架,我们可以更好地从种族和阶级内部以及跨越种族和阶级的视角来审视士绅化。因此,为了重新解读这个事件,重新思考我们有关社区变革的故事,并且以本地的环境为基础,重新展现有关士绅化的作品,我们在倾听其他人的声音。在我看来,我们倾听其他人的声音的经历与我们在教室内参与"讨论"的经历很相似,特别是学生和教师之间展开的有关解读文本的隐含意义、书写风格和复杂方式的讨论(例如经典的、当代的、书面的、视觉的、空间的)。哈里克指出:"我正在思考,或许这一切可以使我……改变对士绅化的看法。"

复调歌唱

在这一章开始之前,我简要介绍了菲利普身上逐渐增长的行动主义风格,即便他自己还没有意识到。我常常在他的评论中感受到这一点:

这次要讲谁的故事？我时常会遇到这样的提问：黑人社区是如何从它以前的样子变成现在的样子的？黑人是如何被推向边缘，又从边缘被彻底赶出哈勒姆的？谁能承担起士绅化的代价？

当我听着菲利普的声音时，贾丝明的诗中那些歌词般的句子在我耳边回荡：

我的社区的照片很旧了，
旧得让我回忆起这个黑人社区的历史，
这里有古老的商店、奴隶之家，以及古老的家庭故事。

  这些年轻、专业的白人居民用洪亮的声音加入到哈勒姆新居民的大合唱之中。老实说，士绅化可不是容易驾驭的曲调。但是这首曲子已经作为背景音乐在哈勒姆响起。古老的商店正在关闭，新的店铺正在开张。在过去的10年间，哈勒姆的人口构成一直在缓慢地随着种族和阶级的多样性而变化。这是也一首响彻全美其他社区的老歌。我们该如何回答菲利普的疑问："这次要讲谁的故事？"

  想要讲述有关社区的故事，例如社区的历史、文化、变迁、艺术财富，就要考虑讲故事的方式，即故事是如何被分享、讨论、记忆和呈现的。对肯特这位来自东北部的哈勒姆白人居民而言，他的哈勒姆故事是全新的，没有完全成型，还在不断涌现。他住进哈勒姆并不是因为想成为社区的长期居民，而仅仅是因为这里离他就读的大学更近一些。他还不确定要不要在哈勒姆组建家庭，也不参与社区的生活。但是他仍旧可以讲述他作为一个"外人"，一个在农村长大的人眼中的哈勒姆故事。肯特、邦妮、乔治、琳达、贝丝以及其他接受采访的白人居民表达的观点对菲利普和哈里克的观点提出了挑战，使菲利普、哈里克、丽贝卡和我重新思考白人化的意义。白人化不再是一个我们可以通过表述表面情况就能轻易说清楚的抽象概念。这里的白人越来越多（例如人们的主流价值、生活习惯、特权），白人化的面孔和声音出现在这里，看上去是不同的，他们也没有用相同的曲调歌唱。事实上，这些被我们与白人化联系起来的面孔并不完全都是白人的。

  与文化素养相关的是，我相信青少年和成年人所持有的看法应当通过对我们的社区和学校的地域和归属感展开的叙述来证明。菲利普和贾丝明的诗歌与她位于德克萨斯州埃杰皮特农村社区建立起来的联系，有助于他将对士绅化的理解从"只发生在哈勒姆"延伸到"在世界各地，城市、农村和其他地区都在发生"（菲利普）。贾丝明和菲利普讲述的他们各自社区中发生的事情促使我再次审视在过去几年里所听到的、搜集到的青少年的故事。我也因此与我的教师专业的学生、L 女士和其他公立学校的教师、平常遇到的和展开合作的青少年，与我在以前的高中学校共事过的、居住在城市和乡村交界处的教师和管理者们有了不同的对话内容。交换文学故事，参与倾听和质疑，对在重要主题的立场进行反思，这些类型的学习活动应该在全美的教室和大迁徙人群之中展开。文化素养的学习应当基于旧的、新的以及还未被人书写的故事，多视角、多样化以及持续进行的开放的交流而展开。我们不应该忽视我们学生的生活、家庭或者对我们而言甚为重要的话题：士绅化、社区变迁、文化实践、种族和白人化、特权，以及如德尔皮特（Delpit, 1995）所描述的"权力的代码"，它代表了参与不同社会内容（例如主流的和家族的）所需要遵守的特定规则（谈话、举止、互动和穿着的方式）。

那么，当老师在一个课堂上有 25 个或者更多学生的时候，会发生什么呢？我所提倡的那种学习方式如何从书本上的概念和一两个青少年的经历跳跃到整个教室的学生和他们的老师的经历？要回答这个问题，就需要进入第七章，我在其中回忆了 2007 年我作为一个教师研究人员在东哈勒姆区的常年高中的经历。按照校长的要求，我在这所高中教英语，一周上 5 天课。"学生"超过 25 人，都是成年人（同时我还在本地大学全职教书）。我一直在思考如何倾听每一个学生独特的故事，当时这些故事对我来说很陌生。我必须了解他们在学校外的日常生活和斗争，将他们在学术上的成功和在社区中的成功进行比较，了解他们在社区的主人翁意识和归属感，并与他们在学校中的感受进行对照。从这段非比寻常的课堂经历中，我认识到让学生真正参与以思想为中心的写作活动的重要性。我目睹了一个名叫达米亚（Damya）的学生拍下了哈勒姆的照片，阅读了科佐（Kozol）2005 年出版的《国家之耻：美国种族隔离教育的恢复》（*The Shame of the Nation: The Restoration of Apartheid Schooling in America*），创作了社区、种族、性别和权力等主题的诗歌。通过这些文化素养体验，达米亚就不断变化的社区环境提出自己的观点，并将其呈现给全班同学，然后提交了一系列有关提升社区参与度的原创文章作为课堂作业。达米亚激励了其他学生，促使他们思考社区的变化以及他们在其中的角色。达米亚和菲利普、哈里克、贾丝明以及其他与我共事的青少年一起，用各自的音调开始歌唱，并对菲利普提出的问题"这次要讲谁的故事？"做出回应。

为了在复调歌唱的同时解决菲利普的问题，我提供了如下想法和策略：

1. 作为教育者，我们可以邀请学生以外人和社区成员的双重身份对当地和全球的社区事务进行探索。这些身份的基础可以是他们作为一个本地社区成员的经历，也可以是在一个指定的国际或全球性社区的非成员的参与经历。通过创建反叙事和在多个文本环境中扮演多个角色促进学生的实践活动。

2. 我们可以教学生怎样参与到同伴反馈小组中，互相交换观点、质疑立场，围绕课程主题重塑自己的论点。参与这些小组可以帮助学生围绕话题和事件重新思考自己已经明确表示的态度，并最终修改文章中的观点。

3. 我们可以让学生在阅读已出版的有关社区的图书之前，将自己关于某个社区事件的想法写成日记或诗歌。然后，他们可以把自己的写作内容与作家的文本加以整合，形成重拼诗、对话体，以口头或数字形式进行回应，基于这种学习经历形成研究的观点。

很明显，在学习课本、课堂交流和完成课程作业时，教育者可以采取很多其他方式支持学生以复调歌唱，最终提升学生批判性文化素养技能。

反 馈

哈勒姆的士绅化

项目参与人丽贝卡·霍根撰稿

关于士绅化，我在思考，它是否像任何变化和增长的过程那样，是为了一方的利益而移除并取代另一方的过程中所必须进行的步骤，或者是经济增长和生产扩张过程中的一个流程。这些就是我们所谓的"发展"吗？

在我生活和工作的纽约街区，士绅化的讨论和对话是基于对父权主义和殖民主义的感受而展开的。这些感受通常来源于涌现出来的房地产开发商、富商和大型的颇具声望的研究型大学。这些团体只在口头上表示，它们将通过为当地居民和当地企业创造就业和机会，将社区纳入其扩张计划。但是，这种未经证实的言论对已经在哈勒姆中盛行的不信任、被取代和憎恨情绪来说无疑是火上浇油。在许多人看来，富人再次把目光投向一个早在20年前就被彻底忽视、充斥着犯罪和暴力、任由城市和社会衰败、没有政府或警察提供有效援助的地区。但是哈勒姆社区仍旧在发展,并且培育出了关于文化和自我的意识。

最终高楼在被废弃了20年的土地上修建起来。售价数百万美元的奢华康多公寓就分布在租金"还能付得起"的公寓旁边,让这些房子的租金在10年内上涨了50%~80%。哈勒姆被誉为美国黑人文艺复兴的摇篮,很多人从出生就在这里生活,而现在他们却无法负担在这里生活、消费和餐饮的支出了。哥伦比亚大学使用"征用权"作为其购买并重建哈勒姆内一片叫做曼哈顿维尔区的地块的法律依据。这个法律依据在运用于士绅化或经济发展中的时候,没有考虑到哈勒姆社区的悠久历史和生活在这里的人们的挣扎。士绅化不单单通过提高物价驱赶长期住户,拿出征用权进行威胁,而且改变了这个文化图景内的其他元素。因为高额的租金和锐减的顾客,具有历史意义的灵魂食物餐馆科普兰饭店(Copeland's)关门了。独立服装商店被老海军服装店和美国服饰公司(American Apparel)击败了。为了让这个社区变得更像5个街区内就有一家星巴克的曼哈顿下城,那些哈勒姆独有的特征正在消失。现在第125大街上就有两家星巴克。我不禁思考:这样的变化对哈勒姆的现代和历史景观会产生什么样的影响? 勒诺克斯大道会继续被称为"马尔科姆·爱克斯大道"吗? 这重要吗? 有办法让"发展""进步"和"士绅化"在不论阶级、种族或历史的前提下囊括所有人的同时好好地平衡过去和未来吗?

我在这个士绅化的大矩阵里占据了一个很有趣的位置。矩阵指一个种族、社会阶级、族群、语言、文化价值和主人翁意识共存的十字网格。我是一个黑皮肤的年轻女子,在哈勒姆、曼哈顿上城的因伍德区生活过,现在住在布鲁克林区,受过良好的教育,有一份舒适的中产阶级工作,而我所工作的大学却是一个让哈勒姆社区感到惧怕的"行凶者"。我的肤色让我可以进入这些正在快速消亡的街区。当我进入一家多米尼加人开的面包房或塞内加尔人开的杂货铺时,没人质疑我的黑人身份。人们谈论着他们的房子租金又涨了,哈勒姆已经没有出售灵魂食物的饭馆了,以及"他们"是如何让我们在这里无立足之地的。虽然我同意这些说法,但是我仍旧感到愧疚,因为我知道"他们"是谁,我付得起"他们的"房租,而且我喜欢芝麻菜、有机冰沙、高速无线互联网以及可以在线点单、送货上门的杂货铺。我接受了士绅化的这些方面,但是令人痛恨的是,直到现在,哈勒姆仍然没有这些东西。

  这种情况中存在的紧张局势并不是什么新鲜事,种族、族群、社会阶级和价值观之间一直存在问题。只有当我们决定坦诚地看待这些问题,为文化和经济多样性的真实意义赋予更高的价值时,才有可能解决这些问题。无视士绅化的负面影响是很难做到的,但我也在尽力寻找其中存在的潜能。采访哈勒姆的白人居民时,一开始我们请他们先谈谈对士绅化的理解,由此获得了很多有趣的回答。在我看来,士绅化是一个机会,让拥有金钱的富人来与附近的居民合作,以振兴经济和文化,使多方受益。

第五章

跨越第 125 大街：21 世纪背景下的
青少年文化素养

"虽然我们生活在 21 世纪,但我们黑人仍在努力证明自己。我们仍然要为我们的权利而战。"菲利普在我们的一次讨论会上分享了自己的观点。为什么年轻人和成年人应该建立联盟,来保护哈勒姆这种社区的历史遗产?菲利普和哈里克在社区参与活动、出席租户协会会议、采访当地居民以及重新思考学校教育价值的过程中,这种情绪始终伴随左右,促使他们越来越老练地利用 21 世纪的文化素养来批评不断变化的社区空间。在《21 世纪文化素养》("21st-century literacies")一文中,我介绍了青少年和成年人每天使用和面对的多模式和多感官实践,包括印刷形式的、视觉形式的、语言的和文化的实践。这些实践说明,在教育研究中,如何通过关注问题解决、意义赋予、分析和合作的方式来解释正在发生的变化,包括全球化、移民、先进技术和经济胁迫(Cushman, 1996;Dyson, 2005;Hill & Vasudevan, 2008)。菲利普和哈里克都非常清楚这些变化与哈勒姆区的士绅化和种族转变有关。

例如,在我们就哈勒姆区的士绅化采访白人居民邦妮(并且被采访人离开)后,我请菲利普分享他在会面时记录的内容。邦妮谈到她不想在哈勒姆区抚养孩子时,菲利普一直在潦草地记着笔记。菲利普告诉我:"我刚才写下很多东西,因为我一开始很生气,不过现在可以告诉你我在想什么了。她既然居住在哈勒姆区,就读于师范学院,为什么不在这里生儿育女呢?那是怎么回事?以前,听到她这么说我会很气愤,甚至不愿听她讲,但现在不同了,因为这个项目,我们在倾听。"他继续说道:"我真的在倾听,搞清楚不同的人来自哪里。在记录关键词或她所说的话的同时,我花了点时间去思考。我问自己为什么……不同意她的看法。甚至愿意考虑一下自己的看法,因为她的看法令我非常气愤,但我把它放在一边。我把自己的看法搁置起来,思考一个我没有的不同观点。"在哈里克认真倾听时我对菲利普说,"这是一种写作的方式",以非对抗性的方式思考和回应他人的看法。菲利普继续说:"是的,就是这样。谁会想到在想法脱口而出之前把它们写下来会控制我的情绪,控制我的自由?它……帮助我倾听人们的意见和立场,让我能够思考对这个话题的感受。"

每当我反思这个事例,就会想起舒尔茨对"倾听-教学-变革这个概念的力量……以及关于教学和教师教育的想法"的描述(Schultz,2003,p.168)。她讨论了倾听的力量和意义,以便跨越各种差异进行教学。这种教学方式主要关注"那些响亮的或沉默的声音,那些可以用来定义班级小组的观点和缺失的想法。"(p.171)。我使用她的理论来倾听哈勒姆区青少年的想法,倾听他们生活中的社会、社区和文化结构。这种教学肯定是发生在我的大学办公室之外的空间,是共享的和互惠的。虽然菲利普因为邦妮说她不会在这里生儿育女而感到很气愤,但是他还是决定倾听她的谈话,这说明他越来越愿意成为对话的一部分,尽管对话中有冲突、不适或分歧。菲利普这样做不仅给自己,而且给那些与他交往的人一个机会,去体验教与被教的不同意义和方法。倾听被采访人的观点增强了菲利普倾听方面的批判性文化素养,这种倾听既鼓励其富有情感(如有反应的、好奇的),又鼓励其具有诠释性(如反思、提问)。菲利普还专门训练自己仔细倾听的能力,表现在他对记录想法的价值有所理解,思考后续问题并接受不同的意见。

哈里克也表现得越来越自信,在通过与别人分享来理解自己的故事的同时,他也在倾听别人的故事。在小亚当·克莱顿·鲍威尔大厦参加租户协会会议(2006年3月)后,我告诉哈里克,我很高兴他在会议开始一个小时后举手谈论他对士绅化的看法。得到发言许可后,我和哈里克、菲利普走到会议室的前面,介绍我们的项目以及我们对了解社区变化的兴趣。菲利普称赞哈里克的行为:"是的,我也很惊讶。你很勇敢,哥们儿。"我问哈里克感觉如何,他说:"嗯,人们都有故事。每个人都想讲故事。"他提到哈勒姆区租金不断攀升的大楼的租户是怎样谈论他们对士绅化的体验以及流离失所的威胁。哈里克指出:"关键在于你如何有目的地讲述你的故事。这不只是你讲的故事,而是这些故事如何说明更大的问题。"菲利普问他对会议上展示的绘制好的哈勒姆区地图有什么看法,哈里克回答说:"我们的地图就是故事,是写作和文学的形式。没错,那就是文化素养!我们正是通过写作社区故事,绘制社区地图,在满是陌生人的房间里站起来讲述社区故事,聆听和展示故事,来理解我们的世界。"我问哈里克他是否认为这些地图就是视觉故事,代表着文化素养的视觉形式,他说:"对。就是与文化素养有关。至少对我来说,了解如何绘制地图,倾听故事表现,站起来讲述我所目睹的状况,就是文学创作。我从来没有从这个角度来看待文化素养,但是这些都是文化素养。我有话要说。"

菲利普和哈里克绘制哈勒姆区地图成为一种多模式的文化素养实践,这项活动始于哈勒姆高中的休息室,并延伸到在我的大学办公室和社区展开的讨论中。他们通过印刷的、视觉的和口头的形式,拓展关于社区变革的想法的交流方式,并根据士绅化的文本阅读材料和口头讨论制作成图像。他们也开始重新考虑与文化叙事有关的社区录制徒步游览活动的价值。通过对标志、符号、图像、文字和语言的使用,他们绘制的哈勒姆区地图代表了多模式文化素养,有助于他们以各种方式学习,并表达了哈里克"我有话要说"的观点。

关于租户协会会议,我问哈里克,他是否认同会议既是个人空间也是政治空间,认同分享自己故事的经验。哈里克回答说:"这与认同空间和人有关,了解你的归属程度。我们都属于这个空间。"对这个问题,菲利普回应道:"我们听过一些故事,你都知道的,这些故事谈及士绅化。你看,人们都在想:'哦,是的,把哈勒姆区士绅化是因为这个贫穷的城区需要改变。我们必须消除危险和恐惧,让这里变得安全。'但他们不了解我们的故事和我们的生活。人们应该看清真相,消除头脑中关于城市社区黑人的负面故事。"哈里克在结束讨论前文时补充道:"那就对了。他们需要……花点时间来参加会议(租户协会),了解我们的故事。也许他们会发现,他们认为哈勒姆区需要的所有修复工作,其实我们并不需要。"

他们要求展示哈勒姆地图并向近五十名哈勒姆区租客讲解一番,能看出来哈里克完全投入到社区并发挥了积极作用,即使他住在上西区,而不是哈勒姆区。哈里克对城市社区普遍的观点提出质疑,这种流行观点认为城市社区年久失修、衰落凋敝,需要士绅化。他建议白人居民"参加会议……了解一下我们的故事……他们认为哈勒姆区需要的所有修复工作,其实我们并不需要。"我和哈里克、菲利普经常谈起,城市社区的负面形象在全国性杂志封面上、广告牌上和新闻报道中太常见了。废弃的建筑、穷人和无家可归者的照片展现了一个重要的问题,即公众对城市的理解如何从表示"社会组织的特征,包括社区意识、积极的邻里认同、明确的规范和对异常行为的制裁"(Wilson, 1987, p. 3)转移到"骚动、悖论、冲突和困境"等质量问题上(Clark, 1965, p. 11)。关于城市社区的公众舆论与历史观,都倾向于关注衰退的因素(例如犯罪、失业、废弃场所和金融萧条时代),而不是关注斗争、抗议、热爱和社区的故事。这很不公平。这一点在菲利普的观点中很明显地体现出来:"他们不了解我们的故事和我们的生活。"

根据博勒加尔(Beauregard,1993)的观点,我们在关注人们对城市消极方面的看法时,忽略了"物质矛盾和文化矛盾促使大城市成为衰败、撤资和退化场所"(p.305)。人们在城市中的不同经历有助于讲述更多关于城市景观的意义、表现和形象的故事,而这些情况经常被人们忽视。这种看待城市的方式既不会激发各种社区故事不断涌现,也没有充分考虑到人们的斗争情况、身份认同和生活经历,在士绅化社区,他们虽然住在社区中,但也有可能被迫搬走。相反,它忽略了"物质矛盾"——城市社区中共同的、有争议的、相互竞争的力量,关注衰落而不是社区生存,关注种族隔离而不是社区合作形式,关注负面的形象而不是共同斗争的故事。不关注这些矛盾就是接受"常态化"。根据福柯的观点,常态化通过鼓励人们"确定级别、决定专业,并通过相互适应减少差异"从而实现同质性(Foucault,1984,p.197)。福柯对常态化的抵制和博勒加尔对矛盾的关注呼应了青少年在这个跨越界限记录各种故事或真相的项目中的工作(例如城市景观或斗争和成功的故事,士绅化的社区居民或新来的人的故事和归属的故事)。我们用什么方式来重新构想城市社区,以实现其从消极的、被遗弃的到积极的、有艺术性的,甚至是矛盾的转变?在面临士绅化和"更新"的社区中,当地的故事讲述了哪些关于历史和艺术复兴的内容?

本章探讨青少年如何利用艺术形式来改变对城市社区的负面描绘和公众认知(如大众媒体、大众文化等)。在发现哈勒姆区艺术价值的同时,青少年逐渐影响到社区中成年人的学习和行动,这对教学和研究具有重要的教育意义。传统上,教育是从固定的权力位置开始发挥作用,即成年人在学校里凭借这种权力位置"教导"青少年。本项目的参与者均对在教育背景下学生和教师的角色转变有所了解,因为教育就是一种互惠的、共享的体验,青少年可以为成年人(例如教师和社区成员)提供重要的知识。通过这种方式,有色种族历史悠久的斗争和文化资源表明了保护一个位于十字路口的社区和对存在于实现城市复兴和士绅化的努力的紧张关系进行评判的重要性。

在继续对这个地方的文化素养、种族和白人化进行调查的同时,哈里克和菲利普通过对衰落的迹象加以关注,对艺术价值的积极反应(即通过绘图、摄影和视频访谈)来记录艺术形式。在本章中,我们探讨了菲利普和哈里克如何对抗空间政治以影响成人在更加广阔的社区中学习。虽然有点迟疑,但他们越过第125大街的边界,进入一所地方大学,这里"看起来不像家"(哈里克),并且"感觉比我的高中英语班级更加陌生"（菲利普）。哈里克和菲利普与白人研究生交谈，其中许多人都想在城市学校中讲述与哈勒姆的社区状况、艺术和斗争有关的内容。在考虑"哈勒姆就是艺术"的同时，哈里克和菲利普将他们对艺术的定义，从诗歌、音乐、绘画和博物馆中的文物扩展到人们斗争的歌曲、激励社区对话的工具以及日常生活的视觉标志——住房项目、废弃的店面、"废墟"以及连接哈勒姆区西部和东部繁忙的第125大街。这一定义的基本原则是杜威（Dewey,1959）的艺术美学或"艺术即经验"——单独的艺术品与生活、经历和地方文化的现实情况直接相关。哈勒姆区的青少年故事印证了哈里克的观点，即"故事……说明更大的问题……与文化素养有关"。

哈勒姆、艺术与文化素养

很多时候，我们上学、工作、购物甚至回家时，都没有认真观察一下我们所穿过的社区。我们能从日常的城市景观中了解到什么？从建筑设计、文化活动到地方社区在民权运动中的作用，城市地域和空间有着丰富的历史。我们可以把社区作为冲突地点，或根据玛丽·路易斯·普拉特（Mary Louise Pratt,1991）的描述，作为"接触区"（contact zones），来研究社区是如何发挥作用的，同时也可以研究这些社区是如何成为安全空间的，贝尔·胡克斯（Bell Hooks,1990）称之为"家园"。我相信，我们可以通过倾听人们，尤其是青少年对他们邻居的讲述来进行这种研究。

一个星期天的下午，我注意到菲利普和哈里克在对哈勒姆区进行观察。我被拉去记录他们关于人们对城市社区持有刻板印象的谈话。许多关于哈勒姆就是艺术的复杂想法被揭示出来，我认为这些想法与21世纪的文化学习有关。在我开始与菲利普和哈里克合作并密切关注他们对社区和变革的感受之前，我并没有想太多。以下是一段摘录：

哈里克：哈勒姆就是艺术。

菲利普：哈勒姆就是艺术，我听见了！

哈里克：人们不应该谈论哈勒姆这样的地方，好像这是一个糟糕的、危险的地方似的。哈勒姆不应受到批评，而应被欣赏。

菲利普：人们谈论哈勒姆，我们黑人的社区，这里有拥挤的街道和塞满座位的黑人学校。他们不知道我们疯狂的节奏。这就是我们行走的艺术,宝贝,以及我们男人如何交谈的艺术。哈勒姆就是艺术。他们称之为士绅化的东西无法把艺术从哈勒姆中消除。它可能会将黑人和白人分开,这取决于哪些人可以留在这里,但对我来说哈勒姆永远是艺术。

哈里克:哈勒姆就是艺术……哈勒姆就是文化,即使我们不像住在城镇的另一边,住在东边的白人那么富裕。至少对我认识的住在这里的黑人小孩来说,哈勒姆就是艺术和文化。

菲利普:哥们儿,设想一下即将发生的事情,我们将拥有这样一个纽约市,这里不但有黑人学生和类似即将士绅化的哈勒姆的黑人社区,还有白人学生和类似上东区的白人社区,那是一个不同的世界。

哈里克:这是一个不同的世界,但是哈勒姆仍然就是艺术。

我和菲利普、哈里克十分关心"黑人学生和类似即将士绅化的哈勒姆的黑人社区与白人学生和类似上东区的白人社区"之间的差异,因此,我们发起了一场对话,这场对话涉及哈勒姆区的艺术如何成为另外一种对士绅化的文学回应。通过共享方言押韵书或期刊作为我们提出关于社区变革问题的文章空间,我们经常交流关于哈勒姆区艺术的想法,包括建筑设计、建筑物外墙的壁画以及我们在街上听到的人们说话时的音律。从我们的方言押韵书、社区观察结果和社区会议的参与来看,菲利普和哈里克在逐渐习惯使用语言来搜寻士绅化更深层含义的同时,也在不断地通过参加数据成员检查会议(Lincoln & Guba, 2000)来实践这些方法。这样做鼓励他们批判性地思考他们对社区变革的冲突性回应(例如,"把人们分隔开来""将要发生的事情""即使我们不像住城镇的另一边""这是一个不同的世界")。

如前几章所述,菲利普和哈里克都非常喜欢哈勒姆区著名的第 125 大街。他们认为第 125 大街是一个"艺术在不断发展"的地方(菲利普)。哈里克在他拍摄的社区纪录片的一个片段中评论道:"哈勒姆已经是艺术了。几十年了,这里就是艺术,尽管它现在正被士绅化,以创造一种艺术感——(菲利普打断道:'一种虚假的艺术感。')如果这种新的艺术和新的哈勒姆区将改善我们的社区,那为什么它要把这么多在这里生活多年的黑人居民驱赶出去?"菲利普不由自主地回答道:"是时候让年轻人站起来讲述哈勒姆区的价值了。看,你还能在哪个社区找到这么多的黑人印记?"

在本书中，我描述过菲利普暗示的一些黑人印记，如阿波罗剧院、哈勒姆工作室博物馆、小亚当·克莱顿·鲍威尔大厦、尚伯格黑人文化研究中心、哈丽特·塔布曼花园（the Harriet Tubman Gardens）、弗雷德里克·道格拉斯小区以及当地高中和丰富学习中心。他还提到了建筑物外墙上出现的名言，摘自马尔科姆·爱克斯的演讲的铭文，这些名言在哈勒姆区年轻居民和成年居民穿的 T 恤上也很常见。菲利普还将这些故事的价值视为嵌入人们争取权利（如教育、住房、投票、经济、政治）的地方历史和国家历史中的"艺术"。

菲利普致力于对艺术形式的研究，以理解社区的变革。菲利普、哈里克和其他城市青少年都能够创作真实的、描述性的故事，挑战城市空间的负面形象（Beauregarl，1993），并告诉成年人要学习和行动。哈里克的观点"人们都有自己的故事"，不仅仅是呼吁青少年讲述他们的故事，还呼吁青少年和成年人"有针对性地"交流他们的故事。哈里克认为故事的感染力和意义会创造代际合作，人们在这种合作中通过分享或争论的方式，交换关于身份、归属感和斗争的故事。这样的交流有助于保护、保存和优待未得到充分研究的社区历史。

哈里克认为："人们不应该这样谈论哈勒姆，好像这是一个十分糟糕、危险的地方似的。"这个观点与菲利普"哈勒姆就是艺术，你听说过"的论点有关联。他们"站起来讲述哈勒姆区的价值"，呈现处于变迁地域中的人们的斗争、社会政治紧张态势，以及人们的转变（菲利普）。他们阅读当地报纸，参加租户协会会议，并拍摄社区的历史地标。同时，他们尽力去理解为什么学校不愿意对当地社区的文化素养问题做出解释。他们提出问题，包括前总统比尔·克林顿（Bill Clinton）和纽约市议员比尔·珀金斯（Bill Perkins）在内，为什么人们愿意在哈勒姆区居住或办公。在菲利普看来，"克林顿搬到哈勒姆区居住看起来不错，但是之后我们的房租就会上涨……还有珀金斯，那是另一个故事。"关于后者，哈里克点点头表示同意，然后问道："珀金斯不是在第 125 大街附近有办公室吗？"菲利普说："他竞选时好像在第 121 大街附近有个办公区域。现在问问我从那时起见过他没有。看，事情就是这样。真正的承诺在哪里？人们进来了，但他们留下了吗？"菲利普和哈里克讨论哈勒姆区的空间变化时，我决定倾听他们的声音、故事、经历和分歧，倾听的方式与我希望他们倾听我讲话的方式一样，即以开放的心、批判的头脑和总是追求更多故事的质疑精神来倾听。用哈里克的话来说，正是这种追求使我相信"哈勒姆就是艺术……哈勒姆就是文化。"

菲利普说:"这是我们做事的艺术……我们如何交流的艺术。"这种形成于哈勒姆的艺术不仅仅指艺术品(例如绘画、图书等),还指哈勒姆的居民自身。他提到,知识和力量使哈勒姆区成为20世纪20年代哈勒姆文艺复兴时期黑人生活的圣地。那个时候,文化素养(例如围绕痛苦进行写作,阅读有色种族撰写的文学作品,解释历史和实行学徒制)的意义和人类斗争的经历(例如种族主义、歧视)都转向艺术。菲利普指出:"据我所知,人们正在用行动在社区创作他们生活中的音乐,而非坐等他们不喜欢的事情发生。"对哈里克来说,人们并非"像机器一样等待被按下按钮,所以他们可以站起来"。相反,他们行动起来了,互相交流生活在世界各地的情况。在后一点上,我仍然可以听到菲利普在说:"看,学校试图把我们变成机器。士绅化就是一台机器。有了学校和士绅化,我无法演唱自己的艺术作品。"

疑惑的感觉交织着真正想要理解的愿望迫使我深入思考菲利普关于失败的声明:"我无法演唱自己的艺术作品。"考虑到在哈勒姆高中与L女士共事期间我对菲利普和哈里克的观察,作为一名教育者和研究人员,学校把学生变成"机器"的说法令我沮丧。最初,对于传统的学校资助学习的日常生活,他们俩似乎都只是走个过场。当他们最终意识到L女士对教学和与学生合作的热情时,他们开始被批判性文化素养所吸引。然而,这只是他们在教育旅程中遇到的众多班级和老师中的一个,对他们而言,"坏的"远远比"好的"多。另外,我回忆起他们一贯的坚决主张,即先默读词语"不能演唱",然后一遍又一遍地大声朗读,这样我才能理解更重大的观点。在这样做的过程中,我意识到菲利普一直都想唱自己的歌,创作自己的艺术,并根据那些源于各种经历的意义舞动起来。

与菲利普和哈里克后续对话的话题更为广泛,教会我以新的方式,把艺术看作"你没有获得创作许可的行动"(菲利普)和"我们内心中想要跳出来的东西"(哈里克)。把艺术看作行为,意味着他们通过探索哈勒姆区自由和表达的意义来理解这个变化着的世界。这也有助于他们质疑学校教育的目的。对菲利普、哈里克和他们的同学来说,那就是"不要讨论公共空间"(菲利普)和"人们生活的和上学的地方发生的那种事情"(哈里克)。当菲利普和哈里克研究"把哈勒姆当作艺术"和"学校试图把我们变成机器"时,他们开始发现其他人是如何隐喻性地描述互动空间的:"全球-本地""位置""第三空间"和"城市"(Keith & Pile, 1993, p. 1)。研究对空间的描述,反思他们的教育经历,争论"哈勒姆就是艺术"有助于他们通过文化框架来走近士绅化。

当菲利普和哈里克决定穿过第125大街时,他们意识到,一个人的文化实践和身份,特别是对居住在穷人和工薪阶层的城市社区和农村社区中的有色种族来说,常常被大众媒体负面描述。他们同意索娅极力主张的观点,即空间是为了隐藏后果而创造的,也就是说,空间常常起到隐藏人类现实、差异和世界各地存在多样性的作用,因为"权力与纪律的关系被铭刻在社会生活中明显的无恶意的空间中"(Soja,1990,p. 6)。菲利普和哈里克接受了索娅的观点,他们仔细考虑了鼓励社区成年人使用艺术(例如宣传运动、地方博物馆、历史建筑、大街和林荫大道)来改善和保护这个地区的方式。这些方式包括在社区节日和店铺的橱窗中展示当地艺术家的作品,要求附近的博物馆和剧院在每月的第一个或最后一个星期五颂扬哈勒姆区的文化遗产及其当代街头艺术家。他们希望包括教师、商家、顾客和长期居民在内的成年人拥有积极的社区身份。他们希望这些成年人通过了解边界历史建构,即文化、身体和心理上的建构,既可以禁止也可以允许"特殊身份、个人能力和社会形式"(Giroux,1992,pp. 29 - 30),自愿越过边界。菲利普和哈里克不想被禁止在社区生活或参与活动,即使它被士绅化了。此外,他们也不希望哈勒姆区有色种族居民的文化实践和身份被忽视、抹去和遗忘。菲利普和哈里克影响城市社区的一种方式就是使用摄影和视频采访来捕捉哈勒姆区不断变化的状况。

记录"哈勒姆就是艺术"或"把哈勒姆当作艺术"

这个关于哈勒姆和艺术的项目最难的部分是面对来自哈勒姆以外的新人,他们认为这个社区充满了新事物:迪士尼商店(现已关闭)、魔术师约翰逊电影院、老海军服装店、爱柔仕鞋店和魅可化妆品商店(Mac)。顺便说一下,我想知道有多少现在进入哈勒姆区的人知道特蕾莎酒店就在爱柔仕鞋店和魅可化妆品商店附近的拐角处。他们不知道。他们忽略了我们经常看到的事物,那些像特蕾莎酒店这样的、我们历史上基本的、重要的事物。(菲利普)

特蕾莎酒店位于西第125大街和小亚当·克莱顿·鲍威尔大道的交界处,于1913年开业。20世纪40年代,该酒店废除种族隔离制度后,许多非洲裔美国人都住在那里,包括路易斯·阿姆斯特朗和莉娜·霍恩。现在该酒店是一个办公场所和纽约市的官方标志性建筑。它通常被称为马尔科姆·爱克斯为非洲裔美国人团结组织举行会议的地方,古巴的菲德尔·卡斯特罗(Fidel Castro)在他第一次访问该市和联合国期间居住的地方(卡斯特罗还在特蕾莎酒店会见了马尔科姆·爱克斯)和拳击手乔·路易斯(Joe Louis)庆祝各种胜利的地方。在了解特蕾莎酒店的历史后,菲利普和哈里克还发现这个地址是代表黑人力量和行动主义的历史性标志。

在菲利普向哈里克和我解释了被人们"忽视"了的整个社区历史遗迹的价值后,他和哈里克交换了关于把哈勒姆当作艺术的观点:

哈里克:是的,就像耀眼的灯光和昂贵的门票出现之前阿波罗剧院的样子。你认为我们(黑人)现在负担得起吗?

菲利普:你的意思是在所有白人开始觉得很安全,可以接管哈勒姆区和社区景点之前吗?新的阿波罗剧院就是他们认为充满异国情调的黑人社区的新"艺术空间"。真是好笑!

哈里克:但其他人认为……哈勒姆区的艺术不是日常……的真实反映。

菲利普:这不是我们必须居住的环境。为什么我必须住在一个配有廉价消防通道的公寓楼里,而拐角处是一幢新建筑,所有的新公寓都配有真正的阳台?为什么我必须同垃圾、犯罪和毒品打交道,而他们却不必如此?我们都生活在这里。

哈里克:是的,我住处的街对面是带阳台的公寓。就在街对面!它在那里是如此不同。这些都是人们不想看见的东西。他们相信社区里正在发生的事情就像是第二次文艺复兴……另一场哈勒姆文艺复兴。

菲利普:第二次什么……哈勒姆文艺复兴?不要误会我的意思,哈勒姆区有很多新鲜事,有些是好事,有些是坏事,有些我还不明白。但新的如何取代旧的:康多公寓与住房项目,白人与黑人,阳台与消防通道,沉默与社区聚会,不认识邻居与获得人民的支持。这就是文艺复兴吗?

哈里克:清洁的环境与垃圾、犯罪、毒品和腐臭的气味。

菲利普:我们生活在二选一的状况里,所以说哈勒姆区正在经历第二次复兴是不对的。不要误解我的意思,所有这些废墟的下面都是艺术品。你只要认真寻找就能发现。

哈里克和菲利普的交流回应了海姆斯(Haymes,1995)关于"地方教育学"应该如何关注社区种族问题和斗争的讨论。这种教育学涉及哈勒姆区的物理区域、物质条件,变化中的景观或"旧与新"。对哈里克和菲利普来说,"旧"与"新"的关系包括整个哈勒姆区的视觉形象和空间变化。特雷莎酒店、尚伯格中心、社区文化活动以及街头人群与街头小贩交谈都代表着"旧"。社区居民、企业主和活动家之间关于哈勒姆区的人和事的对话,例如白人与黑人和其他少数族裔群体、康多公寓与住房项目以及阳台与消防通道,均指向"新"的迹象。当我要求他们谈论哈勒姆的艺术,或者像菲利普所说的那样,"把哈勒姆当作艺术",他们的关注顾虑转向一个人对社区的归属感,这个社区正在经历与士绅化、人口结构变化和被遗忘的历史相关的快速变化。

我和哈里克、菲利普通过摄影、绘图和视频纪录片,从他们家庭周围的区域开始记录变迁的故事。哈里克的纪录片始于对社区艺术的反思。他努力解决如何记录"弗雷德里克·道格拉斯项目中艺术的问题,而我的周围却是那些看似什么都不在乎、把纸屑扔在地上、贩卖毒品、总是闲逛的人"。他补充说:"我厌倦了看到这些东西。我知道艺术就在那里,因为哈勒姆是非洲文化和斗争的历史地标……而且这段历史渗透进上西区。"我认为哈里克在表达一种对社区正常化的渴望——希望他所在的街区"友善、干净、安全,你知道,就像在街对面那样"。然而,他的立场从正常化转向了矛盾,因为他对街区正在经历的明显变化感到焦虑——"为白人重建的太过昂贵的商店"和"正在消失的历史标志"。不过,当哈里克建议菲利普拍摄一段承载这个前奴隶名字的标志的视频时,他最终向我指出了他所在住宅区的名称——弗雷德里克·道格拉斯。虽然哈里克无法现场告诉我和菲利普这个住房发展项目名称的意义所在(见第二章),但他确实说:"当我把哈勒姆看作艺术时,我得环顾我居住地的四周,从而更好地了解这里的历史。"

几天后,在他研究了弗雷德里克·道格拉斯之后,哈里克说:"道格拉斯首先是一个奴隶,然后才是一个废奴主义者。这对黑人来说很重要。这就是艺术,嗯,这就是斗争。"停顿了好一会儿,哈里克冷静下来,默默地揣摩他想用来传达自己真实情感的话,继续说道:"这就是艺术和历史。这就是我们在学校里无法学到的东西。我从未在历史课、地理课、英语课或其他课程中学习过(这些相关内容)。我从来没有进行过哪种标准化测试,问我对此的看法。"事实上,哈勒姆高中的教师在其课程中确实讲述过道格拉斯和其他重要人物。然而,哈里克的评论指出了讲授道格拉斯其人其事和建立道格拉斯(例如生活奋斗)与教室中讲授的当地历史课程之间关系的疏离。哈里克把手伸进背包,寻找他的方言押韵书。"我打赌他是在找他的方言押韵书。"菲利普说,哈里克回答说:"我正在找。我写的东西与我们谈论的内容有关。瓦莱丽,我想你拿走了我的书。"我确实拿了他的方言押韵书,哈里克让我"稍后浏览一下讲述学生在其社区看到的事物的文章,因为那是历史标志,我们在学校里是学不到的"。哈里克想再多说点,他的肢体语言已有所表示,菲利普和我都在等他找到想使用的词语:"我们在探讨如何区分事物:穷人区与富人区,黑人与白人,士绅化和白人的优越感(菲利普纠正道:'是白人特权。')。老师为什么不问问我们?这些事情对我和我这个年龄的人来说很可怕,但没有人征询我们的意见。"

我们站在那里,哈里克强有力的话进入我们的耳朵并穿过我们的心脏,一边是拥挤的 M100 巴士传来的噪音,另一边是戴着安全帽的建筑工人,这些事物把我们带回纽约市不断变化的空间。尽管有噪音,我还是在思索哈里克所说的话:"把哈勒姆当作艺术""哈勒姆的艺术",还有"历史的标志""斗争""老师为什么不问问我们"。我找到了哈里克的方言押韵书,很快就翻到他提到的那段文章:

> 我一直在与瓦莱丽和菲利普沟通。我们讨论事情的进展。我看到社区经历了很多我无法理解的变化,这让我感到害怕……除了我们在一起的时候,我没有地方去想这些事情。我试着和老师们交谈,他们似乎很感兴趣,但"不得不继续做今天的事情"。我只想在课堂上待上一天,谈论一下矗立在我们面前的真实的历史标志,也许写点这些符号的含义和它们给我们的感受。我可以利用社区证据来支持这种写作:士绅化是新事物来临的标志。我是怎么知道的?看看又建起多少新的、高价的公寓,我们(哈勒姆区的穷人和工薪阶层的黑人居民)既买不起,也租不起。我们应该强迫学校讨论这些事情和历史,教会我们讲述关于这些的故事。

哈里克认可社区中的历史标志,也知道"有些"学校不让学生参与对这些标志的批判性讨论——"不得不继续做今天的事情",他还通过艺术形式讲述了一个归属的故事。他用数码相机拍摄弗雷德里克·道格拉斯小区项目,一排排与项目相邻的废弃店面,以及街对面带阳台的康多公寓——"为什么白人居住的康多公寓有阳台,而就在其对面,像我的家人一样的黑人却住在拥有破烂消防通道的公寓里?"(哈里克)后来,他带着我和菲利普观看了另一段徒步游览该地区的视频。他描述了对士绅化的负面感受,他指出,新事物的产生(如新的康多公寓、新居民和即将进驻社区的新企业)往往不考虑当地学校、小企业和即将陷入颓败的住房项目。哈里克的视觉文本(例如照片、视频采访)反映了语言交际模式无法全面捕捉到的现象:一个使用艺术形式创作社区故事的青少年的"美学交际能力"(Vasudevan, 2006, p. 214)。他的故事涉及空间、地理、斗争,促使他对艺术、社区和权力赋于新的定义。

与哈里克很相似,菲利普也有关于他周边环境的艺术故事,尤其是关于新事物的艺术(例如翻新的公寓、阳台、白人居民的涌入)和旧事物的艺术(例如老公寓、消防通道、长期居住在此的黑人居民)。菲利普认同哈里克对"历史标志"的认识,他谈到哈里克对当地破败的建筑的感受:"在这种新艺术的中心地带有很多建筑,大都废弃了,但似乎没有人认为这是疯狂的。如果没有人站起来告诉人们哈勒姆就是艺术,多年来一直如此,那么还会剩下什么?他们会因为需要那块地方建高楼而拆掉小亚当·克莱顿·鲍威尔大厦吗?"菲利普接着谈到阿波罗剧院是当地新人进行"业余之夜"表演的地方,人们可以买到便宜的票,观看著名的演员"在舞台上表演"。这对菲利普来说已经不再是现实。2006年5月的一个周三晚上,他看到一长队白人进入阿波罗剧院,他惊呆了。他评论道:

> 我们(菲利普和瓦莱丽)参加完一个会议,正从鲍威尔大厦走出来。在会上,活动家们抱怨居住条件,租金增加,住宅区管理层给予的不公平条件。接下来我知道,我们走近阿波罗剧院,他们就在那里……把我们的社区艺术据为己有。他们可能还没有意识到阿波罗剧院旁边混凝土围墙上的艺术品是由当地一位黑人艺术家创作的。我很高兴我有台数码相机。

利用这台相机,菲利普拍摄了一组"改建阿波罗剧院前面的白人"的照片。在我们共享方言押韵书期间以及在随后的采访期间,他把这些照片与他拍摄的黑人照片进行比较,这些黑人照片描绘了黑人进入哈勒姆工作室博物馆的情况,以及黑人在鲍威尔大厦和其住所附近(第125大街往南只有8个街区)新公寓楼的建筑工地前等公交车的情况。在比较中,他强调"改建阿波罗剧院前面的白人"的种族特征,将其作为一个不断变化、即将被士绅化的社区的象征:"在我的成长过程中,他们从不居住在这里。

他们太害怕了,根本不会来哈勒姆,尤其是在晚上!这种情况永远不会再发生了。"菲利普承认,哈勒姆区那"排着长队的白人"的存在使他感到不舒服,因为"他们改变了这个社区的面貌,夺走了像阿波罗剧院这种地方的艺术真谛。黑人总是会去阿波罗剧院或博物馆看看,无论他们是居住在哈勒姆区,还是只去参观一下"。他继续说道:"大多数黑人都知道哈勒姆区或者住在类似的地方。我们分享这种斗争。但白人知道哈勒姆区是个艺术之地是因为士绅化。这是两种'知道',不一样的。"与他对黑人化和白人化的初步理解相反,菲利普的观点现在以批判性思维为基础,并指出这些概念清晰程度更高。那就是说,黑人化不仅关涉迁入并改变哈勒姆区的中上阶层黑人,也关涉跨越个人经历和阶级状态,在与白人(主流)价值观相比较之后承认美国国内斗争与政治斗争的历史悠久的黑人。这是一个重要的区别,因为它表明菲利普对黑人的种族、地域和身份之间的联系的理解日益增强。那就是说,为黑人营造空间的行为(例如创造安全空间和促进积极的社交接触)在历史上与创造和保护安全空间的共同斗争直接相关。菲利普和哈里克开始意识到这一点。

在弗雷德里克·道格拉斯大道和第117大街交叉口附近的一次视频拍摄步行游览活动期间,菲利普指出这个角落里有一座翻新过的公寓楼,另一边有一家新药店和"疯狂定价"的新干洗店。他提到一家废弃的自助洗衣店,紧接着又谈论起一块设有路障的空地,许多社区成员聚集在那里进行社交活动:

> 我经常看到这些情况。以前我没有注意,但现在我注意到了。在这一片废墟中我看到什么艺术品了吗?这边是新的公寓大楼,那边是旧的公寓大楼!那里新开了一家干洗店,这里是关闭了的洗衣店!就在这里,哈勒姆区。是的,如果我想要记住历史,就必须这样做。我相信旧事物比一时的新事物更具有艺术性。但除了你和哈里克,没有人问过我,没有其他人真的希望我讲述我的故事,关于我认为自己在这里想要得到什么的故事。

我告诉菲利普,我相信他已经开始进行批判性文化素养活动,他围绕着斗争、艺术、社区变革和士绅化等主题把自己的想法理论化了。我也鼓励他在高中的环境里想办法彻底搞清楚这些想法。在L女士英语课上的自由阅读和写作课期间,我走到菲利普跟前,并在征得老师同意后,让他用语言和图像讲述他在社区徒步游览视频中谈到的内容:在围绕哈勒姆区士绅化的辩论日益激烈的情况下,那些他想要的东西和他愿意为之斗争的东西。经过三个不同的自由阅读和写作课程,在其他学生和L女士参与的情况下,我们合作画了一幅他想要的东西的示意图。图5-1展示了我们合作的成果。

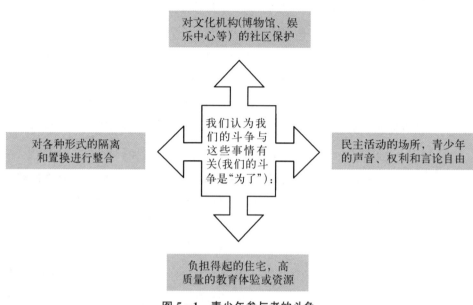

图5-1 青少年参与者的斗争

菲利普的示意图,用他自己的话说,"就是关于不要因为新事物的来临而摆脱旧事物。就像我在视频中所说的,旧事物很重要,它远比一时的新事物更具艺术性。我正在努力接受旧艺术,而不是沉迷于新艺术"。菲利普的斗争传递的信息超出了教室里给予的教育,延伸到了当地文化。很明显,在学校企业化和城市社区士绅化的公开辩论中,"拥抱旧艺术"几乎无人问津。然而,我坚信"旧艺术"应该与新艺术一起受到欢迎和批评,因为哈勒姆区和美国其他社区经历了重大的空间、种族和经济变革,这给那些住不起的青少年和成年居民造成严重的影响。因此,跨越的想法——无论是意味着跨越第125大街的实际边界,还是意味着跨越与变化相关的情感和心理障碍——极大地影响了社区中每一个人的参与和行动程度。菲利普和哈里克非常了解这一现状。

为了更广泛地谈论这场斗争,在小亚当·克莱顿·鲍威尔大厦举行的社区行动会议上,我和菲利普、哈里克见到了维维安(Vivian)、芭芭拉(Barbara)、塞尔玛(Thelma)、约翰(John)和其他一些成年人。这次会议的主题是从士绅化、高额租金和黑人居民流离失所中"拯救社区",以及保护"旧事物"。在这个议题中,对菲利普、哈里克和许多长期居住在这个区域的黑人居民来说,"旧事物"意味着一段斗争与生存的空间历史。这个时候,由青少年捕捉到并记录下来的艺术与社区状况对成年人的学习产生了影响。通过与保护社区的成年人(如居民、教师和我)交谈并向其解释自己对士绅化的看法,菲利普和哈里克鼓励他们对当前的社区实践(例如集会和会议的价值,关心或保护社区)和假设(例如青少年没有发言,他们不关心社区)提出质疑。与此同时,成年人也鼓励菲利普和哈里克研究该社区的长期斗争历史(例如种族隔离,争取民权)和政治领袖(例如马尔科姆·爱克斯、小亚当·克莱顿·鲍威尔)。在这样的环境中,对青少年和成年人来说,学习是相互的、积极的和变化性的。青少年的行动主义与成年人的学习碰撞在一起了。考虑到这一点,我和哈里克、菲利普在大学办公室的一次会议上画了一张示意图,描述了我们"反对"的内容。我们将其展示给其他成年人。

这张示意图是对菲利普关于"我们认为我们的斗争与这些事情有关(我们的斗争是'为了')"那张图的回应。它讲述了菲利普和哈里克以及他们的一些朋友(包括戴蒙)努力防止的事情,如士绅化、流离失所和白人化(见图5-2)。制作示意图时,菲利

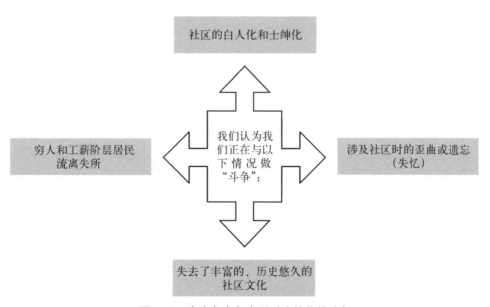

图5-2 青少年参与者反对士绅化的斗争

普和哈里克回忆了他们与薇薇安和社区其他成年人的简短对话,这些成年人要么在附近社区居住,要么在附近社区工作,要么是在当地租户协会会议上见过的。那些对话有助于青少年理解他们的言语和行为如何影响成年人的行动主义:"当我们在会议上展示地图、图片和其他物品时,他们(成年人)有很多问题要问我们。他们会问,作为成年人,我们能做什么?我们怎样才能帮助你们继续你们的工作呢?我们的故事能提供什么?"(菲利普)哈里克接着回忆道:"他们在听我们说话,好像他们相信我们是认真的。我们展示地图,谈论图片……告诉他们一些社区故事。他们在学习。我们在教学。"

在接下来的几周里,菲利普和哈里克检查了他们在哈勒姆区拍的数码照片。正如薇薇安要求他们做的那样,他们也开始想象社区和学校中关于哈勒姆区过去不为人知的成年人故事。他们的想象促使他们思考这里过去——"以前这里是什么样的"——是如何成为"真正"的哈勒姆文艺复兴(始于20世纪20年代,而不是目前正在发生的导致士绅化和空间变化的所谓文艺复兴),以及遍及美国和移民群体的诸多民权抗议活动的先驱的。许多照片、视频采访和对话记录了他们对哈勒姆区悠久历史的研究。这些物品表明他们越来越有兴趣与成年人展开合作,记录故事,保护哈勒姆区免受士绅化和商业化的影响。

青少年如何看待"将哈勒姆当作艺术"与社区新事物的涌入之间的关系?一方面,他们很好奇看到新的连锁药店;另一方面,他们对不再参加某些社区仪式感到沮丧,这些仪式以前就在空地上举行,而如今这块空地已被店铺占用。他们的沮丧导致他们认为新事物是消极的,是企图掩盖或忽视哈勒姆区过去的艺术。在菲利普看来,"这个地区的许多商店已经开张,带来了不同的人。这改变了哈勒姆区的整体感觉,包括我们所说的艺术"。哈里克对此表示赞同,他认为哈勒姆区一直是一个艺术形式占主导地位的地方,即使是在"不那么受欢迎的(街区)街道上,甚至是像我住的这种位于哈勒姆区边缘的地方"。菲利普和哈里克都认为,在新店开张之前,这里有很多交谈、博物馆、游行、节日和街区表演,这一点得到了社区长期居住的成年人居民的证实。然而,"我们没有那么多人,因为许多人离开了,留在这里的费用他们负担不起"(菲利普)。即使存在这一现实情况,菲利普和哈里克仍然坚持认为哈勒姆就是艺术,"士绅化不能带走它"(哈里克)。哈里克和菲利普拍的科顿俱乐部、哈勒姆工作室博物馆、哈勒姆基督教青年会、奥杜邦舞厅、阿比西尼亚浸信会教堂、埃林顿公爵雕像和马库斯·加维公园的照片重申了这一点。他们的照片记录了哈勒姆区和整个非洲移民群体的艺术和政治活动的遗产。他们的图像把艺术描绘成一种媒介,为哈勒姆文艺复兴中的非洲人、非洲裔美国人和拉丁人的表现打开了大门,使之走入现代。

这些照片充分说明了他们对"艺术即经验"(Dewey,1959)的新定义,是日常生活中看得见的标志。对菲利普和哈里克来说,这些照片与他们称之为 20 世纪 20 年代哈勒姆文艺复兴时期的"青少年和成年人艺术运动"联系在一起。在他们的照片拼贴画中,他们提到兰斯顿·休斯、佐拉·尼尔·赫斯顿和詹姆斯·韦尔登·约翰逊这样的非洲裔美国文学学者。他们的拼贴画和日志表明了年轻艺术家作为社区成年成员学徒的价值,这有助于使哈勒姆区成为展示黑人文化的主要场所。在 20 世纪 20 年代,哈勒姆区艺术的重要性与该社区关于代表权、种族主义和社会经济冲突的历史斗争是并行的。现在,哈勒姆区正在经历士绅化,我想知道,"成年人,黑人和白人,拉丁裔和波多黎各居民和政治领袖,那些应该保护社区的人在哪里?社会活动家、政治家、教师、艺术家在哪里?那些我们被告知要追随的人在哪里?大家在哪里呢,其他的'薇薇安'呢?哈勒姆文艺复兴时期的学徒制模式在哪里?"(哈里克、菲利普和瓦莱丽询问问题)。

探索文化素养的学徒制模式

哈里克:我看着哈勒姆,觉得艺术不仅仅是写作、诗歌、绘画、舞蹈和唱歌。

菲利普:艺术也是斗争。这就是哈勒姆。

瓦莱丽:似乎跟我们"把哈勒姆当作艺术"的看法是一样的。

菲利普:但是没有多少成年人会这么说。我认为没有太多的成年人会相信,像我和哈里克这样的人对艺术和哈勒姆区有什么重要的话要说。这又回到我之前说过的……有些人认为他们有权利说话,而其他人则没有权利说话。有些人认为哈勒姆只是许多生活在廉租住宅区中不关心社区的贫穷黑人。

哈里克:我们关心社区,这就是我们开展这个项目的原因。我们知道我们必须关心。如果成年人能接受这一点就好了。你知道,成年人可以从我们身上学到很多东西……薇薇安做到了。

瓦莱丽:举个例子吧?

哈里克：例如哈勒姆区发生的变化影响到在这里生活了很长时间的勤劳而奋斗的人们。像我和菲利普这样的青少年知道这一点，我们看到了，并用相机记录下来这些变化，讲述那些需要被讲述的故事。

菲利普：你们（成年人）不能整天坐在那里抱怨这些变化，而不听取其他人的意见。我们是其他人中的一部分。成年人需要知道哈勒姆区的孩子们可以对这些变化做些什么……把注意力集中在生活上，让他们发出自己的声音。更多的成年人应该认识到孩子们想要一个更加美好的未来，应该知道需要做出的改变是：减少暴力，加强教育，培养更好的领导者。

哈里克：清洁和安全的社区！这些都与"把哈勒姆当作艺术"有关。

瓦莱丽：所以，在这个意义上，哈勒姆就是艺术，因为它拥有所有的传统艺术形式——博物馆、娱乐场所、可爱的建筑、悠久的文学史、节日、哈勒姆文艺复兴时期的历史和艺术家们。但是如果我没听错，菲利普和哈里克，"把哈勒姆当作艺术"包括人们与地域和种族的斗争，你称之为"废墟"，菲利普。对吗？

菲利普：对的。废墟是社区、人们、斗争，以及我们整个历史的声音。那就是废墟，那就是艺术……即经验。

瓦莱丽：我认为成年人可以从这项工作中学到很多东西。

哈里克：我们知道。我们知道。你认为，他们知道吗？

菲利普和哈里克意识到，无论是通过艺术形式，还是通过在当地会议上演讲，在记录哈勒姆区变化的努力方面，成年人和青少年之间存在距离。他们在租户协会会议上展示他们的地图、数码照片和文化叙事的各方面内容之后，紧接着就引发了简短但具有批判性的讨论，为此他们兴奋不已。尽管如此，他们还是有点气馁，因为在他们演讲之后，看起来好像"成年人继续他们平常的谈话，而没有制定出可靠的策略以应对哈勒姆区正在发生的事情"（菲利普）。对青少年来说，"可靠的策略"包括成年人撰写和收集社区故事；制作小册子、时事通讯和宣传单，提供行动要点（战略和计划），以抗议士绅化；向地方政府办公室、大众媒体和负责保护社区的活动组织提出替代士绅化和租金上涨的方案。而这些事情并没有立即发生。哈里克和菲利普努力去理解，解决问题的方法上的距离和差异往往源于互相冲突的观点、不同的认知方式以及阻碍群体间关系的斗争。关于谁应该或能够代表不断变化的哈勒姆区的"真相",以及谁有权发言,存在着一种紧张感。这种紧张感存在于代与代之间,但也穿越了年龄群体,浸透进种族和阶级之中。

菲利普的说法"在重建的阿波罗剧院前面的白人",和哈里克的观点"其他人的想法是……哈勒姆的艺术不是真正的……日常生活",用"他者性"的标志来表明他们的觉察和不适。教育工作者和社区利益相关者应如何应对?首先,成年人可以开始审视"把哈勒姆当作艺术"是如何呼吁不同年龄和不同种族的人穿越想象的、物理的和文化的界限而共存的。哈里克和菲利普应邀在我的一名前同事的英语教育课上做演讲,一名白人女性教师候选人提出一个重要问题:"随着士绅化成为现实,是否存在跨群体、跨社区、跨公立学校和大学合作的空间?"本书,特别是这一章,开始回答下列问题:哈勒姆的艺术如何成为一种媒介,将不同群体的人联接起来;通过讨论士绅化空间如何影响无数青少年和成年人的生活和文化实践,来协商哈勒姆区的权力问题,以及士绅化对学校教育、成就和成功的影响。

对菲利普和哈里克来说,他们居住或上学的地方对他们如何理解斗争和认同变化有直接的影响。这也影响到他们如何将艺术视为经验,以及如何看待哈勒姆文艺复兴在当今青少年和成年人生活中的价值。哈里克和菲利普希望与更大社区中的成年人进行对话,以他们为导师,寻找记录艺术形式的其他方式,呼吁关注正在进行的积极努力,交流关于社区斗争和生存的故事。他们想要的是:安全的社区、干净的街道、政治活动、变化行动,以及反对社区"标准化"(Foucault,1984)或社区同质化的呼吁。他们开始相信,这一切也是成年人想要的。他们相信,从哈勒姆文艺复兴时期的例子来看,通过艺术和文化素养学习的学徒制模式,这些是可以实现的。他们相信"哈勒姆就是艺术""把哈勒姆当作艺术",这意味着在这个正在经历士绅化的后现代、后工业化社区,存在一种青少年和成年人相互学习的呼吁。用哈里克的话说,"成年人可以从我们身上学到很多东西"。

这项工作使我明白,作为一个致力于保护哈勒姆区历史的成年人,我必须对我所分享的关于社区和斗争的故事负责。和其他成年人一样,我可以更好地重视公民参与,为城市社区的负面形象创作反叙事,并合作搜寻让社区变得艺术性的历史标志。我们还可以提高行动主义的水平,并与其他成年人和青少年建立学徒制模式。这样做可以增进公众对学习如何发生和在何处发生的理解,可以使人们积极关注城市社区里青少年的现实生活，可以为青年如何穿越将社区和人们彼此分开的边界和界限提供例证。哈里克和菲利普参与了"跨越第 125 大街"项目，以便了解哈勒姆区是如何作为艺术存在于他们和其他人的空间、对话和交往中的，其他人包括常住的黑人居民、新来的白人居民和白人大学生。这个项目的开展既在当地社区之内，也在社区之外。

跨越第 125 大街

跨越边界包括哪些活动，意味着什么？菲利普和哈里克通过他们的身体运动，经历了从一个熟悉的社区到一所大学的"穿越"。在许多场合，我邀请他们与我或我同事的师范专业职前和在职的教师教育候选人交谈，这些候选人即将完成他们的英语教育硕士学位。他们还向艺术教育专业的研究生候选人做了介绍。2006 年暑假期间，我和纽约、华盛顿特区、康涅狄格州、新泽西和密歇根学区的全职教师研究生一起工作。他们平均有 5 到 7 年的教学经验，教过小学、初中和高中。班级主要由白人女学生、一名非洲裔美国女学生和一名白人男学生组成。他们的兴趣包括在文学课中使用示范文本，让学生积极阅读和写作，向青少年讲授文艺评论，就种族、阶级和性别主题与学生进行课堂对话。在我们的一堂课上，我简要描述了我在士绅化和青少年写作方面所做的工作，并展示了菲利普第一次社区徒步游览的视频片段。

在本章前面提到的这个独特的视频片段中，菲利普重点讲述了该地区正在发生的变革和士绅化的迹象。菲利普认为，随着士绅化，一些居民买不起的"疯狂定价"的商店将应运而生。菲利普站在一个老年人护理设施前，描述了他被各种新事物"困在中间"的感受。然后，他问道："你们打算做些什么？"我向我的师范学生展示这段视频后，他们提出了各种问题："关于这些变化，人们做了什么？""菲利普是否与当地组织合作来解决这些问题？""他在学校的历史课、英语课和艺术课上被迫把这些问题当作时事来思考吗？"一名研究生甚至评论道："我在华盛顿任教的地方，也在发生类似的事情。"我告诉学生们菲利普要和我们一起讨论士绅化。

15 分钟后，菲利普走进我们大学的教室，对着大家微笑，同时开始向我的研究生们询问他们的兴趣是什么："那么，你们都做些什么，喜欢学习吗？"我做了简要介绍，告诉菲利普教室里的学生都是攻读硕士学位的老师，然后他有点犹豫地看着我。那一刻，我相信他意识到，他不仅跨越了第 125 大街的边界，而且跨越了学生和教师、青少年和成年人、种族和阶级之间的界限。我录制了之后的课堂内容,这是文字无法记录的:菲利普跨越界限并且进入一个他并不熟悉的空间,这里看起来不像他的家庭社区,菲利普和老师们谈论一个对他来说很重要的话题。

  这个项目基本上是我们在哈勒姆区附近游览,因为这里正在建造很多新的大楼,原来的大楼已被拆除,不复存在,他们以高价为某些负担不起的人建造新的大楼。所以……我以前住的那栋楼重建了,我搬到了街对面这栋楼,新建的那栋楼看起来比我住的这栋楼好多了。后来在右边、左边和街区前方都建起新的大楼,我在中间。所以我们这栋楼重建仅仅是个时间问题了。因此,通过这个项目,我试图告诉年轻人,这就是我们社区正在发生的事情,下一步可能会影响到你的社区。所以我试着告诉别人这到底是什么,你知道的,尽力阻止这一切。即使无法阻止,我也希望房租能够变得可以承受。

学生们聚精会神地倾听菲利普讲述面对不可避免的士绅化,大家应一起努力"让房租变得可以承受"。菲利普认为人们有权待在他们的公寓里,谈论正在发生的事情:"所以我四处拍照,向人们展示新建筑和老建筑,老建筑旁边的新建筑。"最后,菲利普环顾了一下教室,适当地假设教室里没有老师居住在哈勒姆区,他问道:"你凭什么认为他们下一步不会去动迁老建筑?"他意识到老师们在认真倾听,信心增加了。他谈到了他正在写的日志,正在拍的照片,以及分享自己故事的年轻人和年长的人。

菲利普最终能够轻松地与这群"奇怪的白人教师"交谈,在我们后续讨论中他最初就是这样称呼他们的,促成了他的跨越行为。记录和理解士绅化不限于谈论社区状况和拍摄社区照片。菲利普认为,这涉及向不同的人传递关于哈勒姆区的信息或故事,包括"老师,而且不是感觉我只是一名学生,而他们(是)老师"。菲利普急切地与老师们交谈,当被问及以下问题时,他感到很轻松:

  一个白人问我:"你能谈谈写作在你的项目中的作用吗?"一位白人女士说:"你和你的同伴的对话是什么类型的?"看,我们能够交谈。另一位白人老师问我:"你认为自己是一位倡导者吗?"或者,一位黑人教师问及"其他团体或组织谈论我们参与的社区权利时",她该怎么做呢?看,我能够倾听别人的话和与人交谈,甚至与老师们交谈。

第 125 大街边界将哈勒姆区分成几个部分(例如哈勒姆中心区、曼哈顿维尔区和晨边高地)。菲利普慢慢调整跨越这条边界的身体行动和情感行为,与本地一所大学的老师们交谈。"看,我不愿意来哥伦比亚,因为我觉得不舒服。"这时他意识到另一种跨越行为。这种跨越包括交换观点,以及与不是来自他们社区的人进行对话。然而,作为教育工作者,他们投入到探究的主题中,即士绅化或社区变化。菲利普接触的"其他人"来自不同的种族群体、社会经济群体和年龄群体,但他们都投入到青少年的文化素养生活中。

菲利普和人们交往,尤其是白人,他曾经把他们描述为"涌入的外来人",贾丝明(见第四章)称其为"他们",这促使他和哈里克、丽贝卡一起参加了帕特·Z(Pat Z)博士在师范学院的一门研究生课程,讨论士绅化问题。这门特殊的课程侧重于英语教育中的文学和教育学,学生们刚刚阅读了欧内斯托·昆诺尼兹(Ernesto Quinonez, 2000)的小说《博德加之梦》(*Bodega Dreams*)。

这部小说以纽约市的西班牙哈勒姆区为背景。其中一个主角是威廉·伊里扎里(William Irizzary),他有远大的梦想,也有足够的钱去实现这些梦想,大家都叫他威利·博德加(Willie Bodega)。威利曾是 20 世纪 60 年代青年贵族解放和人权运动的参与者,他利用自己的身份成为该地区的毒枭和"贫民窟"地主。他购买废弃的公寓大楼,进行翻新,并以低于市场价值的价格将它们出租给他的老主顾,这些主顾要么忠于他,要么是他希望获得其忠诚的人。威利给附近的青少年提供助学金以支付大学学费,经营戒毒中心,承担社区水果摊的启动赞助费用,并出售毒品。他想为西班牙哈勒姆区争取更多。他希望这个社区完全由西班牙居民所拥有。对于曼哈顿东第 96 大街以南的居民来说,这个社区是一个未知的领域。显然,威利力图在西班牙哈勒姆区创建一个与林顿·约翰逊(Lyndon B. Johnson)的"伟大的社会"类似的地方。在他努力实现这一目标时,书中向读者介绍了其他人物。奇诺(Chino)是叙述者;布兰卡(Blanca)是奇诺的西班牙妻子,五旬节教派成员,被描述为"白人西班牙人"(p.153);薇拉(Vera)住在西班牙哈勒姆区,但嫁给了一个富人,搬到了迈阿密;纳萨里奥(Nazario)是威利的名誉代表;萨波(Sapo)是威利的心腹,也是奇诺自孩提时以来最好的朋友。

尽管昆诺尼兹的小说中有许多话题引人关注,例如在世界上找到一个位置,以及身份的转变、种族、语言、斗争、犯罪和文化冲突等,但是我被威利·博德加创造一个新西班牙哈勒姆区的愿望所吸引。尽管威利依靠犯罪活动来资助他的个人行为和社区行为,但他热衷于将社区改造成西班牙版的 W. E. B. 杜波依斯(1903 年)的"第十位天才"。这包括年轻的拉丁美洲人获得高质量的大学教育,然后重返社区,承担领导的角色,掌控权力。

菲利普和哈里克都对这部小说的摘要非常着迷(其犯罪活动部分除外),并把它与自己对士绅化的兴趣联系起来。在参观帕特·Z博士的班级时,他们很少谈论这部小说,而是更多地谈论"我们对社区的兴趣,以及为了这里的人们使它发生改变"(菲利普)。在关于社区的讨论中,菲利普和全班学生分享了以下内容:"(我们)采访了一些人,你不必住在哈勒姆区,因为到处都在发生变化……就像你们在书中看到的那样,我的街区很多人变得无家可归,还有很多毒品交易。"在这里,菲利普在他自己的社区中目睹的事情和他所知道的昆诺尼兹的愿景之间建立了联系。

一名学生向哈里克、菲利普和丽贝卡询问士绅化项目的总体目标。菲利普说:"我被它包围了。老建筑和新建筑的房租都上涨了,所以我得做点什么。我不需要是一个成年人,也不需要非常非常聪明。我只是把我学到的和我周围发生的事情联系在一起。"哈里克介绍了他拍摄的社区照片以及这些照片所代表的变化。他指出河畔教堂、弗雷德里克·道格拉斯大道和各种褐色砂石建筑。然后,他分享了一个自己试图进入一栋大楼去拍照,但是因为"我不是成员而被拒之门外的故事。我必须成为会员才能进入公共建筑吗?"

就像威利·博德加一样,菲利普和哈里克是他们社区的敏锐观察者,他们直言不讳地表示需要"做点什么"(菲利普)。当威利参与犯罪活动来创造他的"伟大社会"时,随着新哈勒姆的出现,哈里克和菲利普以可视的方式记录了老哈勒姆区的遗存。他们参加社区会议,展示文化作品——地图、数码照片和日志,表达他们对士绅化的看法。他们与师范候选人讨论在学生不断变化的社区空间中关注语言和文化实践的必要性。在回答写作在项目中所扮演的角色问题时,他们描述了自己最初参与志愿写作时的犹豫,但"我没有因为等级而受到评定"(哈里克),这鼓励他们自由表达和发现多种想法。在士绅化项目背景下,写作成了我们共同工作的常规组成部分。菲利普和哈里克负责对哈勒姆区正在发生空间变化和种族变化的迹象进行批判性观察。从他们的视觉观察中,他们依靠写作的方式来回忆,质疑立场,交换观点,并在印刷品中批判他们身处的世界,这关乎他们在更大的世界中的归属感。这些观察结果结合在一起,形成他们对士绅化的文化反应。为了参与到与那些不住在哈勒姆区或附近的其他人的对话当中，菲利普和哈里克在犹豫地跨越界限（例如身体的、心理的、地理的、种族的、隐喻性及想象中的界限）时做了这些事情。

正如哈里克解释的，"我必须把自己置身事外……直到完成项目后，我才看清了社区的变化。现在，在我的街区周围，我住在上西区（承认这一点时，他对着录像机笑了笑），有很多白人和黑人以及多样性……不久他们可能会拆除这些建筑"。关于后一点，哈里克继续说道："也许这些公司，它们不知道自己在做什么。这就是为什么我们必须与不同类型的人交谈，了解他们的想法，也让他们了解我们的想法。"

确实存在一些生理上的和心理上的障碍，以及种族上的和地理上的障碍，人们常常认为是这些障碍阻碍了第 125 大街两边的对话。帕特·Z 博士课堂上的演讲结束时，一名师范候选人就跨越行为中的勇气进行评论。她说菲利普和哈里克"正在走出去"，并希望她未来的高中生能以他们为榜样，认识到他们社区的价值："真正失去的是社区……然后，取而代之的是这些冰冷的混凝土建筑，它们正在被重新配置，将人们隔离开来。你们没有街头生活体验，而哈勒姆区有令人难以置信的街头生活。这对你们来说一定很棒，因为很多人没有这种成长经历，这也是生活在一个社区的一部分。你们为维护社区所做的努力令我钦佩。"

21 世纪背景下的青少年文化素养

人们可能会问，《跨越第 125 大街》这一章与 21 世纪背景下的青少年文化素养有什么关系。为了回答这个问题，我参考了来自全国英语教师委员会、大学作文和传播会议和美国教育研究协会的最新报告，这些报告尝试重新想象和扩大文化素养的定义及内涵，尤其是在我们生活的世界里。文化素养不仅包括阅读和写作的能力，还包括理解我们的生活以及批判多种立场和观点的能力。文化素养包括质疑我们在这个世界上的角色，假设用多重身份来考虑不同的观点和体验同理心，解释文本的复杂含义，这些文本可能包括我们的声音、故事、生活经历和真理。正如戴森所写的，"如果你倾听，你就能把别人说的话写下来，从而讲述你自己产生共鸣的真相"（Dyson, 2005, p. 154）。菲利普和哈里克正在倾听社区成员和研究生的讲述，当他们公开思考哈勒姆区士绅化的影响时，他们也在倾听。在倾听和被倾听的过程中，他们精心思考，重新定位,重新设计他在士绅化问题上的立场。这样做可以让他们"说出"自己的真相,并跨越第 125 大街来讲述出来。

对一些学生来说,这种跨越的过程是很难经历的,尤其是在缺乏有组织的机会的情况下。例如,对哈勒姆区高中的许多学生来说,跨越行为通常仅限于学校周围的区域,如果他们住在哈勒姆区以外的地方,也仅限于他们居住的区域周围以及他们上学路上所经过的区域。在我看来,纽约各地的一些学校(也许是因为时间,也许是因为资源)没有为学生提供足够的机会,让他们与社区、当地大学、学校的成年成员谈论士绅化问题,包括哈勒姆区、布鲁克林区、布朗克斯区、皇后区甚至南方各州,他们的许多大家庭成员就住在那里。当我请菲利普和哈里克与我和我同事的师范学生谈论士绅化时,他们都犹豫了,然后问:"你是说,和白人学生交谈?他们知道哈勒姆区吗?"(菲利普)正如哈里克所说的,"我认为他们不会理解我。我不像他们那样受过教育"。

在了解菲利普和哈里克真正的担忧之后,我请他们写下自己对与白人学生交谈的想法的真实反应,以及他们认为自己没有那么善于表达或受过教育的假设。我们谈到,在大众媒体对城市身份和社区的美化中,黑人男性经常被歪曲。然后,我们谈到了关于学术成就和学校教育的故事,这些故事往往描述了黑人男性不如白人男性聪明的刻板印象。哈里克给我们读了他写下的反馈,开篇提道:"我觉得他们认为我很危险,然而我不危险,也许我内心的这种感受受到他们如何看待我的影响。"菲利普回应道:"是的,他们就是这么看我们的。我想怎么穿衣服就怎么穿,因为那就是我,但是当我开口说话时,他们非常震惊,就好像在说:'哦,他会说话。'是的,我可以做得很好。"

他们的自白让他们做好了跨越第 125 大街的准备。在我们谈论他们关于白人的刻板印象和假设,以及他们认为白人对他们的看法——"白人被看作聪明的和富有的……黑人被视为学业失败和贫困的"(菲利普)——之后,他们同意与我工作的大学的师范学生进行交谈。在与哥伦比亚大学超过 5 个班级的学生交谈后,我们重温了他们对"与白人学生谈论"士绅化的最初印象。通过将本章开始部分所讨论的他们对"哈勒姆是艺术""把哈勒姆当作艺术"日益深化的理解和观察,与他们的最初印象结合起来讨论,证明了为什么跨越界限的行为与 21 世纪的文化素养有关。在那一年里,菲利普和哈里克对哈勒姆区的士绅化的看法变得更加自信和富有表现力。他们更愿意回答老师和教育工作者提出的问题,对以前没有考虑过的问题会深思熟虑之后再做出公开答复。没等我提出要求,他们就转向写作,记录下他们在课堂活动中产生的想法,然后在押韵书和后续的采访环节中重新审视那些问题。做这些事情有助于他们在21世纪的背景下看待文化素养——作为跨越差异的交流行为和实践，作为可以被捕捉、描述和辩论的视觉标志和符号，以及作为倾听和被倾听的机会。对菲利普和哈里克来说，做这些事情让身份得以建立，问题得以分享，声音得以倾听，学习得以发生。

这些想法并没有随着哈里克和菲利普在当地一所大学的课堂发表演讲而停止。事实上，它们延伸到了我们与哈勒姆区高中教师的访谈和对话中。我们在校外做的工作又回到校内。与大学课堂演示一样，与高中教师的访谈（见第六章）揭示了讨论社区状况、人口统计和身份的重要性，因为这些事情影响着青少年和成年人的生活、语言和文化素养。在下一章中，我将通过把教师的描述和观点囊括进来，探讨扩展对话的方式。当我们了解学生的生活，并让他们了解我们的方方面面时，跨越界限和差异的互惠学习更有可能会发生。这种基于学生和教师之间互惠和相互尊重的学习可以采取多种形式。请你们考虑以下几点：

1. 学生被要求跨越界限时所面临的挑战——身体的、社会的、心理的和学术的挑战，这可能是不熟悉的、不舒服的。我们怎样才能以批判的方式与学生合作，向他们展示参与跨越界限的意义和理由？

2. 学生对他们的家庭和社区所负有的责任，我们这些教育工作者往往没有意识到。因此，我们有时会对他们的学业表现和性格做出假设。当我们倾听学生的声音、故事和社区生活时，我们可以通过哪些具体的方式真正地了解他们呢？

3. 学生拥有从世界事件、阅读课和书面（学术）作业中形成自己看法的潜力，而不是被成年人引导着去接受特定的答案或立场。在探索意义、考虑立场、以多种形式和跨越多种语境分享观点的过程中，学生和教师如何做到教学相长？

反 馈

掠夺者和受害者

哈勒姆区德拉诺村租户协会主席瓦莱丽·奥里奇撰稿

士绅化是开发商在以低收入住户为主的地区购买房产，以达到让原住民流离失所，而代之以社会等级更高、财富更多的人口之目的的过程。在我看来，其目标完全是金钱。就哈勒姆区而言，这里被视为纽约市最后的疆域。值得注意的是，哈勒姆区不是一个边界，而是一个有着悠久文化实践和传统历史的成熟社区。事实上，当代哈勒姆区居民主要是在此居住多年的非洲裔美国人。

在士绅化进程开始时，该地区有许多无人认领的空地和废弃的建筑。开发商按其评分向社区委员会提出购买请求和发展建议。不幸的是，相关的社区委员会最终批准了开发商的请求，开始修建豪华公寓、合建公寓和高价出租房。

此后，新一代开发商设想购买大型"租金稳定的"综合建筑群和较小的公寓住宅。这一新概念引发了一场运动，迅速蔓延到纽约市其他社区和行政区，包括皇后区、布朗克斯区和华盛顿高地。房产的售价通常远高于它们本身的价值，因此，买家被迫以高于原始收购价的价格对这些房产进行再融资。部分股份被分配给私人投资者，这可能导致对冲基金的产生。2001年版《新牛津美语大词典》(*The New Oxford American Dictionary*)的对冲基金的定义是"有限合伙的投资者采用高风险的方法，如用借来的钱进行投资，希望获得巨额的资本收益"(p.788)。这一举措的成功取决于驱逐现有租户、翻新空置的公寓以及以公平的市场价格出租房屋。驱逐计划在很大程度上是失败的，因为租户的倡导者和组织通过聘请律师、诉诸法庭及利用住房和社区重建司(Dirision of Housing and Community Renewal，简称 D. H. C. R.)的住房法律规范，积极抵制这种策略。新房客搬进来后很快就搬走了，因为他们拒绝为劣质服务支付高昂的、公平市价的而且没有管制的租金。因此，许多公寓空置，没有出租。这与2008年爆发的全球金融危机结合在一起，目前华尔街的崩溃和全球经济的衰退就是明证，许多房主陷入困境，无力支付贷款利息，处于丧失抵押品赎回权的边缘。

在我真实的想法中，士绅化是邪恶的。房地产开发商为了投资和成为百万富翁而把居民赶出家园的想法是邪恶的。士绅化唤起了人们最糟糕的一面。它促使士绅化者利用最残酷的方法来实现其财务目标。他们通过威胁、恐吓、拒绝服务、拒绝续租、对主要居住权提出质疑以及繁琐的法庭诉讼等诸多方式，驱逐受害者。

　　士绅化唤起了人们最糟糕的一面，尤其是对受害者而言。有些人默默接受，而有些人变得激进。对那些默默接受、收拾家当离开的人来说，这是一种心理创伤，因为他们太过胆怯，向强权低头。他们总是充满无力感和挫败感。对好战者、强者和战斗者来说，士绅化激起了最恶毒的报复行为。无论如何，对掠夺者来说，没有什么比这更残忍的了。士绅化是一场丑陋的战争，而我不想输掉这场战争。

第六章

教师访谈：关于士绅化、
城市青少年与生存教育

> 但是我们为什么在即便没人关心的时候仍要做这项工作?(菲利普)

尽管他们主张维护哈勒姆的文化、历史和审美价值,但哈里克和菲利普都意识到士绅化是无法避免的。他们经常因士绅化的迅猛发展而感到沮丧,这似乎影响到他们记录哈勒姆的新旧历史,讨论社区的意义,并与其他人——青少年和成年人——交流关于维持当前居民负担得起的哈勒姆等想法的努力。我们关于哈勒姆的谈话经常会转而陷入悲观。在一次研讨会中,菲利普描述了他对哈勒姆的热爱,正如他所宣称的,"他们只是把它接管了"。哈里克最后补充道:"我们不会在其他地方讨论这个问题,所以这重要吗?"

但是,对菲利普和哈里克来说,这是重要的,而且对他们的老师来说,这也很重要。在学校里没有公开讨论士绅化的影响,青少年经常对此表示失望。从第三章末尾 L 女士的反馈文章来看,很明显,许多教师正在努力更加关注围绕其学校、社区及学生生活的社区的空间、政治和文化现实。例如,L 女士经常要求学生走访哈勒姆的文化机构,记录观察报告,来帮助他们思考艺术、文学和书面作文之间的联系。她还邀请他们调查当地社区,这些社区是他们在学校学习的文学作品的背景,比如活动家和前黑豹成员阿萨塔·沙卡尔的自传中出现过的社区。这些邀请在学校赞助的学会和社区活动之间建立起有意义的联系,也展示了教师如何尝试在当地社区组织丰富的历史和文化素养活动。

本章呈现了来自哈勒姆高中的三名教师的描述和观点,其中穿插了菲利普、哈里克和 L 女士的评论。这三名教师是坎宁安女士、沃克先生和布朗女士。他们的观点阐明了他们对哈勒姆士绅化的认识,表达了在学校中探讨社区问题和文学故事的重要性。这些故事反映出他们愿意在哈勒姆不断变化的情况下展开关于身份和责任感的探讨。他们公开谈论士绅化和身份,谈论他们如何通过描述和重新思考种族、地域和社区变革之间的联系来为青少年创造合作、民主的学习环境。

教师的描述和观点

跟社区徒步游览活动一样，老师的访谈也被拍摄下来。这些访谈在教师休息室进行，一般持续40～60分钟，具体时间取决于受访者是否有空和对问题的参与度；所有受访者都同意向任何想要参与和提出问题的人公开访谈内容。我和菲利普、哈里克、L女士、一名老师和一名学生参加了大部分的访谈过程。访谈结束后，我整理了访谈后的想法和问题，并提供给坎宁安女士、沃克先生和布朗女士。我们并没有进行后续的录音采访，而是一对一地与他们进行交谈，就后续问题以及他们表达的任何关切进行随意的探讨。这些后续交流一般在课间、午休期间或规划期间进行。

坎宁安女士和社区意识

坎宁安女士是一名27岁的白人教师，在哈勒姆中学工作了两年。她教授9到12年级的英语语言艺术课程。在介绍自己的身份时，坎宁安女士说："你可以说我是白人，但通常我更认同我传承下来的国籍——美国、意大利或德国。"她接着解释说，她成为一名中产阶级是"刚刚发生的事情"，因为直到她成年时，她都是"非常非常下层的中产阶级"。录像采访开始时，我请她解释一下她对中产阶级的理解。她解释说，作为中产阶级的一员，就是要"得到足够的自己所需要的东西，然后能再负担一些额外的东西……你负担得起所有生活必需品，比如支付租金不成问题，可以支付每个月的信贷账单，偿还学生贷款，支付电费以及购买食物。"菲利普评论道，他敬佩坎宁安女士在学校中跻身中产阶级，这对穷人和工薪阶层出身的学生来说是一种激励，其中少数学生"可能是下层中产阶级"（菲利普）。

坎宁安女士能够跻身中产阶级，部分原因是她没有住在学校附近。她和家人一起住在皇后区，不必在城区租一套公寓增加生活成本。在多数情况下，这是个慰藉，因为她能够省下足够的钱，最终搬到了曼哈顿上城区——哈勒姆。在其他方面，家庭住所与工作单位之间的距离令她非常沮丧，因为她一直住在皇后区，上班需要花费1小时15分钟。哈里克让她描述一下她所住的皇后区的社区，坎宁安女士详细地讲述了她的家人在那里住了很久，她称之为家，因为那是她唯一真正了解的家。她把这个地区描述为郊区，是"非常非常适合居住，有可以满足人们需求的企业"的地方。与哈勒姆相反，他们所在的社区的种族及民族主要是白人和亚洲人，包括希腊人、意大利人、韩国人和中国人。此外，"这一地区还有许多移民家庭"和越来越多的住房选择需求。坎宁安女士说，住房需求与出租公寓的成本和公共交通（比如公交车站、地铁站）的成本高度相关，她认为士绅化已经影响到皇后区。她解释说："他们已经拆毁了许多房屋，来建造新的房屋。哈勒姆并没有很多特别高的建筑，但是能容纳多个家庭的公寓和租金不断地涨、涨、涨。"

给士绅化下定义的时候，坎宁安女士很快说出"公寓的……（停顿）翻新和清理，或建造新的建筑，让人们能够在租金并不像以前那样昂贵的社区里收取更高的租金"。沉默片刻之后，她继续说："在租金上涨和人们搬进来之后，你就会想到，大型连锁商店会入驻，并将当地的企业和商店排挤出去。"士绅化不是基于种族，而是"基于阶级，因为它实际上与金钱的多少有关"。在这一点上，她说："我认为种族和文化受到士绅化的影响，但整个运动始于阶级问题。基本上就是，我有钱住在这个街区，或者我没有钱住在这个街区。这是第一个决定性因素。"她向在场的每个人看了一眼后，进一步解释了自己的观点，兴致有点高昂："随之而来的想法是：'我想住在这附近，主要原因是这类人住在这里，或者这类人不住在这里吗？'但除非你有钱，否则你不能确定。"当我询问阶级现实与经济权力之间的关系时，坎宁安女士说："这两者之间是有联系的！因为经济权力最终会导致你在其他领域拥有多少权力。"在后一点上，哈里克低声说："但在美国，权力也与种族有关，你是如何看待的？人们不愿意黑人有钱。"菲利普补充道："是啊，这让很多白人感到害怕。"

坎宁安女士的许多关于士绅化的想法是我和菲利普、哈里克在校内外研讨会上曾经讨论过的。虽然菲利普和哈里克认识到士绅化包括阶级问题，但他们很难接受包括坎宁安女士、肯特、邦妮和乔治（见第四章）以及教师教育学生（见第五章）在内的白人的观点，他们将文化和种族因素考虑在内。正如哈里克所指出的，"对他们来说，这是事后的想法"。我相信，菲利普和哈里克之所以抗拒听一些白人将士绅化解释为阶级问题，与他们对自己身处一个主要是非洲人和非洲裔美国人构成的社区的归属感有关。即使是在哈勒姆中心区这种种族构成显而易见的地方，也不是仅有非洲裔和非洲裔美国人居住。众所周知，东哈勒姆又称为"埃尔巴里奥"（El Barrio），位于曼哈顿的中北部,毗邻哈勒姆中心区,主要包括拉丁人或拉丁裔和波多黎各人社区。根据1993年公布的统计数字,1990年东哈勒姆区的人口中约51.9%是拉丁美洲人(包括40.9%的波多黎各人),38.9%是非洲裔美国人,7.1%是白人,后者居住在这一带的最南端(参见 Annual Report on Social Indicators,1993;Jackson,1995)。

在20世纪初,东哈勒姆以意大利和犹太家庭为主。意大利裔美国重要政治家菲奥雷洛·拉瓜尔迪亚(Fiorello LaGuardia)是东哈勒姆人,20世纪30年代和40年代期间,他在纽约建立了几所艺术学校。德国和爱尔兰家庭居住在社区的其他地方。然而,第二次世界大战改变了人口统计状况,并且由于新的人口进入该地区(例如非洲裔美国人、拉丁人或拉丁裔),许多当地居民迁移到了布朗克斯区、皇后区和布鲁克林区。鉴于大多数当地企业继续由前居民(非黑人、非拉丁人或拉丁裔)拥有,这一运动与不断变化的人口统计学、种族和族裔有关系,而与士绅化的经济成本关系不大。

显然,对许多人来说,尤其是对美国被剥夺公民权的有色种族来说,哈勒姆有着丰富的历史。除非洲人、非洲裔美国人、拉丁人或拉丁裔以及其他有色种族的经济、公民和政治斗争外,这个社区已经成为一个"安全空间"(Fine, Weis, & Powell, 1997; Weis & Fine, 2000)。士绅化导致这个安全空间被改变和重写,菲利普、哈里克、他们的同伴和老师都非常清楚这一现实。与冒犯他们的归属感同时存在的是菲利普和哈里克对听到白人将士绅化作为阶级问题来讨论的抗拒,这与他们身为非洲裔美国男性的经历有关,因为他们在生活的社区和学校经历着显而易见的空间、经济和种族变化。在哈里克看来,"住在这里,可以说是哈勒姆,但实际上是上西区"已经教会他安全空间也可以成为"接触区"(Pratt,1991)。坎宁安女士在描述她那种"白人的内疚感"时,将白人特权和压迫历史相联系。哈里克说:"作为非洲裔美国人,一个男性,我看上去像个罪犯。我不会怀有罪恶感地坐在那里,去想那些警察今天要对我做什么。我必须生活和工作,去改变……你也应该这样。"在这里,哈里克请求坎宁安女士在学习跨越界限去做"她为改变所做的工作"时,评论一下她感到内疚的原因(历史的、种族的和权力的原因),因为正如她的访谈所揭示的那样,她将这项工作应用到她的教学实践和教学方法中。正如哈里克跨越身体的、情绪的和心理的界限(例如,与教师教育候选人交谈和采访白人居民)一样,当她认识到自己的特权并参与到为了社会正义而开展的教学工作中时,坎宁安女士有责任做同样的工作。

在课堂上坎宁安女士在描述士绅化时,将文化和种族因素考虑在内:"这绝对与经济状况有关,与阶级有关,至少我相信是这样的。"然而,当被问及她所工作的社区状况和那里的士绅化影响时,她首先谈到哈勒姆的社区氛围:"这里有一种明显的感觉,大家彼此了解。这一点,在皇后区感受不到。"这一点与白人教师教育候选人所表达的观点相呼应,他们认为:"哈勒姆有令人难以置信的街头生活。"(见第五章)。坎宁安女士接着谈道,班上的学生"不只是在学校认识彼此,在社区里也经常见面。我在高中时从未发生过这种事。从来没有!我从来没有和我的朋友做过邻居。"这时,菲利普和哈里克对视了一下,好像在说:"真的吗?"坎宁安女士解释说她非常喜欢哈勒姆并表示自己"一直对哈勒姆区心怀敬意,因为这是个伟大的社区,孕育了如此丰富的美国文化,这太不可思议了"。菲利普很是赞同,他说:"有趣的是,每个人都认为这是个很棒的地方,却害怕在这里和原住民一起生活。现在回到士绅化,好吗?"

坎宁安女士对哈勒姆的尊重和对其文化意义的认识使她质疑社区新的白人居民的存在。她承认:"这是我目前所面临的一个真正的大问题。正如我说过的,我真的想搬到曼哈顿,但我不能住在第 125 大街以南的地方。"在考虑搬到哈勒姆的时候,坎宁安女士解释说:"住在这里会很棒。另外我会考虑,我是否属于这里。如果我来到这里,是否会开始抹杀掉我心里原本的哈勒姆?我脑袋里一直在上演这种可怕的辩论……"她认为,搬到哈勒姆区之后,她从家中到哈勒姆高中会更方便和高效。她可以在社区内或周围教书并与学生一起生活。然而,对这个想法她自己也很纠结,因为一旦搬到哈勒姆区,将进一步促进社区的白人化(见第四章),因为这里是一个"黑人社区,有着丰富的黑人文化"。尽管文化和种族在她对士绅化的思考中排在阶级因素之后,但这是她考虑搬到哈勒姆的重要原因,这可能潜在地被看作是,用她的话说,"抹杀掉我心里原本的哈勒姆"。

我倾听了坎宁安女士的想法并与她进行后续讨论,我开始怀疑那些从未真正生活在哈勒姆区的人怎么会认为这个社区"很棒"?是休斯、罗伯逊、埃林顿和赫斯顿塑造的哈勒姆幻象吗?在这里,艺术是在街道、咖啡店、娱乐场所和学徒关系中创造并形成的。20 世纪 60 年代哈勒姆的骚乱和示威是为了争取有色种族的权利吗?是马尔科姆·爱克斯和小亚当·克莱顿·鲍威尔的哈勒姆吗?是我们在高中学习并讲授的哈勒姆及其意义非凡的文艺复兴时期吗?士绅化之后这里还是原来的哈勒姆吗?迈入 21 世纪之后,这里还会保留它的历史、文学和黑人文化艺术品吗?我会在独处时,思考这些问题,回顾现场笔记和录像带。当我向菲利普、哈里克、L 女士或愿意听的人提出这些问题时,我想知道:居住在这个社区的人也会像没有居住在这里的人(有经济能力搬家的人)那样认为哈勒姆区"很棒"吗?那些已经实现士绅化且没有选择住到哈勒姆的人怎么看呢?对戴蒙来说,后一个问题的答案很简短:"不,并不是。因为我们住在这里。我们了解哈勒姆,但在某些方面是别人可能不了解的。我们知道每天发生了什么。我们知道谁在这里,我们可以告诉你谁不住在这里,或看起来不在这里。"戴蒙继续说道:"人们都不知道这些日常生活。他们来了,四处走走,然后就离开了。我们中的许多人即使想离开,也做不到。"

当我询问坎宁安女士这个问题时,她提到贝蒂·史密斯(Betty Smith)1943年出版的小说《布鲁克林有棵树》(*A Tree Grows in Brooklyn*)。这部小说使她想起了人们和地域是如何发生变化的:"这是世纪之交时的威廉斯堡,当地全是爱尔兰人和犹太人。多年之后,威廉斯堡的民族和种族构成改变了,现在又回来了……好像是白人搬回威廉斯堡,但不是同一批白人。"她承认,《布鲁克林有棵树》帮助她思考社区里的各种故事是如何最终改变并变成不同的故事的。如果我们不了解那些故事和那些生活在这些社区的人,那么我们就无法收集一系列故事和历史来讲授、学习和分享。因此,在社区变革的文化素养与探索之间存在联系。显然,在决定搬进来之前,坎宁安女士致力于了解更多关于哈勒姆的历史、文化和居民的信息,并创作自己的故事,虽然她并不情愿,但还是得为士绅化做贡献。我只是好奇,菲利普和哈里克也很好奇,如果她搬到哈勒姆区,并继续进行有关变革、公平和社会正义的教学,她将如何看待她的内疚感。

坎宁安女士,一方面致力于在关于城市士绅化的辩论中找到以白人女性身份自处的方法,另一方面努力批判关于归属感和自我身份的当地叙述中的种族、地域和性别问题。在后一点上,她说:"我是白人,我想成为一个革命者。如果我想促进种族平等,就不能以身为白人为傲,因为白人有压迫黑人的历史。"虽然她认为自己是白人群体的一分子,但她经常说"他们"指那些在压迫别人的白人,而不是"我们"。坎宁安女士没有责备自己推进哈勒姆的士绅化,而是在休息室中受到学生和老师的鼓励,承认自己的白人身份和角色,包括正面的和负面的,这将在士绅化进程中发挥作用。例如,L女士表示:"你不能改变你的白人身份,对吧?你愿意用你的白人特权做些什么?"菲利普补充道:"作为一名教师,你激发你的学生敞开心扉,学习新的东西。这对你同样适用。如果你不这么做,你怎么能教别人呢?"坎宁安女士接受这些挑战,并宣称在与她的学生和她所工作的学校的同事推进的工作中,她将致力于更多地了解哈勒姆区城市士绅化的历史和压力。

沃克先生和在哈勒姆居住

沃克先生是哈勒姆中学的白人男性教师,接受采访时大约 26 岁。他同时教授 2 年级、3 年级和高年级英语语言艺术课。大家认为他是个随和的人,至少一些教师是这样认为的。当我告诉他我的计划并邀请他接受采访时,他毫不犹豫地接受了。他写过一篇关于曼哈顿下城士绅化的论文,他对这个话题很熟悉,热衷于听取别人的观点,并想了解其他人如何应对社区的变化。沃克没有描述他的身份(如种族、阶级地位、家族性社区),而是开门见山地接受采访,给我们讲述他住在哪里以及他对士绅化的态度。

他住在阿姆斯特丹和百老汇之间的第 144 大街西街,"与多米尼加和一些非洲裔美国人为邻。在过去的两年中,大量高加索人涌入这里"。我知道他说的那个地区。从我以前住的地方出发,走大概 8 个街区,再穿过一条马路就能到他那里,但我们从没遇见过。沃克先生解释说,士绅化对社区的长住居民是有害的,并承认像哈勒姆这样的社区,会有越来越多的白人搬进来。很长一段时间里,他是这个特别的哈勒姆区里唯一的白人。现在,根据沃克先生的说法,"这里发生了很大的变化,我所看到的并不是像我这样的人,也就是专业人员,艺术家们搬了进来,他们把自己描述为时尚人士。对我来说,你知道,士绅化的进程是确实需要强力推动,因为……他们不必住在这个社区中,或者成为社区的一部分"。哈里克低声说:"专业人员会怎么做?"沃克先生谈及"这些人"如何倾向于涌入像哈勒姆这样的社区,作为吸引其他人到该地区的方式,他们"创造出自己的微生活环境,自己做自己的事情,这反过来又使其他人更加向往在这里居住。然后租金上涨,房产价值上升,等等"。当他谈到搬进来的人的类型时,我不禁思考:如何定义"时尚人士"?考虑到房租将继续上涨,人口统计数据将继续变化,是什么因素使得"时尚人士"的涌入威胁到其他人(即"专业人员")的涌入?

当被问及士绅化对社区长住居民的特殊影响时,沃克先生不太清楚,他重申先前菲利普、哈里克和哈勒姆中学的其他青少年对我表达过的观点。他说:"嗯,通常,就是把他们赶走。"为了支持他的观点,他谈到了"大部分出租的建筑物"近来如何变成合作建筑,这意味着人们要么"购买他们住过的、将要翻新的地方,要么离开。很多次他们最终离开了,搬到其他社区。我认为,他们中的大多数搬到了人口更加密集地区的低收入社区"。菲利普同意沃克先生对这个问题的看法,并表示,士绅化的成本迫使居民寻找其他住处,搬到一个并不能称之为家的地方,这并不稀奇。由于这个原因和许多其他原因,沃克先生并不完全支持哈勒姆的士绅化,尽管他了解该地区的种族动态,而且其他人认为他是局外人,或者是"他们"白人中的一员。

沃克不支持士绅化的理由超出了社区是否需要被改变的辩论范畴。换句话说,沃克先生坚持认为,对那些长期居住在这个地区、真正把它当成家的人来说,士绅化是有害的,他们是被迫搬到没有足够的公共援助的地方居住。

他注意到采访期间一直在场的一名学生,他指出士绅化是一个复杂的问题,它不能解决一个社区的所有空间问题。实际上,它与资本主义紧密相关。哈里克请沃克先生详细讨论士绅化的优点和缺点。沃克先生解释说:"士绅化有很多消极影响。积极的方面,在我看来,如果你一两年内在附近投资一些房产,就会赚很多钱,这对某些人来说是有利的。对他们来说这很好,但代价是什么?"青少年似乎同意沃克先生关于士绅化对那些有钱的人投资房产的影响的评价。他们鼓励他的直言不讳:"很多时候,那些通过投资赚到钱的人并不关心那些因此受到伤害的人。"青少年也同意沃克先生关于哈勒姆作为艺术场所的价值的评论(见第五章),他认为这一点可能被那些呼吁和支持士绅化的人忘记了。

L女士向他提出了关于种族和地域的尖锐问题:"在你的社区里,人们对你有什么反应?"沃克先生承认,居民有各种不同的反应。"最初的时候,"他说,"他们很冷淡。我刚搬进来的时候,人们不跟我说话。现在,我住了这么多年……我想他们在我住的大楼里看到我时,会把我看作一个住了很长时间的人,可能是这样吧。"沃克先生表示,当他走在哈勒姆的街道上时,有些人与他就这里的士绅化进行对话。其他人可能会对他大吼大叫:"叫我白人,好像那不明显似的……但最重要的是,我发现我居住的社区非常接受或完全适应我在这生活。"我觉得沃克先生的结论有点奇怪,因为他对街上那些盯着他的人谈到士绅化和他是白人时的口头反应进行了深刻的反思。然而,这引领我们围绕士绅化的定义展开讨论,沃克先生认为这是一个阶级问题:"我认为这个国家的大多数问题被文化战争掩盖了。但你不能否认它(士绅化)也有种族和文化的因素。"对他来说,"纽约市的许多街区都是相当同质的,所以它(士绅化)是个文化问题,但我觉得它更像是一个阶级问题"。同坎宁安女士一样，沃克先生认为，人们应该关注士绅化背后的阶级因素："我认为，如果士绅化被看作阶级问题，反对士绅化的斗争会更容易，但我不知道它是不是阶级问题。"斗争会变得更容易，因为白人，特别是掌握权力的白人，更有可能以这种方式来界定士绅化（例如阶级特权和社会经济问题），使从社区流离失所的黑人和棕色人种隐而不现。虽然他承认自己在将种族和文化置于次要地位时有些犹豫，但他的评论清楚地表明了他对士绅化及其背后的经济力量的立场。在这种情况下，种族和文化不是主要因素。这一点引起了菲利普的注意，他说："当我听到白人说种族与士绅化没什么关系的时候，我再也不会奇怪了。但是我们如何解释所有的黑人正在被驱赶出去？是啊，钱和阶级，但你不能对我说种族与此毫无关系。"

沃克先生的想法是激进的，尤其是因为菲利普和哈里克后来承认他们之前并不知道学校里的这位老师是"如此开放"（哈里克），"是的，直截了当地谈论士绅化"（菲利普）。我催促他们解释一下他们的震惊，他们说："有时候你不知道他是这样想的。"（哈里克）"他是一位白人教师，学校的男教师，所以你不知道老师在想什么。"（菲利普）他们的观点使我想到哈里克向沃克先生提出的问题："你认为人们搬到哈勒姆区是因为他们没有别的地方可去吗？"针对这一问题，沃克先生问哈里克（为了避免做出假设）："你说的'人们'是指谁？"然而，哈里克很犹豫地回应道："高加索人。"沃克先生说："如果你愿意的话，可以说白人。这没什么。"哈里克说："好的。"这个例子代表了不同立场的参与：身为哈勒姆高中的青少年和黑人学生的哈里克在问身为成年人和白人教师的沃克先生，他认为白人正在进入哈勒姆区的原因是什么。他们用易于理解的、指向明确的、没有威胁的语言进行交流。沃克先生和哈里克没有围着种族问题兜圈子，而是直奔主题（见 Ladson-Billings, 2009；Ladson-Billings & Tate, 2006；Weis & Fine, 2000）。沃克先生鼓励哈里克说"白人"，以便让种族问题凸显出来，并在他们关于士绅化的讨论中表现出来。这种方式等同于菲利普和哈里克所相信的："你得称呼它……如果是种族主义，就说种族主义，而不是'有人对我说了些不恰当的事'。如果是士绅化，就说士绅化，而不是'社区看起来和以前有些不同'"。直接称呼事物的行为，或者"就像你说的那样，因为它迫在眉睫"（菲利普）的说法，在我与来自哈勒姆高中的教师和青少年以及当地大学的职前或在职教师教育候选人一起工作时发挥了根本的作用。这极大地促进了我们的教学实践，使得我和青少年、成年人有力地运用语言，谈论种族问题,参与蕴含丰富意义的活动。同时,我们质疑显现出不公平迹象的行为、行动和体制政策(如学校不考虑学生的生活经历和社区义务,教师忽视那些他们认为表现不佳的学生或者说方言的学生)。

沃克先生和哈里克之间开放的和容易理解的语言也体现在沃克先生对这一问题的回应中。哈里克问道:"你认为(白人)搬到哈勒姆区是因为他们没有别的地方可去吗?"沃克先生答道:"我想很多人尤其是很多年轻的专业人员搬到哈勒姆的原因主要是这里的租金比其他地方便宜。"然后,他谈到了当地的出版物,如《纽约休闲》(*Time Out New York*)和《乡村之声》(*Village Voice*)中的故事,说:"哈勒姆不再危险了。"他说:"使用修辞手法将名称改为西哈勒姆来对抗社区,所以现在东哈勒姆和西哈勒姆之间存在着明显区别。"这一点引起了房间里许多人的注意。沃克先生解释说:"人们认为东哈勒姆是危险的,西哈勒姆是安全的,它们(媒体)真的展示了街区中人们的照片。你看到艺术家了,你看到白人了……媒体在播放士绅化的过程,因为人们看到了。现在他们知道西哈勒姆是可以去的地方,在这里他们是安全的,也可以支付便宜的房租。"

我相信这种声称东哈勒姆是危险的,而西哈勒姆是安全的刻板印象会伤害到社区,并讲述了生活在那里的人们的故事。这些故事是负面的,片面的,并且使用了一种"分裂和征服"性质的语言。沃克先生和学生们愿意使用描述性语言来讨论有关社区及其居民的刻板印象,这表明他们倾听存在差异(如种族、年龄、地域、职位、意识形态信仰)的叙述并跨越特定立场(例如成年人和青少年,教师和学生)进行批判式学习。它还重申了在谈论直接称呼事物的行为方面的重要经验。哥伦比亚大学附近被重新分区的地方被命名为晨边高地,但当地居民普遍称之为南哈勒姆区,我们就此展开了讨论。

整个哈勒姆区,包括东部和西部,是城市重建计划留下的标记。一方面,这种举措的特点是长期存在的"住房项目"、失业以及对经济适用住房的持续需求。另一方面,它们以翻新过的、昂贵的褐色砂石建筑,商业公司拥有的商店的扩张以及高层公寓的发展为特征。这些迹象和所讲述的故事表明这是一个具有明显的种族、阶级和经济二元化特征的不断变化的社区。沃克先生谈到东哈勒姆和西哈勒姆(即危险的与安全的)的媒体形象时,菲利普和哈里克都同意有些人"遵从刻板印象,没有尝试获取真相"(哈里克)。这一点,依我所见,说明了某些故事如何比其他故事更有价值,一些声音和观点如何获得特权,以及,从更实际的意义上来说,许多学生的文化素养体验和文化素养实践是如何经常在教室中得不到尊重的。

沃克先生关注士绅化的阶级方面,但没有完全无视哈勒姆的种族和文化方面。他明确地提到士绅化与阶级以及士绅化与特权之间的联系,他隐含地提到士绅化与种族动态之间的联系,以及士绅化与哈勒姆空间和文化意义之间的联系。综合起来,这些联系对教师和研究人员与他们的学生一道思考和讲述社区变化、阶级问题和文化素养故事的方式产生了影响。正如沃克先生所分享的,"每个人都有一两个故事。倾听和谈论这些故事是我们的责任"。

布朗女士:哈勒姆,使其有意义

布朗女士是哈勒姆中学的另一位教师,23 岁的非洲裔美国人,教授特殊教育。当被要求描述自己时,布朗女士立刻说道:"我认为我是美国黑人。"随后,她解释了认定为非洲裔美国人的复杂性,说"我不觉得我应该把这(非洲人)作为我身份的一部分",因为她还没有追溯自己的根源。她在佐治亚州的"中产阶级的下部"家庭中长大,这在纽约"很可能会被归类为下层阶级的上部,或者下层阶级的中部"。关于生活费用,布朗女士不认为自己符合纽约州中产阶级收入的标准要求。

布朗女士最近才搬到曼哈顿上城的因伍德区,之前她在哈勒姆的第 117 大街和弗雷德里克·道格拉斯大道暂住过一段时间,离菲利普住的地方很近。她描述道:"许多塞内加尔人、黑人住在那里。……(暂停)我搬进来以后,住进一栋崭新的大楼里,所以我觉得自己就像这里的少数派。"布朗女士住在"一栋高档建筑"里,而"看到我和我的室友搬进去",新邻居们"非常高兴","因为……租户主要是白人"。这里种族方面的动态对她而言非常重要。一方面,布朗女士和她的室友搬到哈勒姆区,离她的新工作地点近一些,而且与纽约市的其他社区相比,这里的月租金更为经济实惠。她非常熟悉哈勒姆社区的历史及其在无数非洲人、非洲裔美国人和拉丁人或拉丁裔居民生活中的重要性。她很高兴看到社区里的其他人"看起来很相像",她解释说这类人与她和她的室友有着相似之处。最终,布朗女士住进了哈勒姆。她尊重这个社区,她从学校教育中了解到很多关于这里的事情,这里城市建设、文学艺术和政治活动蓬勃发展。

另一方面,她所居住的大楼与该地区的其他建筑在建筑构造上是不同的,并没有在周围街道上可以看到的各"色"人等（种族、文化和语言不同的人群）。她说："我们的大楼刚刚完工……就像一座'碍眼楼'。如果你走在那个街区上，尤其是你从第110大街走过来的时候，哇哦！你就会看到这些与邻近建筑完全不搭的巨大而花哨的怪物。"菲利普很有同感："我知道那些建筑，你说得没错。"通过对新公寓的描述，布朗女士进而反思两种城市建筑士绅化的副产品：现在的空间变化和之前住户的流离失所。她说："知道在这栋大楼盖好之前有人住在这个空间里，会让你觉得非常糟糕，因为我在想……总的来说，当了解到哈勒姆的这一部分变成一栋全新建筑时，你会觉得是你让某些人流离失所的。"然而，反思带来忏悔："它让你有种罪恶感，但是我觉得至少我是个搬来这里的黑人，至少我不是那种搬进来就改变了这里人种构成的人吧。"

布朗女士的评论直接谈到了种族问题（例如白人化和黑人化）、社会阶层地位和流动能力之间的冲突关系，这些问题在讨论城市士绅化时都有所涉及。在我们批评哈勒姆与白人化有关的空间及种族变化时，我和菲利普、哈里克经常忽视或理所当然地认为这里存在黑人化，因为该社区拥有大量非洲人、非洲裔美国人和拉丁人或拉丁裔居民。这种观点提出了一个问题：那些情愿地或不情愿地为城市社区士绅化做出贡献的有色种族居民，是否可以因为他们与当地居民有着相同的种族身份而得以豁免？泰勒（2002）的研究一方面提出了白人与有色种族之间的经济问题，另一方面提出了哈勒姆的"黑人中产阶级"（例如中产阶级、房主）和他们的穷人和工薪阶层有色种族邻居之间的（例如"下层"阶级、公寓租客）经济问题（p. 86）。虽然布朗女士并不认为自己是中产阶级的成员——"我把自己归类为下层阶级上部或下层阶级中部"，在某种程度上，她亲身经历了泰勒所说的"士绅化社区中的经济变迁"（p. 87），或者菲利普和哈里克所称的不同种族的士绅化，无论他们是白人、黑人还是他少数族裔，这些人都"腰包鼓鼓"。通过这种方式，黑人化的可见性具有某种引申的意义。到目前为止，我们已经将黑人化理解为黑人群体、黑人文化形式和文化实践以及黑人的政治影响的现实存在，这一切将哈勒姆塑造成为黑人生活和文化的主要场所。现在，黑人化的想法还包括被泰勒（2002）描述为新晋"黑人中产阶级"成员的黑人中上阶层人士，他们搬回哈勒姆，他们将媒体认知中的那种"衰落的"和"贫困的"哈勒姆重塑成黑人力量和声望之地。

在整个访谈中，布朗女士将哈勒姆称为一个社区，借用泰勒（2002）的说法，这是"'我们的地盘'，宣称搬到哈勒姆会加强……与黑人社区的联系"（p. 87）。然而，虽然她在经济状况和种族方面都与这里的长期居民差不多，但她还是选择搬进一栋租金昂贵的新公寓楼——"碍眼楼",用她的话说与那些主要是白人的租户住在一起。不过,作为哈勒姆士绅化的可能参与者,她还是怀有罪恶感。哈里克明白布朗女士处境中的种种不安:"是的,你是黑人,居然负担得起住在一栋新的大楼里。我不知道还有什么可说的。"

虽然布朗女士对搬进一栋新的大楼怀有罪恶感,这栋大楼赶走了原来的居民并取代了旧的建筑,但她的这种感受与坎宁安女士所表达的还是有所不同。布朗女士不相信她在哈勒姆会对社区的人口结构产生负面影响,而坎宁安女士担心她作为白人居民,她的存在可能会潜在地为抹杀掉使哈勒姆之所以成为哈勒姆的所有一切的趋势推波助澜。坎宁安女士意识到,身为哈勒姆的白人女性,无论是否准确,都会被解读成一个"他者"和"外人",一个士绅化的支持者。然而,布朗女士意识到,自己被视为"外人",不是因为种族因素,更多是因为她来自内心的"背弃":住在一栋新建的大楼中,与室友分担两居室公寓的费用(不包括电费),月租差不多1 700美元。虽然她们的罪恶感程度不同,但在她们的个人访谈中这一点显而易见。她们在学生面前开放地谈论这些复杂问题促使哈里克和菲利普意识到,教师们也在社区变革方面做出了艰难的决定。菲利普认为:"这并不容易。进入一个士绅化的地方意味着不能支付高昂租金的人被迫退出……这是个困难时期,即使对这些老师来说也是如此。士绅化并没有让事情变得简单。"

布朗女士和坎宁安女士的个人观点让我想起了摄影师戈登·帕克斯(Gordon Parks)关于哈勒姆的描述。在马伯里和坎宁安(Marberry & Cunningham)2003年写的一本书的序言中,帕克斯描写了这个社区对作者的巨大吸引力。马伯里发现了"变革中的哈勒姆,一股经济和文化复苏的清流注入贫困和衰落的海洋之中"(p. vii)。"经过一场看似无穷无尽的衰落之后,哈勒姆经济复兴业已来临,尽管繁荣的帐篷外还有众多穷困潦倒者的注视。"(p. vii - viii)生活在"经济复苏"中的布朗女士目睹了哈勒姆的变化和颇为紧张的对立局势。坎宁安女士考虑搬到哈勒姆或邻近曼哈顿上城社区,但也对自己的身份颇有疑虑,如果她成为这片社区的居民,就不得不顾及其他人可能对她持有的看法。作为社区的老师,布朗女士和坎宁安女士都意识到,她们的许多学生都处于"从帐篷外注视"的境地。

当被要求为士绅化下定义的时候,布朗女士回应道,这是一种"中产阶级或上层阶级对低产阶级"的取代。对她来说,这个社区的士绅化"被视为带有种族色彩的事物,因为哈勒姆在历史上,在这个世纪里,是有色种族的社区"。除士绅化的种族因素外,布朗女士"从金钱视角来看待士绅化问题:如果有钱,你就可以强行完成这种置换,你就可以买下大楼,建造新楼,要价更高,取代这里的原住民。这就是你能做的。"她对士绅化的定义考虑到了阶级问题:"赶走那些没有钱的人,直到他们再也无法住在曼哈顿。"然而,她拒绝将种族和文化置于次要位置:"我们可以在很多地方看到,美国的有色种族总是因其他有钱人的消费而被迫流离失所。士绅化也与种族有很大关系。我们不能忽视这一点。"哈里克看着布朗女士会心一笑,表示赞同。菲利普说:"你是第一批承认这一点的老师之一。为什么人们很难谈论种族问题?我们在讲士绅化和原住民置换的时候,怎么只谈论阶级问题,避而不谈种族问题呢?别逗了。"

特别是教师,她们更不能忽视这些对学生生活会产生深远影响的变化。哈勒姆不断变化的景观极大地影响了学生的自我意识以及他们在当地社区和学校中作为积极的市民参与到变革之中的方式。虽然新商家的出现可以被视为社区改善的一个标志,但它们也可以被看作一种迹象,表明由于士绅化的缘故,那些曾经被穷人和工薪阶层居民占用的、他们尚负担得起的社区空间被新引入的各类资源入侵或接管。根据布朗女士的说法,任何一个社区的长期居民受到流离失所的威胁时,士绅化都会变成一种入侵:"我不喜欢它对哈勒姆居民的所作所为。是的,你能拥有老海军服装店真是太好了,但我还是不能容忍人们无法从社区正在发生的变化中受益的局面。"布朗女士解释说,在这些商家迁入社区时,对那些以前无法获得特定资源的居民来说这很方便,同时也说明商家在此地有利可图。然而,当商家"不回馈社区,不把钱放在这里,本地居民利益受损"时,这就成问题了。菲利普随即表示:"起初我们可能会觉得很方便,直到他们用高价打击我们,使我们被迫从社区搬出去。然后,就不方便了。所以我们要考虑清楚。"

访谈到这里时,布朗女士开始有点情绪化,她问道:"他们说租金必须增加,但你的标准来自哪里呢?难道如你所说,真能'让我们待在这里'吗?"她谈到士绅化过程中财富涌入社区,"使这些建筑看起来很不错,因为它们是……"在下定论之前,"这些人(长住居民)可能认为他们会住进去,结果他们没能如愿。他们得到的只有驱逐通告"。说到这一点,布朗女士彻底引起了参加访谈的各位的注意。然后,她将在社区中谈论士绅化与和高中学生一起讨论士绅化联系起来。她说:"有学生告诉我:'哦,就是沿街那座大楼,人们正在搬走……但我仍然会在街区前闲逛。他们不会朝我住的大楼下手的。'感觉就像士绅化还很遥远,除非事到临头。"

布朗女士认为教师应该基于当地社区的现实情况与青少年一道开展工作，不过，有些学生相信"这种外部力量会影响哈里克住的大楼，但不会影响到我住的地方。我想以这种方式思考，人们确实会变得'事不关己，高高挂起'。他们会说：'哦，好吧，那不过是沿街发生的事情罢了。'"在这里，布朗女士强调她经常与学生分享的观点：变化不只是发生沿街的地方，而是发生在整个哈勒姆社区；这些变化不仅仅影响一个人的邻居，而是影响社区里的每个人。士绅化不是个人问题，而是社区问题，是地方性和全球性问题，我们不仅需要在社区里提出这个问题，也需要在学校里提出这个问题。对布朗女士来说，士绅化"只是有缺陷。我认为人们都希望士绅化意味着事情会变得越来越好，但是你们进入这里，中产阶级接手各种事物，这通常是社会底层流离失所的原因"。她接着说："人们不得不离开……那些经营了多年的夫妻店不得不关门了，因为它们将被大店吃掉。"出于这些原因，当他们各自或联手批判权力、身份和归属的意义时，成年人和青少年、教师和学生应该就社区变革的现实状况进行持续的对话。

教师谈话与谈话所得

在非正式的学习空间，例如教师休息室、走廊、楼梯间等，成年人和青少年之间的学习（如提问、探究、反思、交谈、交流）影响他们开始重新思考文化素养力量的方式。事实上，在各种访谈中出现的人并不是在谈论文化素养意味着什么，而是通过交换跨越种族、年龄、经历和权力地位等方面的观点来参与这些文化素养实践活动。坎宁安女士因为身为白人而心怀负罪感时，没有人表示反对，用她自己的话说，自己是"那些正在做这些坏事的大多数人的一员"。实际上，她承认这种感觉部分源于她儿时被教导的应如何看待"种族、性别、阶级和文化"，这一点具有非常重要的教育意义。L女士说："我确实喜欢你所说的那个部分——你是白人，你受到的教导是不要有偏见，不要有种族歧视。"对此，坎宁安女士进一步承认，"坐在L女士的教室里听了她对学生说的话"之后，对于种族和阶级问题，她开始变得更加具有批判性了。"我意识到，在看待一个人时，如果无视其肤色和种族，就像这个人的很大一部分被剔除掉了。"她继续说："如果我把L女士视为黑人的话，这就意味着我必须把自己视为白人。"坎宁安女士越来越意识到，我们并没有生活在种族差异和阶级问题不存在的无种族歧视的社会当中（参见Delpit, 1995; Ladson-Billings, 2009; Tatum, 2003）。它们确实存在，尽管坎宁安女士的童年成长经历和早期教育经历教会她表现得像"理想社会"真的存在——那是"芝麻街"版本的哈勒姆,而实际上,哈勒姆就是哈勒姆。

这种以诚实和开放为基础的思想交流影响了菲利普、哈里克和他们的许多同伴,他们学会了通过使用批判性文化素养技能来思考种族问题。他们开始乐于追问,倾听其他人的回应,批判性地思考有关种族、阶级和遍及整个社区的变化的各种互相冲突的信息。通常,他们质疑在学校课程中没有关于种族、阶级和地域的多元化阅读:"当我们在一堂又一堂课上研究相同的文献,写下同样无聊的五段文章时,我们应该如何研究不同的人群呢?"(菲利普)哈里克回应了菲利普的问题:"也许我们必须让学校提供我们认为自己需要的东西……把社区里的人带进课堂,这样我们就能了解社区了。"当菲利普和哈里克不认同所听到的内容或者课程时,就开始在课堂上大声疾呼。鉴于他们不愿意去质疑校方权威人士,因为"没有人说我们有权利这么做"(哈里克),所以这种情况正在逐渐发生。不过这也鼓励我和菲利普、哈里克在关于士绅化的讨论中重新思考白人化、白人特权和黑人化的含义(见第四章)。我们再也不能简单地谈论白人化和黑人化,好像它们是与意义、面孔、权力、影响无关的抽象概念。例如,我们最初尝试重新定义"白人化"这一术语,它被不太精确地用来描述白人如何继承"黑人"音乐,给它一个"可靠"的定义是不够的。

坎宁安女士与无法回避的白人种族和白人特权进行的抗争,可以帮助我们更好地将"白人化"一词界定为,白人存在(例如特权、实践活动、价值观等)的增加以及处于以有色种族为主的地区时的罪恶感(见第四章)。倾听了坎宁安女士、沃克先生、布朗女士、其他老师和菲利普、哈里克及他们的同伴所言之后,我将这一定义加以延伸,包括少数族裔社区中的政治、社会和经济在内的挑战,是士绅化的必然结果。这些挑战包括阶级和种族的划分,对不同文化和文化实践的误解以及对社区空间的失实认知(例如那里是贫困的、危险的,正在走向衰落)。菲利普说:"我明白坎宁安女士那种别扭的感觉。虽然不容易,但这就是我们需要听到的现实。我们要听她讲述真相,(L女士)帮助她看到其他方面,然后学会谈论地域问题和白人特权问题。"

我们都听到了沃克先生在访谈快要结束时说出的真相:"在某种程度上,社区的士绅化在压榨其原住民,尤其是那些因为负担不起房租而搬出去的人们。"他表示从很多方面来讲,很难"说我为什么还住在哈勒姆"。他说自己"确实感觉不好",因为他一直认为"士绅化是很可怕的,而我则搬进了一个正在被士绅化的社区"。大家都同意所有的社区都有各自独特的资源有来自当地的自营书店、社区学校、扩展项目、文化机构和社会活动等,这些资源依赖在那里居住多年的人们。当士绅化威胁到这些无价的资源时——恰好是那些我们教导学生视若珍宝的资源——人们必须质疑,在社区中,"归属"意味着什么,在社区中有所"拥有"后随之而来的是什么样的责任,搬进一个历史悠久的黑人地区或者少数族裔地区时,感到"不好"和"罪恶感"意味着什么?这些就是教育工作者和学生的教育机会,它们提供了这样的机会,去思考白人老师的经历,他们在社区生活和工作,面对"双重意识"的感受(参见 Du Bois,1903)。正如哈里克所说的,"我正在学习以前不知道的东西。""我正在思考这里的一切……很难说什么是对,什么是错。"

批判性学习,要求老师在同事或者学生面前展示地域故事,或者通过分享地域对其身份产生影响的叙述(和忧虑)从而进行自我反思,在采访的现场这些都确实发生过。如何把批判性学习引入空间和时间受到限制的传统教室中来?L 女士说道:"我们需要弄清楚,在课堂上我们能做些什么,好让更多的学生参与到话题中来。我们坐在这里进行这些伟大的讨论,我们也应该在课堂上这样做。"布朗女士也在考虑这样的课堂活动,谈到她和学生们就哈勒姆区士绅化的主题进行互动时,她描述过。她坚持认为学生和成年人应该研究社区的历史:"我希望人们能够了解哈勒姆区的历史和文化,了解他们的家庭和社区。"这引起了菲利普和哈里克的共鸣。在后来的一次校外会议上,菲利普就布朗女士的观点提问道:"为什么我们在学校中学不到这些?"哈里克回答道:"也许我们应该对学校稍微进行一下改变,去了解这些有用的故事和其他我们必须学习的东西。"很明显,对布朗女士、沃克先生、坎宁安女士以及其他人的采访,有助于我和菲利普、哈里克结合地方社区来重新构想学校教育的目标和职能。此类经历有助于他们考虑文化素养如何产生,并且如何存在于跨越学校和社区之间的分隔的空间中。

创造合作、民主的学习环境

文化素养——阅读、写作、口头交流、表演、质疑机构和身份——是采访过程的重中之重。虽然我们没有明确提出与文化素养有关的问题,但我们——在每次采访中出现的成年人和青少年——参与交流,分享他们的文化素养故事。坎宁安女士关于身份和种族、性别、阶级和文化等问题的文化素养故事受其童年课程的影响,这些课程使她变成"色盲"。反过来,这些课程的学习又受到她没有与学校的同学成为邻居的影响。沃克先生分享了其关于社区文化素养故事,提及他决定住在哈勒姆区,并且对这个小区居民的日常变化迹象发表评论。这些变化迹象包括艺术方面、种族动态,以及在哈勒姆高中和当地社区内的同事和学生。对布朗女士而言,文化素养是她与学生交谈,坚持"谈论哈勒姆区正在发生的事情",以及对研究那里"历史和文化实践"的兴趣的核心内容。我们不仅仅是在讨论哈勒姆地区的士绅化,也在重新构想跨越不同背景、跨越种族和阶级、跨越不同个人经历的文化素养的可能性和潜力。

这类教育的本质是合作和民主。我们使用公开和诚实的语言来讨论士绅化,在场的每一个人都可以使用这种语言。这种语言经常在走廊、楼梯间和校外引发更多的交谈,讨论士绅化在美国和无处不在的大迁移中是一个多么重要的问题。这种语言帮助我们将越来越多的复杂想法和术语转换成学生能够理解的语言。从一个舒适和尊重的角度来做这些事情时,我们的词汇量随着我们思考白人化、黑人化、社区和身份的外延意义而增加了。通过谈论一个与学校许多学生的家庭生活有关的话题,老师和学生也证明了文化素养是一种社会实践(Heath,1983;Street,1993,2005)和促进民主参与(Kinloch,2005a)的"公民权利"(Greene,2008)。

尽管我知道,在一些教师工作的城市或者农村社区,士绅化并不是主要问题,但我确实相信所有老师都可以和他们的学生一起探讨社区问题,这些问题可能会直接或者间接地影响到他们。这种探讨的主要关注点不一定必须是士绅化、社区保护、创造和维护当地资源、民众活动,甚至暴力行为或暴力执法,相反,可以关注当地社区内的事件,比如公民参与、青少年到成年人的行动主义、土地保护、污染和清洁的空气,以及新出现的诗歌和诗朗诵。在探讨这些主题时,可能会出现批判性的课程。这些课程可能包括通过使用语言参与社会意识的改变,讨论行动主义和社区服务倡议的重要性,通过批判性的文化素养框架阅读和重读文本,并使用写作的方式来表达想法和考虑反对立场,或者反叙事。

坎宁安女士、沃克先生、布朗女士和其他接受访谈的老师都了解他们各自工作的社区和学生生活的地方。他们为许多社区的老师树立了榜样,引导他们就地域、种族和身份之间联系与学生进行交谈,并且回答学生的问题。在谈到士绅化时,他们坦诚地表明,如果我们真正重视师生合作、民主的学习环境,他们就会融入当地的活动事件,并理解在学校内批评社区问题的必要性。为了证明我们这些教育工作者有多么重视与学生之间这种批判性互动,我请你们考虑以下要点和问题:

1. 让学生牵头在课堂上围绕阅读课程或与社区、身份和种族有关的时事提出写作提示。举个例子,常年高中的一个学生让我们——我和学生——就下述问题写一篇简要的回应文章:乔纳森·科佐是如何定义"种族隔离"的?你认为"种族隔离"这个词与我们对美国城市社区的了解有关联吗?

2. 与代表不同观点且能从不同角度发言的人进行小组讨论。这个小组讨论可以在上课期间或者学校集会期间举行,可以包括一名来自学校的老师和校长或学校管理者,分别就教学改革和为满足21世纪文化素养需求而面临的挑战展开讨论。参加小组讨论的学生可以讲述标准化测试(和学术学习)与基于社区的学习之间的关联或脱节。就此经历可以给学生布置一项作业,他们可能会写出非常棒的文章,将自己的观点、发言者的观点和英语课上学习的作者的观点放到一起解释、阐述或讨论。

3. 举办一场课堂辩论,让学生首先就某一特定主题提出书面答复(如论文、扩展版的日志条目)。然后,可以指导他们采用批判的形式,提出自己的立场的反叙事,以便在辩论中呈现这些反叙事。

当学生们参与到批判性文化素养活动中,严肃认真地邀请他们通过聆听多种观点和经历来掌控自己的学习,这种可能性是无限的。

反 馈

教育、改变和青少年

7年级语言艺术教师弥米·理查森撰稿

我是一名职前教师教育候选人,我得知瓦莱丽在研究哈勒姆区的文化素养、青少年和士绅化时,她是纽约的一位教授。我很欣赏她与学生交流,进行实践指导以及展示课程在现实生活中焕发生机的方式的能力。当我在新泽西州郊区的一所中学开始我两年的教学生涯的时候,我敏锐地意识到社区对我的学生的影响,并进一步认识到居住地对所有学生的声音和行为的重要性。瓦莱丽的工作展示了学生在遇到真正的教育工作者时所拥有的力量,这些教育工作者分享了与他们生活经历相关的宝贵信息。这样的教育工作者也为青少年和成年人提供了在致力于全球社会和政治变革时可以实施的策略。

作为一名7年级的老师,我意识到让学生参与到课堂中是个持续性的挑战。教育者们会带着各种各样的问题走进教室,这些问题都是他们猜测学生们会问的:我为什么要学这门课?我将如何使用这些信息?这些信息对我有什么影响?在课程设计和课程规划上,微妙地解决这些实际问题的方法是,教育者以重要的和有意义的方法教导学生。对学生和他们的文化素养调查来说,还有什么比调查他们的居住地更有意义的呢?在我看来,居住地不能被简单地定义为某个人的地理位置,而应定义为影响其存在及多样化生活经历的环境。

当教育工作者与学生探讨影响他们生活的社会结构时,我们会把社会结构介绍为他们在整个教育经历中一直在其中采取行动(而且经常是反对)的机构。有时候,这种介绍会透露出无助、恐惧和沉默的感觉。当我们鼓励学生去面对并认真考虑这些制度、政治和社会力量时,他们会积极地投入自己的学习之中。这种参与让学生以更高的目标、更坚决的承诺和更大的决心来面对学术的和个人的挑战。在课堂教学中,我致力于帮助学生实现他们的学术目标,他们对教育的看法——往往是负面的看法——在改变,这并不容易,但是很重要。

虽然我所在的学区属于一个郊区的中产阶级社区,这个社区具备促进学生成功所需的资金和基本资源,但我们也面临着全国各地的城市学区都经常面临的挑战。学生的成绩基本令人满意,但是仍有提升空间。大多数家庭是最近才从社会经济水平较低的社区和城市社区迁移过来的。和其他家庭一样,他们努力提高孩子的教育和生活水平。我和我的同事、行政人员都在积极鼓励家长参与,推动学生参加课外活动,并通过鼓励参与和亮相来塑造全面的、积极的公民,延伸我们的扩展和支持项目。我们非常努力地提出教育系统内的文化和社会不平等问题。显然,这对居住在不同社区(例如城市、郊区、农村)的所有学生的生活产生了巨大的影响。

今年在课堂介绍中，我向学生们表示，我们正一起踏上一段旅程。在开学的第一天，与新班级的学生打完招呼后，我让他们就一次愉快的旅行展开写作，描述旅行的地域，他们对旅行感兴趣的原因，以及同谁一起参加了这次旅行。我要求他们着重描写他们的旅行伙伴对旅行有什么贡献，如何丰富了他们的回忆。在活动结束的时候，我们讨论了他们的回忆，以及地域和同伴是如何让回忆如此难忘的。由于文学经常被暗示为一种足不出户即可"旅行"感受世界的方式，我建议把7年级课本中的场景作为我们今年旅行的目的地。我希望这个邀请能够使他们认识到地域的重要性和沿途所遇之人的影响。此外，我要求学生负起责任来，也请他们要求我负起责任来，对自己的各种学习成果、文化素养和课堂记忆有所贡献。

每当我想起在新年伊始的介绍以及学生们对自己一次愉快的旅行的回忆时，我就会思考瓦莱丽在纽约与青少年一起开展的工作。她在工作中成功地将教育和实践相结合，激励学生成为认真和有效的贡献者，他们将作为世界上的一分子，进一步在创造中发挥作用。她所遇到的学生对自己的声音（建议）的权威性越来越有信心，并寻找强有力的方式来分享自己的想法。这个模式强调教育领域中文化素养研究和实践的新形式，这个领域将继续寻找其他能带来变革和产生激励的教学形式，认真对待我们的学生所生活的社区。从关注社区士绅化到我们的学生与同伴一起旅行，我们有责任让学生和我们自己去调查学校和家庭所在社区的真实状况。

第七章

一种新的文化传统:
课堂即社区参与

> 我们通过看到社区是如何成为我们身份的一部分而开辟一条新的道路。这总括了我的全部想法,即我对文化叙事的一句话概括。这就是一句总结。(菲利普)
>
> 参与到我们感兴趣的事中,我们会得到难忘的人生教育。(哈里克)

2007年9月,我离开纽约前往俄亥俄州的哥伦布市,在俄亥俄州立大学教育学院开始一份新工作。我带着矛盾的情绪既犹豫又迫切地离开了。我学习了有关语言、文化素养、文化和地域的重要课程,而这些课程也影响着我对哥伦布这种城市的空间现实的思考。从新的有利的一面来看,我正在重新经历我在哈勒姆工作时的重要时刻。的确,一般来说,哥伦布和纽约与哈勒姆有很大的不同,但是这两个地方面临着相似的政治、社会文化、教育和空间问题。

我在哈勒姆和整个哥伦布注意到的现象,我最近在回南卡罗来纳州查尔斯顿老家的途中也看到了:数不清的青少年,主要是有色种族青少年,在学校里感觉受到孤立、排斥和忽视。当我看到他们在教室、学校走廊或自助餐厅时的身体反应时,就很清楚了。但是在校外空间中,他们关于文化素养的口头交流和文本成果(例如视频、日志、简讯、网站、虚拟教室和聚友主页)极为丰富。有个学生制作了关于哈勒姆的视频纪录片,展示其创建的过程,将其想象成为多重目的服务而重新配置的文本。这只是青少年媒体参与的一个例子。我经常注意到青少年是如何操作和重新创建在线社交网络系统空间来构建和重建身份的。他们中的许多人感受到,他们创造、定义以及与同龄用户们分享的新语言赋予他们力量。我同时发现,在参与家庭社区内的文化素养活动时,他们会做出改变,充当掌权人、权威者和知情者。在记录对话、社区历史与其变化的明显迹象,以及参与我所说的"民主活动"时,他们的态度都会发生改变。这样的活动代表着他们和别人的互动(例如对话、展示),这种互动是在互敬、互惠和知识互换的基础上进行的。这些互动是在对他们来说没有威胁的环境中进行的。这样的活动让我了解到,全世界的——不限于纽约的哈勒姆、俄亥俄州的哥伦布或者南卡罗来纳州的查尔斯顿——青少年正在建立文化传统。这些传统是被文字、语言多样性、文本、活动、多重身份和在社会政治环境中或跨越社会政治环境的行为表现所定义的。

教师们如何利用这些来自校外的文化传统来帮助校内的青少年呢？这个问题引出本书的最后一章。为了将这项有关青少年文化素养和城市士绅化的研究拓展到一门教育学中,这门教育学应包括各种文化体验、新型传统和青少年可以参与创建意义过程的公共空间,我提出多种可能性。我的目标是证明,对那些想要冲破"传统"学校文化素养阻碍的教育工作者来说,不局限于特定社区(如都市)的特定学生(如有色种族)的青少年文化传统可资利用,这种"冲破"以多种方式表现出来,并且支持着校内的文化素养实践。其中包括青少年如何重新定义写作和书面文本,如何明确地挑战刻板印象,这些刻板印象或者与斗争有关,或者与城市、郊区和农村社区的政治有关,或者与种族化的身体有关。对海姆斯来说,种族化的身体是黑人的身体,被视为"城市中的他者",混乱且危险。这种"冲破"也包含他们是如何重新想象出一个没有种族和经济限制的世界,一个他们的身份和文化素养实践会得到尊敬的全球空间。像菲利普、哈里克和他们在哈勒姆高中的同伴一样,世界各地的青少年都是他们自己的文化叙事和校外作品的积极推动者。每一天,他们都在重新定义文化素养,批判占主导地位的权威叙述,质疑社区空间。在我看来,凭借他们的身体和思想、诗歌和日记、摄像机和线上社区,他们所制造的新型文化传统将对他们得到学校资助的文化素养研究工作起到支持作用。

"表明立场"：构建一种文化传统

我们到哪里去寻找奋力争取来自青少年、教育工作者和社区成员的关键性参与的城市教育模式？这样的模式将如何影响教师的工作和学生的批判性文化素养技能呢？杰弗里·卡纳达是社会活动家,纽约哈勒姆儿童空间的董事长兼总裁,他通过构建我所说的文化传统创造了一种模式。卡纳达来自纽约南布朗克斯区的一个贫穷社区,亲身经历过与反抗加诸"城市""少数民族"和"有风险"的青少年的刻板印象有关的斗争。卡纳达认为,从学前到大学毕业期间,每个孩子都应该接受高质量的教育。而他的确正在将教育的意义和功能推向一个新的方向。在整个哈勒姆地区,他一直在努力恢复这个正在经历高速士绅化的地区的自豪感和强烈的集体意识。为了完成任务,他带着老师、管理人员和工作人员,在哈勒姆儿童空间指导青少年,呼吁公众重新讨论激发教育的潜能和美国青少年的潜力,并彻底改变我们对教育的看法。卡纳达认为,与其一个一个地教,不如与青少年、家庭、他们的支持网络和更大的社区合作,来推进所有人的教育生活。

位于第 125 大街的哈勒姆儿童空间成立于 1970 年,原先是一个阻止旷课的组织。在动荡的 20 世纪 80 年代和 90 年代,"哈勒姆毒品泛滥"(http://www.hcz.org)这个组织就是为了在社区中保持积极的力量而存在的。随着时间推移,灯塔中心(Beacon Center)、和平使者项目(Peacemakers program)和康梯·卡伦社区中心(Countee Cullen Community Center)陆续设立。最近,其项目网络中又增加了婴儿学院、就业和技术中心、希望学院、哈勒姆幼儿托管机构和哮喘防治创议组织。这些项目都归属在哈勒姆儿童空间的日常管理中,并且按照卡纳达的基本理念运作着。卡纳达相信,拯救美国的方法就是积极拯救我们的青少年,特别是那些生活在贫穷的、以工薪阶层为主的和服务水平低下的社区中的有色种族青少年(参见 Tough,2008;Canada,1998)。2007 年,哈勒姆儿童空间已经有超过 16 000 名的儿童、家长和其他社区成年人一同工作了。其当时的目标是,在 2011 年能和 2.2 万多人一起共事,以积极地影响当地教育改革,并对全美国的教育产生影响。然而,考虑到最近美国的经济困境,特别是考虑到房地产和华尔街的状况,哈勒姆儿童空间"正在争取获得大量的财务支持"(Canada,引自 Williams,2018,p. 21)。

卡纳达的诗有力地传达了这些信息。卡纳达在 1996 年创作的诗《表明立场》中,明确提到了科里(Corey)、玛丽亚(Maria)和查理(Charlie),他们的生活取决于我们是否会遵守对积极的教育、社会和社会变革的承诺。卡纳达写道:"科里不敢去,他不敢去学校。"又写到玛丽亚:"她每晚睡觉前都在祷告,因为有东西从窗户进来,打破小孩子的睡梦。"他还写到查理"深藏心底的秘密愿望"就是"亲吻"。他的诗是这样结束的:

而今晚,有些孩子会这样入睡,
无法果腹,无处安枕。
没有可以握住的手,没有可以安坐的膝头,

湿漉漉的唇送出伤感的亲吻。

所以,你和我,我们必须胜利,

赢得这场斗争,完成这次神圣行动,

告诉这片土地上的孩子们:

拥有希望吧!我们在这里,我们表明立场!

(Canada,1996,*Take a Stand*)

卡纳达的诗是一种召唤,发出呼吁,如果想要保护我们的青少年并向他们提供丰富的文化体验,那么每个人都应该"表明立场"。他的诗表达了他对科里、玛丽亚和查理三人的生命与未来的重视。他也重视菲利普、哈里克、戴蒙、金和萨曼莎,还有其他许多人的生命与未来。我认为卡纳达的愿景体现在哈勒姆高中一些老师的日常工作之中,同时也体现在纽约、俄亥俄州哥伦布、德克萨斯州休斯顿和密歇根州底特律的那些我拜访过的学校里的老师身上。这些老师致力于在课堂与社区中和青少年进行合作,因为他们相信,让每个人有权利"去更好地理解/如何学会去爱和给予/以及过上自己觉得应该过的生活"(卡纳达,引自网络)是件很重要的事。

菲利普和哈里克在厘清如何"过上自己觉得应该过的生活"的方法时遇到了一些问题,而为了更好地去理解他们遇到的问题,我研究出一个独特的方法,就是倾听他们的想法。比如,我旁听过他们讨论。当时他们讨论的是"大众媒体是如何将黑人男性描写成危险对象的",这影响到人们对黑人男性的看法并构建他们的种族和性别身份。有一天我问他们:"这种描写是只针对于黑人男性,还是也包括黑人女性和其他有色种族?"他们并没有像平时那样直接给我一个答复,我们都习惯那种方式了。哈里克看了看我,我也看了看菲利普,我们就一直这么互相看来看去。接着我们开始讨论媒体上各种对黑人男性、青少年监禁激增、成年人的激进主义以及青少年的政治权利的叙述。我们的讨论最终总是会回归到问题本身:城市社区的士绅化、丰富青少年的文化素养和青少年的人生经历。那些对话,和L女士课上的对话很相似,代表了通过定义自我和抵抗对黑色人种的侮辱性描述而(重新)建立文化传统所做的努力。

建立或介入一个新的文化传统意味着我们无法轻易摆脱我们的身份,我们过去经常这么做,并换上一种在学术背景下别人期望我们所拥有的身份。我们并没有在"创建大学"(Bartholomae,1985),而是在努力促进城市士绅化的进程中创建我们自己的身份。毋庸置疑，我们渐渐接受的许多哈勒姆的文化故事其实具有浓厚的政治色彩和个人色彩。他们请我们去尝试各种不同的身份，去思考各种和我们最初的观点相冲突的观点，就机构和权限问题进行辩论。我完全相信，我们的文化故事和身份转换都指向卡纳达关于实际改善青少年教育环境的愿景，尤其是在受到士绅化和社区变化挑战的社区。

就像我在之前的章节里所说的，青少年通过当地居民的讲述而对地方故事有所了解，正如他们对当地城市社区内外所发生的变化，以及自己是如何被消极地定位于空间转换的叙述中有所了解。他们在上学的路上会经过一些被新建造起来的地方——哈里克口中"贵到住不起"的地方，萨曼莎在录像机被关掉后愤怒地形容那里"不适合让我们这种努力维持收支平衡的人住。我们总是忽略这一点"。他们在那些拿铁5美元一杯的新咖啡厅前驻足。他们匆忙路过新出现的警察和那些慢慢取代了街头小贩和夫妻店的企业拥有的商家。青少年在上学的路上看到这些变化。为了达到特定的教育标准、指令和法律规定，教师们所面对的要求日益增加，学生们的担忧被放在次要位置。因此，卡纳达对一种解放的、包容的教育形式的愿景，常常不幸地被笼罩在"标准化"课程的雾霾之中。

教育者们应该如何"表明立场"呢？如果我们严格地按照卡纳达的愿景来做的话，那么我们——教育者、研究者和青少年——就有义务去批判制度结构和社区结构，也就是那些被强行定义的教育意义（如文化素养、成就、失败、成功）、教学目的（如参与民主社会，实现阶层流动）和身份建构（如种族、阶级、性别、专业的-公开的-学术的、个人-隐私的-社区的）。例如，L女士和她的学生一起参与这样的批判活动。在学习琼·乔丹的回忆录《士兵：一位诗人的童年》(Soldier: A Poet's Childhood)的那个单元，L女士邀请学生先对琼·乔丹的精选诗歌和随笔进行研究。在深入研究《士兵：一位诗人的童年》之前，他们突出强调社区、权力和身份这些主题。学生们通过重新组织乔丹的作品中的字词、段落和文章，或者变更停顿、结构和文本顺序来创作新的诗作。完成这些之后，学生们开始开放地评论诗人作品的潜在信息，然后把注意力转移到对这本回忆录的漫长讨论。

我记得自己坐在教室里，亲眼见到学生们为乔丹打抱不平，因为乔丹的父亲格朗维尔(Granville)把自己的女儿当儿子来对待，并施以身体虐待。然后学生们发现，格朗维尔这个十几岁从巴拿马移民到美国之前连小学都没有毕业的人，却教会了乔丹欣赏语言之美,于是他们又欢呼雀跃起来。父亲鼓励乔丹写作,成年之后,乔丹出版了许多诗歌、剧本和随笔。她在文化追求、积极努力和教学活动中找到了希望。

L女士让学生们在乔丹的文章和自己的身份之间建立关联。她向学生们提出了有关文化素养和身份的重要问题:乔丹是怎么理解权力的?她对权力的理解和你对世界上的权力的理解是相矛盾的还是相似的?乔丹是如何运用语言和写作,在家庭里和在外面更广阔的世界里生成意义的?当你思考这个问题时,你会如何对语言、文学和文化素养进行角色分配呢?你的身份是受到某个人的决定的影响,还是受你自己的决定的影响,或是受别的事物的影响?当我们进入世界,思考我们是谁,界定自己在社区里的位置的时候,我们怎样才能记住并记牢乔丹作品中的教训呢?

在L女士提出问题之后,我也提出了我的问题:在乔丹的奋斗历程中,文化素养起到什么作用?您觉得她是否被动地接受了她父亲的,甚至学校老师对文化素养、成就和成功的定义?在她的文化叙事中,到底发生了什么?因为在我看来,不论是虐待和语言之间的关系,还是她在家里的文化素养和在学校里的文化素养之间的关系,都是有问题的。在告诉他们琼·乔丹是非洲裔美国作家当中最不被重视、出版范围却最广泛的作家之前,我和学生们分享了我个人对乔丹的研究中的一些内容(Kinloch,2004、2006;Kinloch & Grebowicz,2004)。她通过写作和教学来定义自己的身份,帮助国内和全球环境下那些被剥夺权利的人找回他们的身份。

在曼纽尔,班上一个男生说道:"看,她在做重新定义的工作,而且不止是重新定义我们所描述的文化素养……还有就是,总体上的教育。我觉得这影响到她进入社区的方式。"一个坐在教室后面的女生打断了他,说道:"你指的是进入世界,对吧?是整个世界,不只是她生活的社区。可真够深刻的。"另一个学生说道:"我们应该看一看她的身份。一个黑人女性,父母是移民,她的父亲不得不亲自教育她,因为普通的教育做不到。她被父亲当成男孩来对待……这些将影响到我进入世界的方式。"我们把乔丹的表姐奥里奇女士请到教室里来,她也是争取纽约哈勒姆居住权的当地积极分子(见第五章末尾的反馈)。她向我们讲述了乔丹的童年生活,以及想当作家的乔丹与希望她当医生或者律师的父亲之间的紧张关系。奥里奇女士还告诉我们乔丹是如何让她的学生们在写作、权力和社区组织中建立联系的:"社区对琼来说很重要。她用诗歌来讲述自己在社区中的经历。这样做可以给予她权力,因为她一直说,在学校上学时她总是觉得自己没有权力。""通过了解社区的价值,琼找回了自己的权力和声音。"学生们向奥里奇女士询问了各种问题,包括乔丹的童年、回忆录、诗歌和随笔,以及她和虐待她的父亲之间的关系。

奥里奇女士的回答补充了学生们对乔丹作品的研究。之后他们互相质疑对文学、文化素养和社区的定义,这进而推动学生们去修改他们的日记和反馈论文。当他们更加活跃地去思考更大的话题时,学生们开始运用乔丹生活中的种种细节:身份建构(比如乔丹的父亲是如何在她的作家身份中起到主要作用的)、教育(比如她使全纽约和各美国大学里的有色种族青少年受到教育)和权力(比如父亲的虐待、母亲的沉默以及她愈加增长的对义务教育的厌恶,而这种厌恶也让她构想出教育的解放形式——为人民创作诗歌)。"为人民创作诗歌"(Poetry for the People,简称 P4P)是乔丹 1991 年在加利福尼亚伯克利大学里创立的一个项目,旨在"为学生争取政治与艺术权利",并支持建立充满信任的社区(Jordan, p. 16)。我相信,在很多方面,乔丹的 P4P 项目以及她的教学和积极努力,是卡纳达关于进步的教育制度和项目的愿景的基本前身。

通过了解琼·乔丹和她的 P4P 项目,学生们可以在权力、语言、地域和写作之间建立起关键性的联系。学生们完成了许多任务。有些学生写下有关"黑人作家的多重角色"的论文,有些学生基于奥里奇女士的讲述,围绕"文化素养和社区""社区权力和个人故事"以及"运用写作来应对学校和家里的变化"等话题进行写作。通过这些方式,学生们体会到,就过去常常制造和代表的意义来说,故事(比如奥里奇的讲述)、文学(比如乔丹的作品)和文化素养是多么具有交际性和转化性。

换句话说,L 女士的初级水平的学生们研究了乔丹的作品,把其当作一种批判他们所处的社区和社区内部情况(有个学生称之为"整个世界")的文学的方式。同时,他们也满足了学术素养的要求(比如阅读、写作、设计辩论、交换复杂观点、综合信息、分析并评论多种观点)。他们的课堂参与延伸开来,他们开始重新审视文学的力量、文化素养的意义,以及他们的社区、身份和学术经历的角色变化。通过了解以及体验——这一点更为重要——解放的、包容的、民主的教育,他们在"表明立场"(Canada,1996)。

在教学中实施可能性教学法

我们从 L 女士在哈勒姆的课上学到哪些可以全国性和全球性地运用到各级各类公共教育的经验呢?在 21 世纪的背景下,一种新的文化素养传统的建立是如何与教学、教育实践和课程选择联系在一起的?通过对城市士绅化的研究,我意识到社区变化极大地影响了校内外青少年的文化生活。举例来说,在美国各地的农村社区里,就像在德克萨斯州的埃杰皮特一样,青少年也在思考他们的居住地区的历史的重要性。还记得贾丝明,第四章里提到的那个6年级学生吗?她曾写道:"我社区的照片很旧了/旧得让我回忆起这个黑人社区的历史/这里有古老的商店、奴隶之家和古老的家庭故事。"她的诗承认埃杰皮特的历史符号和文物,它讲述了一个故事的开始,用写作来表达自我和反映目的。在埃杰皮特,当地居民、社区成员和教师们都在质疑所有权、土地开发和随着不断变化的经济力量的风潮而展开的再开发。鉴于这一事实,贾丝明对社区的观察表明,批判性阅读和写作如何影响一个人从变化的空间或地域中看待、体验和构建意义的方式。她的观察有助于从更宽泛、更具批判性的视角来看待种族化的团体,他们实际上承受着家庭社区和网络系统中空间变化的现实问题。

此外,许多住在郊区的居民每天都在想方设法地保护他们的家庭,保存社区资源,维护财产与家庭价值,他们试图理解人口结构的变化和新的、意想不到的经济形势。华尔街令人战栗的影响与各地的金融机构妨碍着美国各地社会阶级的流动和移动。改变郊区社区状况的因素,包括对土地的使用模式、曾经令人满意的小区里未售出的房屋和废弃的商业街的担忧。在一次采访中,L女士将她的家乡德克萨斯州的休斯顿描述为"一个在城市边缘有许多郊区的迷你大都市。很多人住在休斯顿的郊区里"。她接着解释了郊区的社区如何被塑造成"迥异于市中心社区","就因为郊区很安全还是什么的,事实上在郊区也存在很多的大问题。但没有人打算像我们讨论市中心一样去讨论这些问题"。哈里克请L女士说得再详细些,她回答道:"郊区有很多犯罪行为、暴力行为和吸毒行为。这点我很清楚,因为我父母在郊区的房子曾被非法闯入了两三次。因此,这些问题只存在于城市内部社区的说法是不正确的。"

L女士在休斯顿和纽约的经历塑造了她的社会身份和教学方法。在所任教的哈勒姆高中课堂(现在则在其任教的休斯顿高中课堂)上,L女士鼓励学生记录社区的发展形势,思考他们在世界上所处的位置,创作关于当前所发生的事件的书面报告和口头报告。对L女士而言,这个更广大的世界已经延伸至其学生所在的城市(例如哈勒姆)社区和郊区(例如休斯顿郊区)社区以外的范围,并延伸至更广大的领域,在那里,民主、所有权、责任和文化的含义正在发生转变并正在进行重新定义。参与这样的课堂活动可以鼓励学生以文本的形式对世界进行解读,以开阔的文化视角围绕这个世界进行写作,并从文本中获得意义构建。为此,学生应当学习成为具有批判思维的读者、作家和思想家,即具备运用文化知识在学校内外实现教育目的、社会目的和政治目的能力的人。一直以来,学生在民主社会中质疑其身份和他人的身份时,都应当对各种不同的观点和相互冲突的观点提出批判意见。

教学和教师面临的挑战是什么?如何将这些挑战转化为课堂实践?L女士与其任教于哈勒姆另一所高中的同事斯通(Stone)女士有过一次谈话。我请L女士和斯通女士介绍一下她们对将地方社区和更广大的世界视作文本进行解读的看法。她们还谈到了其他一些主题,如学生的写作、语言差异和教师的努力。她们分享了各自课堂上独特的教学实践。L女士说道:

> 我在学生们的阅读课程中融入了许多有关身份的内容。然而,我并没有给学生太多就地域问题进行写作的机会,这可能是个问题,但同时也是我考虑采取更多行动的方面,这可以成为开拓(学生)对话和写作类型的一个助力跳板。但我教授的大部分内容是基于某种类型的文化议题,以及作为这个国家的少数群体,学生们如何作为一个整体性的族群融入美国社会。我们阅读的大部分图书是以某种类型的地方或社会历史背景为基础的。

随后,L女士表示,她非常希望学生参与高级文本阅读和写作创作,而不用过度关注他们正在学习的课本:"不用说,环境对我们的学习很重要。但也许我应该更多地考虑到将环境的作用表达得更加清晰,向学生们教授书本中存在于不同环境中的价值观和传统,无论这样的价值观和传统是不是虚构的。"L女士的关注点在环境或背景,她继续说道:"接受这一点非常重要,即我们学生、老师不必来自某个社区才去学习并了解这个社区。如果我们接受这一观点,就可以征求学生对环境重要性的看法……也许有些学生会在我们的阅读素材所设定的社区中看清楚自己的处境。"我很快补充道:"或者也许学生可以思考一下,他们为什么没能在那样的环境或社区中看清楚自己的处境,但这没关系。现在,对学生来说这可以是一个很好的写作主题。"L女士和斯通女士表示赞同。对于我提出的建议,即学生就其与课程文本中述及的环境有关联或没有关联进行写作,L女士进行了详尽的说明。L女士说:"同时,学生也能够对描述环境的语言进行评论,可以讨论文学手法、文学象征及其含义……"

L女士说完后,斯通女士与我们分享了下列观点:

我现在的课程侧重于在共同的历史基础上将非洲裔美国人、华裔美国人和墨西哥裔美国人这三类人群统合起来。课程的内容不局限于帮助学生了解(暂停一下),更加明白作为少数群体他们如何适应生活于其中的社会结构,也有助于学生思考他们自己如何适应这个社会,而不是将我的想法强加给他们,有助于学生理解他们与其他少数群体的关系……并有助于学生理解自己适应更广大的社会的方式。我想我是无意中触碰到地域这一方向。

停了几秒钟后,斯通女士转而思考地域在她的课程中所发挥的作用。随后,她开诚布公地提出以下观点:

我们最初开始阅读的两部小说——实际上,其中一部分是以纽约为背景展开的,我认为这些小说容易被接受,因为……就像阅读阿萨塔·沙卡尔的自传时,我们(斯通女士和她的学生们)可以体会到走在她在自传中谈及的或其生活过的街道上时那轻快的步伐……我认为这确实会对(学生)如何阅读图书产生影响。他们能够对文本感同身受。我们甚至读过《纸上儿子》(*Paper Son*)这本有关中国移民的书(Tung Chin, 2000)。我们去了唐人街,走在书中人物以前居住过的街道上。我真的认为,虽然我们生活的年代与故事发生的时间明显不在同一个时期,但亲身前往那里并身处书中描述的那个地方,确实对学生挖掘图书内容的方式和收获多少有些影响。

虽然L女士和斯通女士在哈勒姆不同的高中任教,但两人经常合作,共同设计教学单元计划和课程任务。她们共同设计的一个教学单元是带领学生一起参观阿萨塔·沙卡尔在其自传中所描述的社区。学生们阅读《阿萨塔自传》后,L女士和斯通女士要求学生们完成一项小型研究,研究一下自传中提及的纽约市街道上发生或出现的活动、事件、人物和公司。学生们通过观察发现这项任务很有价值,因为这有助于他们了解更多其所在社区的历史及旧址。学生们积极投身于对社区的观察当中,他们研究、走访,围绕其居住地附近的区域或以前只在日常生活中路过的区域进行批判性的写作。

斯通女士在教授不以纽约市为背景的课本时,要求学生创造性地想象作者所描绘的空间。然后,斯通女士会鼓励学生与其所在社区的物理空间(例如学校空间、家庭环境)建立特定的联系和断开联系,这引发了随后的课堂讨论、辩论、小组演示和写作任务。L女士和斯通女士还与我进一步讨论了让学生对环境或背景的历史目的、政治目的和社会目的进行研究的重要性,同时对她们如何在自己的课堂上探求新的实践进行了描述。我在倾听她们谈话时,脑子里出现了各种各样的作业任务,这些作业任务可能是由于课堂阅读、调查以及有关意义、价值和地域描述的批判性讨论而产生的:

1. 作文:在各种阅读材料时或在个人生活中对不同环境的用意加以对比。这类作文可以转化为关注语境和生成意义过程的文化叙事(参考第四章)。

2. 多体裁作文:从各种文学视角对涉及相关主题(例如背景和社区、身份、权力困境和动态、声音)的可研究性观点进行描述和表达。

3. 多媒体或多模式项目:要求学生重新创作(视觉上或口头上)来源于特定小说、文章或其他课堂阅读素材的背景因素。为此,学生可以突出主要观点,选择一系列段落,通过可以引发其他观点、问题和结论的方式表达或重现课本中的背景。

4. 诗歌和诗朗诵:学生将课堂阅读素材中的段落转换为拼凑诗或其他的诗歌形式,或者创作自己的原创诗歌和口语诗。学生们可以在英语课堂上或在学校赞助的活动中举办诗朗诵。

最后这项有关作业任务的想法似乎真的引起了L女士的兴趣。我进一步解释道,这项作业任务是让学生写日记,记录他们在创作诗歌或口语诗时出现的意识流和对意念的取舍。可以要求学生思考写作选择如何与课堂阅读发生联系,论述把按照选定的课程文本进行表演作为学生的写作任务而产生的社区含义。当我和常年高中(我先前提到的位于东哈勒姆的一所高中)的学生参与类似的活动时,我发现学生对课程阅读的兴趣提高了。学生对观点和含义提出公开批评,并通过他们自己对文本的解释、重新创作和表演,对作者和人物的意图提出公开质疑。

至少在我看来,所有这些作业任务创意都包含身份、权力、所有权、批判性阅读和积极写作等内容。采纳卡纳达的建议"表明立场"(1996),并将其应用于教育工作者在课堂上所做的工作,有助于我们创造性地将学习设想为互惠的、批判性的、变革性的和强有力的。要做到这一点,就应让学生掌控自己的教育经历,向学生表明他们就是——或能够成为——自己学习过程中的积极因素,并将学生置于我们课程的核心地位。在城市、乡村、郊区和其他环境中的课堂上,教师可以与学生合作,对基于课本的、本地的或全球的社区进行研究,以此作为激发批判能力的一种方式,而这样的批判能力反过来也有助于学生的学习进步。鉴于他们已经在校外活动中进行这些活动,我们得以进一步见证青少年是如何理解教育、体验学习并从各种经历中体会意义。因此,教师可以与青少年合作,建立一种以可能性教学法为基础的新的文化传统。

回归哈勒姆:对研究和教师教育的影响

2008年9月哈里克在一封电子邮件中回复了我对他进行"探访"的询问。他在邮件中说道:"我的家人都很好。就学校方面而言,我的一位教授说她会按照教授博士生的方式给我们上课。"我也对菲利普进行了探访,他过了整整一个月才回复我。菲利普在回信中说:"我现在回到了哈勒姆教育中心……以一种积极的方式为我的社区做点事情……我在学校很忙,只能做点分内的事。我在工作上已经开始了一个升级计划。"哈勒姆教育中心位于东哈勒姆,是一个为社区中的青少年准备进入大学提供学术援助的团体。

在我们许多其他的电子邮件中,我向哈里克和菲利普询问社区的信息,他们告诉我周围的社区新建成了一些高层康多公寓,最近才开始出售,还有花哨的街角咖啡馆,他们还不曾光顾过。他们会讲讲"类似的事物是如何随着士绅化而变化的。(因为经济原因)士绅化的趋势看似放缓,但相信我,这一趋势并没有放缓"(菲利普)。显然,还有更多的工作能够去做,也应该去做。此外,我们需要进行与在快速变化的社区空间中青少年和成年人的生活经历直接相关的研究,还需要进一步研究从课堂教学实践中获取的以及为课堂教学实践编写的叙述性说明。我们应当通过探索弥合社区和课堂关注点之间的分歧(例如空间、文化)的方法,向我们的青少年"表明立场"(Canada,1996)。

在本章中,我试图通过探索以可能性教学法为基础的新的文化传统的含义来提出有关影响和应用的问题。这种教学法让青少年有机会为他们上学的地方、与老师和同龄人进行对话交流的地方以及与家人和朋友进行文化活动和社交活动互动的地方赋予不同的意义。毋庸置疑,我相信这种教学法可以在课堂和教师的教育项目中发挥作用,尤其是因为这两个地方——我们希望——能够催生青少年和教师的共同参与。

我还致力于讨论教师如何才能提升对青少年在校外期间形成和参与的文化传统的关注。在结束本章和本书时我意识到,关于我与菲利普和哈里克进行的访谈、分发和分析的调查以及青少年和教师一道在课堂、学校休息室、我所在大学的办公室和地方社区完成的观察,还有更多需要讲述的内容。回顾我与菲利普、哈里克、他们的同伴、L女士和当地教师以及整个哈勒姆范围内其他人员进行访谈时,我更加确信在课堂环境中学习有关社区的历史、状况、变化和实践的重要性。对视频、口头和书面资料以及后续讨论、课堂观察和社区互动进行分析时,我发现值得讲述的故事是一本书无法讲完的。

这些故事揭示了青少年、教师以及黑人和白人社区成员(例如肯特、邦妮、乔治、薇薇安、芭芭拉、塞尔玛和约翰)凭借他们的分析能力、批判能力和创造能力叙述社区变革的故事。无论他们是否认为士绅化是一个阶级问题或种族和文化问题,青少年和成年人都在公开谈论士绅化的原因及其对社区结构、居民、历史和文化机构产生的影响。参与士绅化讨论和调查的青少年,作为受访者,作为有助于他人开展访谈的推动者,作为其所在社区空间的专家,以及作为指导学校和社区会议的摄像师,强化了他们已经非常有力量的声音和深思熟虑的观点。他们正在直接参与当地社区的决策过程。对青少年及其老师而言,这有助于他们逐步形成对学校的看法,即不再视之为仅仅是例行公事和"学生总是受到约束"的地方(菲利普和哈里克),而是视之为有一定责任满足学生的学术需求、兴趣和潜力的充满可能性的场所。

对于教学和教师教育,这项研究工作还蕴含着哪些其他的可能性呢?正如本章通篇所讨论的那样,青少年正在建立一种新的文化传统,其所使用的话语、语言、身份和多模式交流形式在学校空间范围内是基本不存在的。我目睹菲利普和哈里克操作摄像机(Kinloch, 2009)对准了社区的历史性标记,同时也捕捉到我们受访者的面部表情和好奇的模样。我也仔细观察了他们是如何使用数码相机的,他们的相机仿佛是一个珍贵的日记本,配备有永远写不完墨水的钢笔。他们无论走到哪里都带着数码相机,拍摄了一些记录各种种族和地域故事的最为有趣的照片。这些照片和对照片进行数字化记录的经验,可以转化为我们要求学生完成的其他文化活动的附加写作任务。

以下是我将从菲利普和哈里克那里学到的知识运用到一节高中课程的经过。

2007年,在常年高中教授一节高级英语课时,我要求学生撰写一篇探讨其所在社区方方面面的叙事作文。我们阅读与该主题相关的已发表的论文、文章、诗歌和新闻评论,观看菲利普和哈里克的访谈视频、热门电影和政治纪录片中的片段,对士绅化进行讨论。我们共同提出有关社区主题的可研究性问题和反思性问题。我认为这些问题对教师教育工作者很有助益,既可以加以利用,也可以有所改进。我们最初提出的一系列问题包括:

1. 你如何定义"社区"？什么使你所在的社区成为社区(或无法成为社区)？

2. 你如何定义你所在的学校？什么使你所在的学校成为社区(或无法成为社区)？

3. 你在当地社区做了什么？你在学校里做了什么？

4. 你去过哪些地方？或者,你所在的当地社区或学校社区中的一些场所,你想去哪些场所？

5. 你在社区中如何定位自己？你在当地社区和学校社区中的角色是什么？居民、青少年、政治家和你的家人在当地社区和学校社区中的角色是什么？

6. 在你所在的当地社区或学校内,你想要改变、改进或保持现状的是什么？

在提出这些初步问题之后,我们花时间讨论了社区的含义以及居民融入各种校内和校外环境的目的。学生们正在建立他们所在社区场所和我们课程阅读素材之间的联系,这些阅读素材是佐拉·尼尔·赫斯顿、兰斯顿·休斯、詹姆斯·鲍德温、乔纳森·科佐、保罗·弗赖雷(Paulo Freire)、帕特·莫拉、杰西卡·凯尔·穆尔(Jessica Care Moore)、玛克辛·格林(Maxine Greene)、阿马里·巴拉卡(Amiri Baraka)、杰弗里·卡纳达、保罗·图赫(Paul Tough)等畅销作家的作品。在思考上述问题之后,我要求学生:

1. 仔细观察你所在的社区并留意所有现存的标志或符号(例如广告牌、建筑物、历史性地标、商店、人物——任何你所看到的内容)。列出这些标志或符号,并对其进行尽可能详尽的描述。你可以将这些内容写入日记,如果你有摄像机或录音机的话,也可以自己录制。

2. 思考以下问题:什么使社区成为社区？即便你认为你已经回答了这个问题,也请重新思考你最初的答案,并通过提供更多的详细信息和证据来扩展你的答案。请记住,可能有15种或更多的方式来解释和回答这些问题。在你的答案中,请使用我们的课文、大众文化中的手工艺品和地方社区等因素来支持或反驳你的立场。在考虑多个观点时，你还应当考虑可以反驳你的立场的证据和论据。

3. 是什么让一些社区有别于其他社区，为什么会出现这样的现象？尽可能详尽地列出具体的因素和原因。

学生从多个角度看待这些问题。有些学生写道，社区是基于基本原则和包括宗教、文化、语言和道德在内的共同价值观形成的。其他学生表示，社区不一定围绕价值观形成，尽管大多数情形下确实如此，社区居民可能因为经济形势、住房供应状况和购置住房能力等因素而被迫迁入同一区域。许多学生的答案中都出现了对拥有权限、没有权限和民主等因素的关注。我们进行了很多轮讨论，尤其是当我意识到我们都对社区有一个大致相似的总体认识时，但我们在讨论中对社区的形成、存续和维护提出了不同的解释。

我们的课堂活动引发了通常被认为是"非传统的"和"跳出常规"的学生项目。我希望学生不仅在课堂上应对并质疑他们对社区所做的初步定义，在他们自己的实际社区中也会如此。有些学生住在哈勒姆，有些学生住在布鲁克林区、曼哈顿上城（即华盛顿高地和因伍德）和布朗克斯区。考虑到这些因素，我和我的学生决定实施一项"社区行动项目"。三到四个年龄相仿的学生形成一个小组，他们提出了一些基于社区的问题（例如"哈勒姆是如何被士绅化的？""在我所居住区域范围内社区的意义、目的和标志是什么？"）。他们向我提交了一份行动计划。其中一个小组的行动计划包括：(1) 拍摄他们所在社区的照片；(2) 研究这些照片对成年居民来说具有怎样的含义；(3) 收集、查阅并解读有关其所在社区的文章；(4) 拍摄有关社区的多模式视频。学生项目的最后一个组成部分是各自撰写一篇有关社区的作文，并在课堂上展示这篇作文及相关的视频。这种多层次的文化体验鼓励学生对教学单元的指导性问题进行批判性思考，并在阐释以文本阅读和个人社区经验为基础的问题时进行合作。此外，这种文化素养体验还要求学生对他们可能从未考虑过的社区因素进行研究。这种形式的自主权对我的学生来说至关重要，我相信这对不同环境中的其他学生来说也是具有价值的。

就像菲利普和哈里克在哈勒姆中心区参与的士绅化议题那样，我在常年高中的学生正在设计代表他们自己的身份、主观性和社区生活特定方面的文本。在其设计中，他们尝试了解社区的各种含义，对城市有色种族学生成绩不佳的普遍观念进行审视，并将学校重新界定为学生和教师之间具有批判性文化素养和互惠教育的场所,在这样的场所中,学习是共享的、交互式的,也是一个民主过程。这个例子证明了对社区的关注有助于改善学生和成年人看待和重新看待世界的方式。

  我们不能够再依赖对文化素养所做的传统定义,即阅读和写作的能力,而不去考虑身份、文化、社区实践、知识储备、知识的权限和机构等因素。我们还必须考虑"知识储备"这个因素。根据摩尔、阿曼提、内夫和冈萨雷斯的说法,知识储备"指历史上积累的以及文化上形成的对家庭或个人的功能和福祉的实现具有重要意义的知识和技能"((Moll, Amanti, Neff & Gonzalez, 2001, p. 133)。与菲利普和哈里克一样,无数青少年正在重新定义文化素养的含义。他们的重新定义呼吁教育工作者、研究人员和政策制定者考虑将青少年在校外空间创造的新文化传统引入课堂。这样做就意味着我们正在承认社区的价值,在社区中,青少年参与生成意义的过程,创作文化叙事,质疑其身份。从士绅化、土地开发、公民参与形式到社区游行和抗议活动,青少年正在"表明立场",建立新的文化传统,并设想可能性教学法。我们也应该这样做。

后　记

　　金洛克教授最初和我谈起她在哈勒姆的研究时,我的第一反应是她试图在一个项目中做的事情太多了。我也许对她这么说过,幸运的是,她没有听从我的劝告。她完成了一个我认为过于雄心勃勃的项目,她以卓越的表现和流畅的表达完成了这个项目。在这项富有创造性和合作性的工作中:第一,她致力于难以接触到的人口的文化素养教育和学习问题;第二,让教育人员和学习人员参与并高效完成文化素养培养;第三,提供从多个角度阐述主位历史学的翔实案例;第四,在解决城市教育和城市士绅化问题的背景下,达到了上述几个目的。

　　英年早逝的教育史学教授劳伦斯·克雷明(Laurence Cremin)在他去世前一两年和我讨论过合作的可能性,从被教育者的角度而不是我们这些教育者的角度撰写教育的历史。金洛克让她的学生参与其中,致力于培养他们的文化素养以及生成、收集和解释资料的能力,这与克雷明和我的想法完全一致。在这个过程中,她和学生们接触到当地民间关于士绅化过程的各种观点,并在教学过程中运用这种生活经验。也许在无意识的情况下,金洛克展示了一种解决问题的方法,我和戴维·泰德曼(David Teiderman)在20世纪中叶就注意到了这个问题。学生们经常面临这样的矛盾:一方面要掌握学校的资料(往往是学生们希望学习的其他人的信息),另一方面要理解自己的经验资料。在金洛克的工作中,我们看到了这两个资料世界之间的有效桥梁:一方面培养通过学习成为有文化的人并从事文化素养教育的兴趣;另一方面,在变动的城市社区中继续寻找更有效的教学方法。

　　在她富有真知灼见的讨论中,金洛克引用了杰弗里·卡纳达对哈勒姆儿童空间工作的评论。我和她都对哈勒姆儿童空间非凡的举措充满敬意,那里的工作确实在宏观层面上提供了一个有价值的概念模型,对金洛克产生了影响,但卡纳达的工作对理解《我们心目中的哈勒姆》所传递的核心信息并不是至关重要的。教育就是生活,生活为学习者提供了重要的学习机会。我们现在所称的"综合教育",旨在为学习者安排各种各样的、无处不在的学习机会,使之成为一种综合的体验。卡纳达致力于在包括65个街区的地方实现这一目标。金洛克致力于帮助学生将他们围绕所居住的社区中那些蕴含学习机会的象征性场所而展开的思考、阅读和写作整合起来。

埃德蒙·戈登

参考文献

Adams, M. H., and Rocheleau, P. (2002). *Harlem lost and found*. New York: Monacelli Press.

Annual report on social indictors. (1993). New York: Department of City Planning.

Baldwin, J. (1948). The Harlem ghetto. In J. Baldwin, *Notes of a native son* (pp. 57 - 72). Boston: Beacon Press.

Bartholomae, D. (1985). Inventing the university. In M. Rose(Ed.), *When a writer can't write: Studies in writer's block and other composing-process problems* (pp. 134 - 165). New York: Guilford Press.

Beauregard, R. (1993). *Voices of decline: The postwar fate of US cities*. Oxford: Blackwell.

Canada, G. (1996). *Take a stand*. http://www.hcz.org/what-is-hcz/about-geoffrey-canada [Accessed October 4, 2008].

Canada, G. (1998). *Reaching up for manhood: Transforming the lives of boys in America*. Boston: Beacon Press.

Charlton-Trujillo, e. E. (2007). *Feels like home*. New York: Delacorte Press.

Chin, T. (2000). *Paper son: One man's story*. Philadelphia: Temple University Press.

Clark, K. (1965). *Dark ghetto: Dilemmas of social power*. New York: Harper & Row.

Cushman, E. (1996). The rhetorician as an agent of social change. *College Composition and Communication*, 47, 7 - 28.

Delpit, L. (1995). *Other people's children: Cultural conflict in the classroom*. New York: The New Press.

Dewey, J. (1959). *Art as experience*. New York: Perigee Trade.

Douglass, F. (1995). *The narrative of Frederick Douglass, an American slave* (unabridged). Mineola, NY: Dover Publications.

DuBois, W. E. B. (1903). *The Negro problem: A series of articles by representative American Negroes of today*. New York: J. Pott & Company.

Dyson, A. H. (2003). *The brothers and sisters learn to write: Popular literacies in childhood and school cultures.* New York: Teachers College Press.

Dyson, A. H. (2005). Crafting "The humble prose of living": Rethinking oral/written relationships in the echoes of spoken word. *English Education, 37*(2), 149–164.

Ellison, R. (reissued, 1972). *Invisible man.* New York: Vintage.

Fecho, B. (2004). *"Is this English?" Race, language, and culture in the classroom.* New York: Teachers College Press.

Fine, M., Weis, L., & Powell, L. (1997). Communities of difference: A critical look at desegregated spaces created for and by youth. *Harvard Educational Review, 67*(2), 247–284.

Fisher, M. T. (2007). *Writing in rhythm: Spoken word poetry in urban classrooms.* New York: Teachers College Press.

Fishman, J., Lunsford, A., McGregor, B., & Otuteye, M. (2005). Performing writing, performing literacy. *College Composition and Communication, 57*(2), 224–252.

Fitzgerald, F. S. (reissued, 1999). *The great Gatsby.* New York: Scribner.

Fleischman, P. (2005). *Breakout.* New York: Simon Pulse.

Foucault, M. (1984). The means of correct training. Trans. R. Howard. In P. Rabinow (Ed.), *The Foucault reader.* New York: Pantheon Books.

Freeman, L. (2006). *There goes the 'hood: Views of gentrification from the ground up.* Philadelphia: Temple University Press.

Freire, P. (1997). *Pedagogy of the oppressed.* New York: Continuum. (Original work published in 1970)

Freire, P. (1998). *Teachers as cultural workers: Letters to those who dare teach.* Boulder, CO: Westview.

Freire, P., & Macedo, D. (1987). *Literacy: Reading the word and the world.* Westport, CT: Bergin & Garvey.

Gere, A. R., Christenbury, L., & Sassi, K. (2005). *Writing on demand: Best practices and strategies for success.* Portsmouth, NH: Heinemann.

Giroux, H. (1992). *Border crossings: Cultural workers and the politics of education.* New York: Routledge.

Greene, S. (2008). *Literacy as a civil right: Reclaiming social justice in literacy teaching and learning.* New York: Peter Lang Publishers.

Haberman, M. (1991). The pedagogy of poverty versus good teaching. *Phi Delta Kappan*, 73, 290–294.

The handbook of Texas online. http://www. Tsha. utexas. edu/handbook/online/articles/view/EE/hne8. html [Accessed June 1, 2004 & April 20, 2007].

Hardman, L. (2006). The rights and wrongs of language variation: Employing everyday language in a classroom setting. Unpublished master's thesis, City College of New York.

Harlem Children's Zone. http://www. hcz. org/ [Accessed December 8, 2007, July 21, 2008, & October 13, 2008].

Haymes, S. (1995). *Race, culture, and the city: A pedagogy for black urban struggle*. Albany: State University of New York Press.

Heath, S. B. (1983). *Ways with words*. Cambridge, UK: Cambridge University Press.

Heath, S. B. (1999). *ArtShow: Youth and community development*. Videocassette. Partners for Livable Communities.

Heath, S. B., & McLaughlin, M. (1993). *Identity and inner city youth*. New York: Teachers College Press.

Heath, S. B., and Smyth, L. (1999). *ArtShow: Youth and community development, a resource guide*. Washington, DC: Partners for Livable Communities.

Hill, M., & Vasudevan, L. (2008). *Media, learning, and sites of possibility*. New York: Peter Lang.

hooks, b. (1990). *Yearning: Race, gender, and cultural politics*. Boston: South End Press.

Hull, G., & Schultz, K. (Eds.). (2002). *School's out: Bridging out-of-school literacies with classroom practice*. New York: Teachers College Press.

Hurston, Z. N. (reissued 2006). *Their eyes were watching God*. New York: Harper Perennial.

Inside schools profile. http://insideschools. org. [Accessed May 26, 2009].

Jackson, K. T. (Ed.). (1995). *The encyclopedia of New York City*. New Haven, CT: Yale University Press.

James R. Squire Office of Policy Research. (2007). 21st-century literacies: A policy research brief. Urbana: NCTE.

Jewell, E. J., and Abate, F. (Eds.). (2001). *The new Oxford American dictionary*.

Oxford: Oxford University Press.

Jones, L., & Newman, L. (1997). *Our America*. New York: Scribner.

Jordan. J. (2002). *Soldier: A poet's childhood*. New York: BasicCivitas.

Keith, M., & Pile, S. (1993). *Place and the politics of identity*. New York: Routledge.

Kelley, R. D. G. (2003). Disappearing acts: Capturing Harlem in transition. [Introduction] In A. Attie, *Harlem on the verge* (pp. 9 - 17). New York: The Quantuck Lane Press.

Kinloch, V. (2005a). Poetry, literacy, and creativity: Fostering effective learning strategies in an urban classroom. *English Education*, 37(2), 96 - 114.

Kinloch, V. (2005b). Revisiting the promise of *Students' right to their own language:* Pedagogical strategies. *College Composition and Communication*, 57(1), 83 - 113.

Kinloch, V. (2005c). The Heidelberg Art Project as a site of literacy activities and urban renewal efforts: Implications for composition studies. *JAC* 25(1), 101 - 129.

Kinloch, V. (2006). *June Jordan: Her life and letters*. Westport, CT: Praeger Publishers.

Kinloch, V. (2008). Writing in the midst of change. *English Journal* 98 (1), 85 - 89.

Kinloch, V. (2009). Literacy, community, and youth acts of place-making. *English Education*, 41(4), 316 - 336.

Kinloch, V. (forthcoming, 2010). "To not be a traitor of Black English": Youth perceptions of language rights in an urban context. *Teachers College Record*.

Kinloch V., & Grebowicz, M. (Eds.) (2004). *Still seeking an attitude: Critical reflections on the work of June Jordan*. Maryland: Lexington Books.

Kirkland, D. (2008). *Something to brag about: A sociolinguistic perspective on urban black males and literacy*. Presented at the American Educational Research Association Annual Meeting. New York, New York.

Kozol, J. (2005). *The shame of the nation: The restoration of apartheid schooling in America*. New York: Crown Publishers.

Ladson-Billings, G. (2009). *The dreamkeepers: Successful teachers of African American children*, 2nd ed. San Francisco: Jossey-Bass.

Ladson-Billings, G., & Tate, W. F. (2006). *Education research in the public interest: Social justice, action, and policy*. New York: Teachers College Press.

Lee, Spike. (2000). *Bamboozled*. New York: New Line Cinema.

Lincoln, Y. S., & Guba, E. (2000). Paradigmatic controversies, contradictions and emerging confluences. In N. K. Denzin & Y. S. Lincoln (Eds.), *Handbook of qualitative research* (2nd ed., pp. 163-188). Thousand Oaks, London, and New Delhi: Sage Publications.

Lunsford, A., & Ruszkiewicz, J. (2006). *Everything's an argument* (4th ed.). New York: Bedford/St. Martin's Press.

Lutrell, W., & Parker, C. (2001). High School students' literacy practices and identities and the figured world of school. *Journal of Research in Reading*, 24(3), 235-247.

Mahiri, J. (1998). *Shooting for excellence: African American and youth culture in new century schools*. Urbana and New York: NCTE and Teachers College Press.

Marberry, C., & Cunningham, M. (2003). *Spirit of Harlem: A portrait of America's most exciting neighborhood*. New York: Doubleday.

Maurrasse, D. (2006). *Listening to Harlem: Gentrification, community, and business*. New York: Routledge.

McCarty, T. L. (Ed.). (2005). *Language, literacy, and power in schooling*. Mahwah, NJ: Lawrence Erlbaum Associates.

McIntosh, P. (1988). White privilege: Unpacking the invisible knapsack. *Peace & Freedom Bimonthly Journal*, 10-12.

Moje, E. B. (2000). "To be part of the story": The literacy practices of gangsta adolescents. *Teachers College Record*, 102, 651-690.

Moje, E. B. (2002). But where are the youth? Integrating youth culture into literacy theory. *Educational Theory*, 52, 97-120.

Moll, L., Amanti, C., Neff, D., & Gonzalez, N. (2001). Funds of knowledge for teaching: Using a qualitative approach to connect homes and classrooms. *Theory Into Practice*, 31(2), 132-141.

New Oxford American Dictionary (E. J. Jewell & F. Abate, Eds.). (2001). New York: Oxford University Press.

Pike-Baky, M., & Fleming, G. (2005). *Prompted to write: Building on-demand writing skills*. San Francisco: Jossey-Bass Publishers.

Pratt, M. L. (1991). Arts of the contact zone. *Profession*, 91, 31-40.

Quinonez, E. (2000). *Bodega dreams: A novel*. New York: Vintage.

Reynolds, N. (2007). *Geographies of writing: Inhabiting places and encountering difference*. Carbondale, IL: Southern Illinois University Press.

Rich, A. (1993). *What is found there: Notebooks on poetry and politics*. New York: W. W. Norton.

Schultz, K. (2003). *Listening: A framework for teaching across differences*. New York: Teachers College Press.

Shakur, A. (1987). *Assata: An autobiography*. Chicago: Lawrence Hill Books.

Smith, B. (1943). *A tree grows in Brooklyn*. New York: Harper & Brothers.

Smitherman, G. (1977). *Talkin and testifyin: The language of Black America*. Detroit: Wayne State University Press.

Smitherman, G. (2006). *Word from the mother: Language and African Americans*. London & New York: Routledge.

Soja, E. (1990). *Postmodern geographies: The reassertion of space in critical social theory*. London: Verso.

Street, B. V. (1993). Introduction: The new literacy studies. In B. V. Street(Ed.), *Cross cultural approaches to literacy* (pp. 1–21). New York: Cambridge University Press.

Street, B. V. (2005). Recent applications of new literacy studies in educational contexts. *Research in the Teaching of English*, 33(4), 417–423.

Tatum, B. D. (2003). *"Why are all the Black kids sitting together in the cafeteria?" A psychologist explains the development of racial identity* Rev. ed. New York: Basic Books.

Taylor, M. M. (2002). *Harlem: Between heaven and hell*. Minneapolis: University of Minnesota Press.

TimeOut New York. http://www.timeout.com/newyork/ [Accessed October 3, 2008 & October 29, 2008].

Tough, P. (2008). *Whatever it takes: Geoffrey Canada's quest to Change Harlem and America*. Boston: Houghton Mifflin Harcourt.

Vasudevan, L. (2006). Making known differently: Engaging visual modalities as spaces to author new selves. *E-Learning* 3(2), 207–216.

Weis, L., & Fine, M. (Eds.). (2000). *Construction sites: Excavating race, class, and gender among urban youth*. New York: Teachers College Press.

Williams, T. (2008). Wall Street tremors leave Harlem shaken. *New York Times*,

October 8, 2008. A21.

Wilson, W. J. (1987). *The truly disadvantaged: The inner city, the underclass, and public policy*. Chicago: The University of Chicago Press.

Wright, R. (reissued 1989). *Black Boy*. New York: HarperPerennial.

受访者简介

拉托亚·哈德曼目前在德克萨斯州休斯顿教11年级英语。她的职业生涯始于纽约市哈勒姆区的一名教师,她在那里教9年级、11年级和12年级的英语。拉托亚还在汤博社区学院(Tomball Community College)教授发展性阅读和写作。她在休斯顿大学城中分校获得英语文学学士学位,并在纽约城市学院获得英语教育硕士学位。2009年,她荣获美国国家英语教师协会颁发的"早期职业教育工作者有色种族领导力奖"。

丽贝卡·霍根硕士毕业于哥伦比亚大学师范学院,本科毕业于宾夕法尼亚大学。她的研究领域是国际教育发展,关注英语加勒比地区的性别认同。她在纽约市生活和工作。

哈里克·米德尔顿,非洲裔美国男性,居住在纽约市,毕业于哈勒姆区的一所高中。他对历史很感兴趣,一直在考虑从事刑事司法工作。

瓦莱丽·奥里奇,纽约市哈勒姆区长期居民,与哈勒姆黑人民权和政治权利的当地组织和活动人士长期合作。

菲利普·里斯,非洲裔美国男性,来自纽约市哈勒姆区,他对体育和摄影很感兴趣,致力于保护他的社区不被士绅化。

弥米·理查森,新泽西州7年级语言艺术教师。她在宾厄姆顿大学(Binghamton University)获得英语文学学士学位,在哥伦比亚大学师范学院获得英语教学硕士学位。

译后记

综观我国贫困地区的发展现状,经济贫困与教育贫困互为因果、恶性循环,教育水平低下加速了贫困化,贫困化制约了教育持续发展,城乡差距在教育领域的表现十分突出和显著。针对贫困地区的教育问题,从本书中,我们可以看到许多具有重要借鉴意义的内容。

本书中出现较多的词是文化素养、社区参与和斗争。这三个频繁出现的词既概括了本书的主题,也蕴涵了纽约市哈勒姆社区的居民在面对城市化中不可避免的士绅化进程时所抱持的积极态度,经历的斗争过程以及对提高自身文化素养和表达观点的强烈诉求。

第一个主题,文化素养提升。在面对贫困问题时,我们应考虑将关注点放在帮助贫困人口的"造血"能力上。本书中包含大量有关哈勒姆区培养文化素养的具体实践,涉及标志性文化场所的发展演变,探讨扩展文化素养的内涵以及社区内文化素养培育的具体实践等。这些内容均对我国贫困地区的教育发展具有重要借鉴意义。

第二个主题,社区参与,即"地方人解决地方事"。社区参与的概念贯穿全书各章节。而几乎每个章节以"反馈"作为结尾,在反馈中,哈勒姆区相关的居民从参与者的角度讲述士绅化带来的改变的个体感受,阐述他们如何通过留心观察、心态调整、教育实践从而达到新的生活平衡点。此部分不仅体现了当地人作为个体面对变革时的真实心理感受,还表达了哈勒姆社区作为整体的参与精神。在我国农村贫困问题上,参与意识是需要加强的环节,本书中的这部分内容对提升农村地区个体参与意识具有较为重要的借鉴意义。

第三个主题,斗争。书中记录了黑人青少年在身份认同的道路上的斗争,教师们通过尝试不同的教学方法、实践教学和评价标准来帮助正在亲身经历社区变革的学生建立起新的学习秩序。巧合的是,这种教学态度也体现了我国儒家"道不远人"的哲学,例如第七章所阐述的教学理念"课堂即社区参与",书中对教学方法的探讨,强调民主、合作、创造性的教学氛围与社区实践的直接关联。这部分内容对改善我国贫困地区的课堂教学氛围和教学方法具有重要的借鉴意义。

总之,本书主要围绕文化素养的建立和培育展开论述,这是教育工作必须面对的永恒课题,也是随着时代发展,随着社会需求、教育理念、学生心智、课程改革等不断发展变化而不断深化的课题。因此,本书对于我国贫困地区的农村教育发展,具有一定的指导作用。

感谢高等学校学科创新引智计划(B16031)对本作品的资助。

高 屾

2020 年 6 月 18 日